내 방 안의
역사 컬렉션

일러두기

- 이 책에서는 1897년 대한제국 성립을 기준으로 그 이전은 조선, 이후는 대한제국으로 표기했다. 일제강점기 한반도와 그곳의 사람들은 대체로 조선, 식민지 조선, 조선인, 식민지 조선인으로 표기했으나, 필요한 경우 한국, 한국인으로 표기했다. 해방 이후에는 사료를 인용할 때 조선, 조선인이라고 쓴 경우 외에 한국, 한국인으로 표기했다.
- 1896년 1월 1일부터 양력이 공식적으로 사용되었으므로, 그 이전은 음력으로, 이후는 양력으로 날짜를 표기했다.
- 이 책에 실린 도판은 대부분 저자의 소장품이다. 저자 소장품이 아닌 경우에는 도판 설명에 출처나 소장처를 표기했다. 저자 소장품은 별도의 표기를 하지 않았다.

내 방 안의 역사 컬렉션

박건호 지음

어느 기록학자가
사고 읽고 모아둔
수집품으로 본
일제시대사

책을 펴내며

내 방안에는 수많은 수집품이 곳곳에 쌓여 있다. 가족들의 성화에 최대한 숨겨 놓고는 있지만, 셀 수 없이 많은 양의 수집품을 모두 꼭꼭 숨겨둘 수는 없다. 대학 시절 답사로 간 선사 유적지에서 우연히 주운 토기 파편에서부터 30여 년간 이어진 수집의 결과다. 낡고 빛바랜 사진, 편지, 일기장, 책자, 우표와 엽서, 온갖 증명서와 공문서에다가 태극기, 쌀 포대, 건물 파편까지, 대부분 역사에 뚜렷한 흔적을 남기지 못한 평범한 사람들의 삶이 묻어 나는 것들이다. 나는 역사 컬렉터이자 기록학을 공부하는 사람으로서 이런 사소해 보이는 역사 자료들을 수집하고 그것에 담긴 이야기를 찾아내어, 기억해야 할 역사로 남기고 있다. 그런데 이 수집품들, 특히 근현대 시기의 물건들을 하나하나 살피면서 그 시대 사람들의 삶을 상상하고 이야기를 추적하다 보면 오스카 와일드(Oscar Wilde)가 한 말이 떠오른다.

우리는 모두 시궁창에 있다. 그러나 그중 몇몇은 하늘의 별을 바라보고 있다.

바로 한국인들이 그랬다. 150여 년 전부터 시작된 근현대사의 혹독한 격랑 속에서 한국인들은 한시도 꿈을 포기하지 않았다. 어둠이 깊으면 별은 오히려 더 빛나기 마련이고, 사람들은 그 별빛을 나침반 삼아 험난한 길을 헤쳐 나갔다.

그중 백범 김구의 꿈은 유난히 빛났다. 1947년 《백범일지》의 마지막에 실려 있는 '나의 소원' 한 구절이다.

나는 우리나라가 세계에서 가장 아름다운 나라가 되기를 원한다. 우리의 부력(富力)은 우리의 생활을 풍족히 할 만하고, 우리의 강력(强力)은 남의 침략을 막을 만하면 족하다. 오직 한없이 가지고 싶은 것은 높은 문화의 힘이다.

그의 꿈은 너무도 원대해서, 식민지에서 갓 벗어난 직후 경제가 궁핍하고 좌우 대립이 극심한 가운데 아직 자신들의 주권 정부도 채 가지지 못한 미군정기 당시로는 무척 허황된 것이었다. 그러나 그가 소원한 문화 대국의 꿈은 그로부터 80년이 채 지나지 않아 이 땅에서 현실이 되었다. 제2차 세계대전 후 식민지를 벗어난 나라 중에 대한민국은 산업화와 민주화를 동시에 이룬 유일한 나라다. 그것도 모자라 근래에는 'K-문화'라는 소프트파워로 세계 문화를 선도하는 위치에까지 이르렀다. 이런 모습을 저세상의 백범이 보고 있다면 어떤 심정일까?

백범의 꿈이 워낙 도드라지긴 했어도, 꿈을 꾼 것은 그만이 아니었다. 김구가 문화 대국의 꿈을 설파하기 50여 년 전인 대한제국 때도 무모하다 싶을 정도로 큰 꿈을 꾼 사람이 있었다. 《제국신문》 1899년(광무 3년) 2월 25일자에는 눈길을 끄는 논설 한 편이 실려 있다. 두 면이 넘는 긴 분량의 이 논설에서 익명의 필자는 꿈에서 본 미래 대한(大韓)의 모습을 흥미롭게 묘사하고 있다. 꿈속의 이상 국가 대한을 요약하면 대체로 이런 모습이다.

> **서울 종로에는 10여 층씩 되는 옥석으로 지은 집들이 고층으로 솟아 있고, 전기와 통신망이 잘 연결되어 있으며, 도로는 우물 정(井)자 모양으로 반듯하게 잘 구획되어 있는데, 인도와 마찻길이 각각 있어 편리하고, 길 위에는 박석을 깔아 티끌 하나 없이 깨끗하다. 큰 상점에는 듣도 보도 못한 물건들이 태산같이 쌓여 있고, 곳곳에 설치된 공원은 보기 좋은 꽃나무와 화초로 잘 꾸며져 있고, 사방에 물을 뿜고 있는 분수도 있다. 문자 해독률이 99퍼센트 이상일 정도로 교육 제도가 발달했으며 수많은 학교가 세워**

져 있다. 한강은 배를 탈 필요 없이 다리로 편하게 건널 수 있으며, 해안선은 포대로 잘 지켜져 외세나 도적이 없어지고 인천에는 태극기를 단 군함과 상선이 가득하며, 국민의 손으로 뽑힌 대표들이 의회에서 나랏일을 의논하며, 행정과 사법의 발전으로 무명잡세가 없어지고 무고한 죄인과 혹독한 형벌이 사라졌다. 이렇게 대한국은 세계에서 제일 문명하고 부강한 나라가 되었다.

마치 21세기 지금의 대한민국을 예언하는 듯하다. 당시에는 이게 말이 되냐고 놀림감이 되었을 법한 그 꿈은, 126년이 지난 지금 대부분 현실이 되었다. 이렇게 짧은 시기에 이만큼 놀라운 변화를 이룬 나라는 세계사에 일찍이 없었다. 기적이라고 불러 마땅하다. 그러나 이런 성취는 거저 이루어진 것이 결코 아니다. 개항 이후 열강들의 침략, 일제강점기의 수탈, 해방과 한국전쟁 그리고 가난을 거치며 수많은 한국인이 피땀과 눈물 그리고 치열한 투쟁으로 만들어 낸 결과물이다. 1980년 5월 광주에서 흘렸던 참혹한 피가 있었기에 지난 겨울 시대착오적인 계엄과 내란의 밤을 이겨 낼 수 있었던 것처럼, 끊임없이 과거는 뒤따르는 현재를 응원하고 구해 주었다. 그렇게 현재는 과거의 도움으로 더 나은 미래를 향해 한 발짝씩 조금씩 나아갔다.

그러므로 현재는 옛사람들이 그토록 꿈꾸었던 원대한 미

래였다. 지난 시기 한국인들은 험난한 길을 허위허위 비틀거리며 걸어 왔지만 한 번도 꿈을 버린 적이 없었다. 그런 절실한 꿈이 없었다면 그 혹독한 시간들을 어떻게 견뎌 낼 수 있었겠는가? 그 과정에서 수많은 꿈과 희망이 하나하나 이 땅에서 실현되었다. 우리가 선인들의 고단한 희생에 감사하고, 현재의 일상을 소중히 여기고, 후손들에게 더 나은 미래를 물려주기 위해 노력해야 하는 이유이기도 하다.

 나는 내 수집품들로 한국 근현대사를 새롭게 회고해 보고 싶었다. 단순히 역사 사실을 전달하는 것을 넘어, 물건들에 담긴 옛사람들의 삶을 오롯이 전하고 싶었다. 그래서 고르고 고른 수집품 110개와 그것에 담긴 이야기들을 이 책을 통해 풀어 냈다. 시기는 일제강점기에 초점을 맞추었지만, 역사 흐름을 더 잘 이해할 수 있게 한말과 해방 직후 시기도 일부 포함했다. 짧은 영상과 짧은 글에 익숙해진 시대에 맞게 이 책에서는 수집품 사진과 더불어 그것이 품은 이야기를 짧지만 핵심은 놓치지 않고 전달하고자 노력했다.
 지난 150여 년에 걸친 한국 근현대사는 짧게 보면 쓰라림이었지만, 길게 보면 성취의 대서사시였다. 이 책은 개항부터 해방 직후까지 우리의 근현대사를 훑어보고 거기에 있었던 고통과 시련과 아픔, 그리고 그 중간중간 잠시 스쳐 지나간 성취와 환희와 희망을 다루었다. 특히 혹독한 전면부의 역사만이 아니라 그 뒤에 숨겨진 우리의 꿈도 조명하고자 했다. 결국 이 책은 한국인들의 역사 이야기이자 동시에 꿈에 대한 이야기다. 그러므로 독자들께서 옛 선인들이 남긴 자료 속에서 혹독한 시련만이 아니라 그들의 꿈과 희망을 발견해 내고 모쪼록 따뜻한 시선으로 공감해 주신다면 글쓴이로서 더없이 기쁘겠다. 또한 광복 80년이 되는 해인 2025년, 새로운 출발선에 서서 우리의 미래는 다시 어떠해야 하는지 원대한 꿈을 그려 보는 계기가 되었으면 좋겠다. 분명 내일은 오늘보다 나은 세상이 될 것이다.

끝으로 휴머니스트 출판사 편집부를 포함해 책 출간에 도움 주신 모든 분에게 머리 숙여 감사의 인사를 전한다.

2025년 8월
광복절을 앞두고
박건호

차례

책을 펴내며 4
프롤로그 16

1
새 나라의 꿈 1876~1910

역관 이응준, 최초로 태극기를 만들다 20
K-문학의 원조 《춘향전》 24
가자! 기회의 땅 조선으로! 28
나약하고 불안한 나라의 비애 32
1894년 6월 '경성전쟁' 36
마마에 맞서다 40
사라진 음력의 시간 44
이 편지를 속히 전하압 48
다리풍, 덕율풍 또는 전어기 52
불꽃 악마와 돌진하는 서양 귀신 56
철도길 베개에 집안이 울음판이라 60
대한 사람 사는 곳은 온통 똥과 오줌 빛 64
한국인의 피땀으로 얼룩진 군용수표 68

화폐정리사업으로 빼앗긴 경제 주권　　　　　　　　　72

원태우, 짱돌로 이토에 맞서다　　　　　　　　　　76

처음부터 속았던 건 아닐까?　　　　　　　　　　　80

노예로 살기보다는 자유로운 인간으로 죽겠다　　　84

우리 대한이 소년의 나라가 되길　　　　　　　　　88

즉시 학생들 단발을 실행하시오　　　　　　　　　　92

영웅들이여, 우리를 구해 주소서　　　　　　　　　　96

2
나라를 빼앗기다 1910~1930

제국의 소멸, 민국의 시작　　　　　　　　　　　　100

대일본제국의 신영토 조선　　　　　　　　　　　　104

메이지 연호에 태극기라니　　　　　　　　　　　　106

빛나거라 삼천리 무궁화 동산　　　　　　　　　　　110

평안도 사람 오봉두는 어떻게 챈들러까지 갔을까?　114

조선인을 조선인으로 제압하라　　　　　　　　　　118

익지 않은 과일을 팔았다고, 웃통을 벗었다고…　　120

마지기에서 평으로　　　　　　　　　　　　　　　　124

공화주의와 복벽주의 사이에서　　　　　　　　　　126

조선은 독립국이며 조선인은 자주민이다　　　　　　130

독립운동이 아닌 소요 사건　　　　　　　　　　　　134

제복 입고 칼 찬 교사들　　　　　　　　　　　　　　138

참정권의 실현?	142
시간은 돈보다 귀하다	146
그 시대의 핫 아이템, 경제화와 고무신	150
저울처럼 평등한 사회를 만들자	154
죽음을 부르는 말, 주고엔 고줏센	158
경성제국대학이 설립되다	162
일한병합의 이유를 설명하시오	166
식민통치의 상징 조선총독부	170
일본 밥상에 조선 쌀 조선 밥상에 만주 잡곡	174
황족을 노린 조선인들	178
조선의 모든 것을 파악하라	182
학교는 누구를 위한 학교입니까?	184

3
계속되는 전쟁의 일상 1931~1939

만보산사건과 윤봉길 의거	190
오족협화의 낙원을 건설하자	194
남부는 면화 재배, 북부는 면양 사육	198
색의를 착용합시다	202
배우자, 가르치자, 다 함께 브나로드!	204
고산자 김정호, 일제를 돕다?	206
'가마니'라는 이름의 애국 비행기	210

경성에 가면 독립문을 꼭 보시오　　　　　　　　　　214
왜귀는 철차 타고 몰려든다　　　　　　　　　　　　218
세말 동정주간과 기생 김진향의 미담　　　　　　　　222
김동인의 소설 〈고구마〉?　　　　　　　　　　　　　226
"아니오, 난 개새끼요!"　　　　　　　　　　　　　　230
조선어와 일본어, 무엇이 국어인가?　　　　　　　　234
일본어만 쓰라 할 땐 언제고…　　　　　　　　　　　238
건국 체조에서 황국신민 체조까지　　　　　　　　　240
국기 밑에서 나는 죽으리　　　　　　　　　　　　　244
육군특별지원병 지원 열풍　　　　　　　　　　　　248
10년 후에 다시 만날 동무　　　　　　　　　　　　252
반상회의 탄생　　　　　　　　　　　　　　　　　　256
납세는 국민의 의무, 체납은 문명 국민의 치욕　　　258
조선 한우 수난기　　　　　　　　　　　　　　　　　262
보통학교에서 심상소학교, 그리고 국민학교로　　　266

4
황국의 그늘 아래 1940~1945

대동아공영권 건설과 팔굉일우　　　　　　　　　　272
여자의 무장은 몸뻬다!　　　　　　　　　　　　　　274
금속이라면 놋그릇까지 모두 내놓으시오　　　　　　278
가마니 짜는 일도 애국입니다　　　　　　　　　　　282

하루 두 번 머리 숙이는 사람들	286
좋은 창씨명 지어드립니다	290
조선의 진정한 국기에 '만세'를	294
미국 우표에 그려진 태극기	298
조선의 전통술, 밀주가 되다	302
쌀을 아껴 나라에 보답하자	306
세노야 세노야 바다에 우리가 사네	310
참으로 인간적인 퇴사 인사	314
먼 길 떠나는 아버지의 슬픔	316
이겼다 이겼다 일본이 이겼다	318
적 비행기가 나타나면	322
천 명의 정성을 모으다	326
결코 아름답지 않은 가미카제의 죽음	328
스러지는 젊은 벚꽃의 유언장	330
원자폭탄이 전쟁을 끝내다	334

5
해방의 빛, 다가오는 어둠 1945~1950

해방, 그날의 감격과 환희	340
조선 동포여! 절대 자중하라	342
'귀축미제'와의 첫 만남	344
인공이냐? 임정이냐?	348

해방과 함께 되찾은 이름	352
기역니은 배워서 새 나라를 세우자	356
오냐!!! 싸호자!!	360
일제 경찰, 컴백하다	364
우표 독립을 이루기까지	368
'우체국'의 탄생	372
6월의 졸업식	376
일제 잔재와 단절을 시도하다	380
그 많던 황국신민서사비는 다 어디로 갔을까?	384
모두의 상징에서 한쪽만의 상징으로	386
미국식 민주주의를 배우다	390
'꺼삐딴 리'의 시대	394
스카프에 그려진 한국 그리고 아리랑	398
해방 이후 신분증 변천사	402
중학교 입학시험 보던 시절	406
기호 작대기 아홉 개 후보입니다!	410
대한민국 30년에 떠난 수학여행	414
건국기념예금증서로 본 '건국절' 논란	418
우리의 소원은 독립 꿈에도 소원은 독립	422
잘 가시라! 선생이여!	426
옹진반도에서의 작은 전쟁	430
에필로그	434

프롤로그

한 가족의 사진이 있다.

양복에 구두까지 갖춰 입고 머리를 단정히 넘긴 아빠와 고운 한복에 쪽 찐 머리를 하고 갓난아기를 안고 있는 엄마, 그리고 그사이에 서서 엄마에게 몸을 기댄 기모노를 입은 딸아이.

이들이 누구인지, 언제 어디에서 찍은 사진인지는 알 수 없지만, 양복, 한복, 기모노의 이 어색하고 아슬아슬한 어울림에 묘한 감정이 솟아 오른다.

개항과 망국 그리고 일제 강점과 해방까지, 빠르고 불안하게 변화해 간 그 시대. 그 모든 이야기를 품고 있는 듯한 한 장의 사진. 사진 속 가족은 그런 시대 상황 속에서 그들 나름의 삶을 꾸려 갔을 테다. 그런 점에서 이 한 장의 사진은 변화무쌍한 한국 근현대사를 온몸으로 겪어야만 했던 우리 한국인의 자화상일지도 모르겠다.

시대의 변화를 받아들이거나, 혹은 그 변화에 힘을 다해 저항하며 삶을 펼친 한국인들의 이야기. 이 사진 한 장을 시작으로, 그 이야기들을 펼쳐 보려 한다.

1 새 나라의 꿈

1876~1910

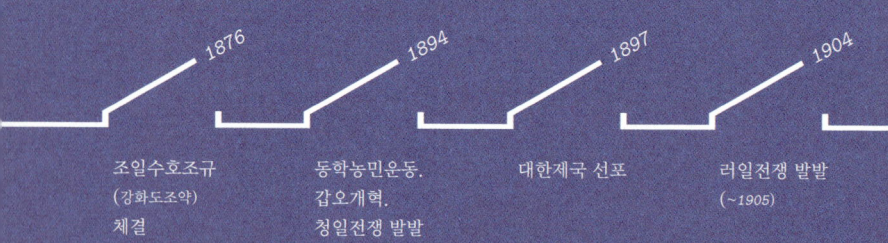

1876 조일수호조규 (강화도조약) 체결

1894 동학농민운동, 갑오개혁, 청일전쟁 발발 (~1895)

1897 대한제국 선포

1904 러일전쟁 발발 (~1905)

1876년 조선은 일본과
조일수호조규를 체결하여 문호를 개방하고,
서구 열강과도 잇따라 불평등 조약을 맺는다.
근대화와 국권 수호라는 거센 파도 속에서
새 나라의 길을 찾고자 하는데…

1905
1909
1910

을사조약
(제2차 한일협약)
체결

안중근,
이토 히로부미
사살

한일강제병합

역관 이응준, 최초로 태극기를 만들다

태극기를 처음 만든 이는 누구였을까? 1882년 9월 수신사로 일본에 파견된 박영효가 배 위에서 처음 만들었다고 널리 알려져 왔다. 그런데 2004년 《해양 국가의 깃발들》이라는 책의 존재가 알려지면서 이 오랜 신화는 깨지고 말았다. 이 책은 박영효가 태극기를 그렸던 때보다 두 달 앞선 1882년 7월 미국 해군 항해국에서 발간한 것으로, 여기에 이미 태극기 그림이 실려 있었던 것이다.

이 태극기는 파란색과 빨간색의 태극문과 검은색의 건곤감리 등 현재 태극기의 원형은 갖추고 있지만, 그 형태와 괘의 위치는 차이가 있다. 태극기 그림 위에는 'COREA', 아래에는 'Ensign(선박용 깃발)'이라고 적혀 있다.

이 책에 실린 태극기는 그해 5월 22일 조미수호통상조약 체결 당시 게양된 것으로 추정된다. 조약 체결 당시 미국의 전권대사였던 로버트 슈펠트(Robert W. Shufeldt)가 남긴 기록에는, 1882년(고종 19) 5월 22일 제물포에서 열린 조미수호통상조약 조인식 때 성조기와 함께 조선 국기를 게양했다는 내용이 있다. 당시 슈펠트는 조선 대표 신헌

《해양 국가의 깃발들(Flags of Maritime Nations)》에 실린 최초의 태극기 그림, 1882년.

《해양 국가의 깃발들》, 미국 해군 항해국, 1882년 7월.

과 김홍집에게 조선이 청룡기*를 사용하는 것은 청의 속국임을 인정하는 것이므로, 국기를 새로 만들어 게양하는 것이 좋겠다고 권했다. 이에 조선 측은 미국 군함 스와타라(Swatara)호 안에서 급하게 국기(태극기)를 만들었는데, 제작자는 김홍집의 명을 받은 역관 이응준이었다.

2018년에는 미국의 워싱턴 국회도서관이 소장한 슈펠트 파일 내 한국 조약 항목에서 조약 체결 당시 미국 관리가 그린 필사본 태극기가 발견됐는데, 《해양 국가의 깃발들》에 실린 태극기와 같은 형태로 이 태극기의 도안으로 추정된다. 그런 의미에서 《해양 국가의 깃발들》에 실린 태극기는 역사상 최초의 태극기로 볼 수 있다.

이렇게 태어난 태극기는 그때부터 지금까지 우리의 신산한 역사와 늘 운명을 함께 해왔다.

---

* 청룡기는 임오군란 후 조선에 파견된 청 외교관 마젠충(馬建忠)이 조선 국기로 제안한 것으로, 청의 국기인 황룡기의 도안에 착안했다. 그러나 중국을 기준으로 동쪽을 의미하는 청색, 황룡기보다 적은 4개의 발가락을 가진 용을 제시함으로써 청의 속국임을 은연중에 드러냈다.

K-문학의 원조
《춘향전》

프랑스에서 출간된 《춘향전》, J. H. 로니 옮김,
《향기로운 봄(Printemps Parfumé)》, 프랑스, 1892년.

1892년 프랑스에서 한국 소설이 '향기로운 봄(Printemps Parfumé)'이란 제목으로 번역 출간되었다. 제목만으로는 도무지 무슨 소설인지 감이 안 잡히는 이 책은, 바로 《춘향전》이다. 한복을 곱게 입고 그네를 타던 춘향 대신, 서양식 옷차림과 머리 모양을 하고 그네에 앉아 있는 여성의 삽화가 색다르다. 내용도 우리가 아는 것과 다소 다른데, 여기서는 몽룡이 춘향을 만나기 위해 여장을 한다.

프랑스어 번역자는 J. H. 로니(J. H. Rosny)로, 소설가 보엑스(Boex) 형제의 필명이다. 이들에게 《춘향전》을 소개한 사람은 한국 최초 프랑스 유학생 홍종우였다. 그는 1890년부터 약 3년간 프랑스에서 머물렀는데, 이때 알게 된 보엑스 형제에게 춘향전을 들려줬고, 이를 흥미롭게 여긴 형제가 자신들의 시각에 맞춰 소설 내용을 의역, 의역을 넘어 번안과 재창작을 했던 것이다. 프랑스어판 춘향전은 이후 프랑스 식민지 베트남에도 전해졌다. 더 재밌는 것은 프랑스어판 춘향전을 읽고 영향을 받아 1936년 러시아 출신 미하일 포킨이 〈사랑의 시련〉이라는 발레극을 만들어 전 세계 순회공연을 하기도 했다는 사실이다.

프랑스에 앞서 제일 먼저 춘향전이 소개된 나라는 이웃 나라 일본이었다. 개항 직후인 1882년 6월에 소설가 나카

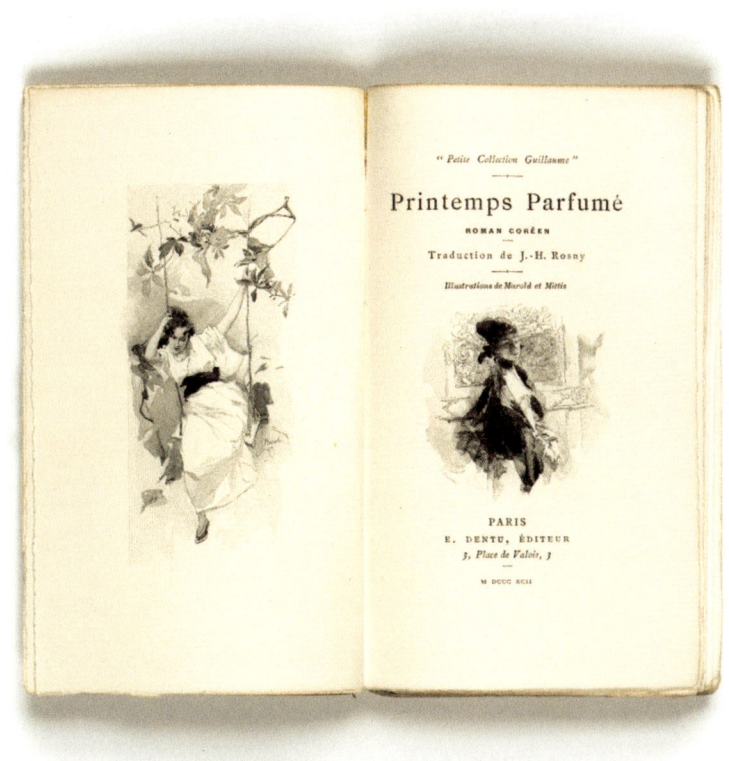

《춘향전》 프랑스어판의 표제지, 1892년.
춘향이 서양 여성으로 묘사된 것이 흥미롭다.

라이 도스이(半井桃水)가 '계림정화(鷄林情話) 춘향전'이란 제목으로 《아사히 신문》에 연재해 인기를 끌었다.* 1906년에는 타이완의 신문에도 춘향전이 연재되었다. 여기서는 춘향이 부사의 수청을 거부해 매를 맞고 죽었다가 다시 살아나서 감옥에 갇히는데, 한 협객이 춘향을 구출해 몽룡이 돌아올 때까지 보호한다.** 이렇게 춘향전의 내용은 조금씩 다르지만, 조선 후기 한국의 문화와 풍습을 외국에 알리는 선구자 역할을 톡톡히 한 셈이다.

프랑스에 춘향전을 소개한 홍종우의 뒷이야기도 흥미롭다. 프랑스에서 귀국한 홍종우는 1894년 3월 28일에 갑신정변의 주역 김옥균을 상하이에서 암살하고, 대한제국 수립에 앞장서며 훗날 독립협회에 대항한 황국협회를 이끌었다. 최초의 프랑스 유학생이었지만, 진보적 개혁을 꿈꾸기보다는 임금을 위해 충성을 다하는 보수적 근왕주의자로 활동한 것이다.

---

* 〈춘향은 어떻게 19세기 일본을 홀렸나〉, 《서울신문》 2013년 4월 5일자.
** 〈박현규 교수, 107년 전 대만 신문에 연재된 '대만판 춘향전' 발굴〉, 《동아일보》 2013년 2월 18일자.

가자!
기회의 땅 조선으로!

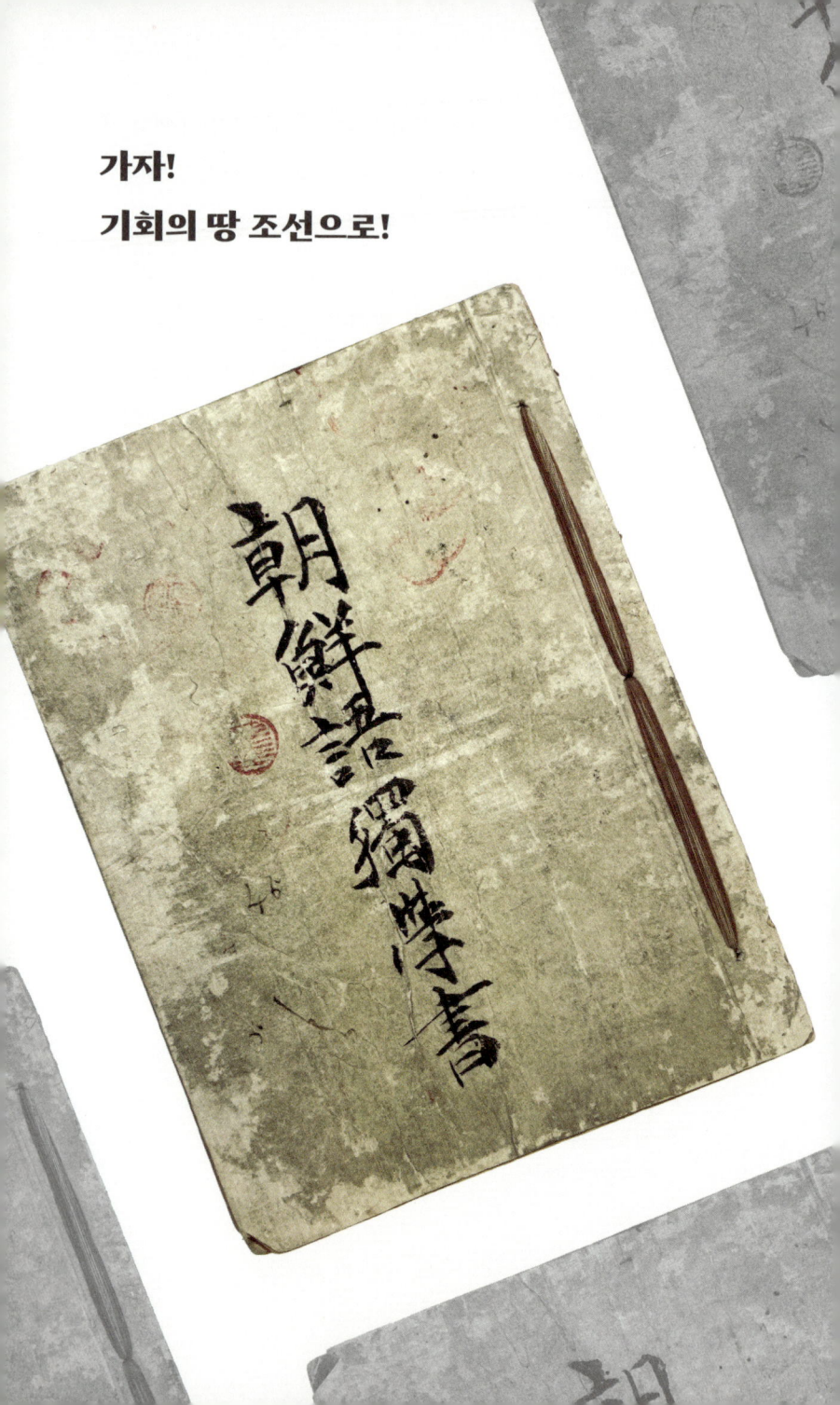

K-문화의 영향으로 지금 일본에서는 한국어 열풍이 뜨겁다고 한다. 그런데 1876년 일본과 체결한 불평등 조약인 강화도조약으로 조선이 개항된 직후에도 그랬다.

개항 후 많은 일본 상인이 조선을 찾았다. 이들은 처음에는 부산, 원산, 인천 등 개항장 거류지 주변에서만 무역할 수 있었지만, 1883년부터는 한반도 내 다른 지역에서도 통상이 가능해졌다. 일본 상인들은 홍콩, 상하이 등에서 값싼 영국산 물품을 가지고 와서 팔고, 조선에서 쌀, 콩, 소가죽 등을 사 가는 중계 무역으로 많은 이익을 보았다. 당시 일본 상인들이 가져온 대표적인 상품은 영국산 옥양목(玉洋木)이었다. 옥처럼 하얀 서양 옷감이라고 해서 붙은 이름으로, 영국이 산업혁명을 통해 섬유 기계로 대량 생산하게 된 면제품이었다.

하지만 병자년(1876) 대흉년의 후유증이 채 가시기도 전에 다량의 쌀이 유출되다 보니 곡물 가격이 뛰고, 외국산 면제품 유입으로 삼베, 모시 등을 생산하는 가내 수공업은 크게 흔들렸다.

유바 주에이(弓場重榮)·**나이토 켄**(內藤健), 《**조선어독학서**》,
1890년대.

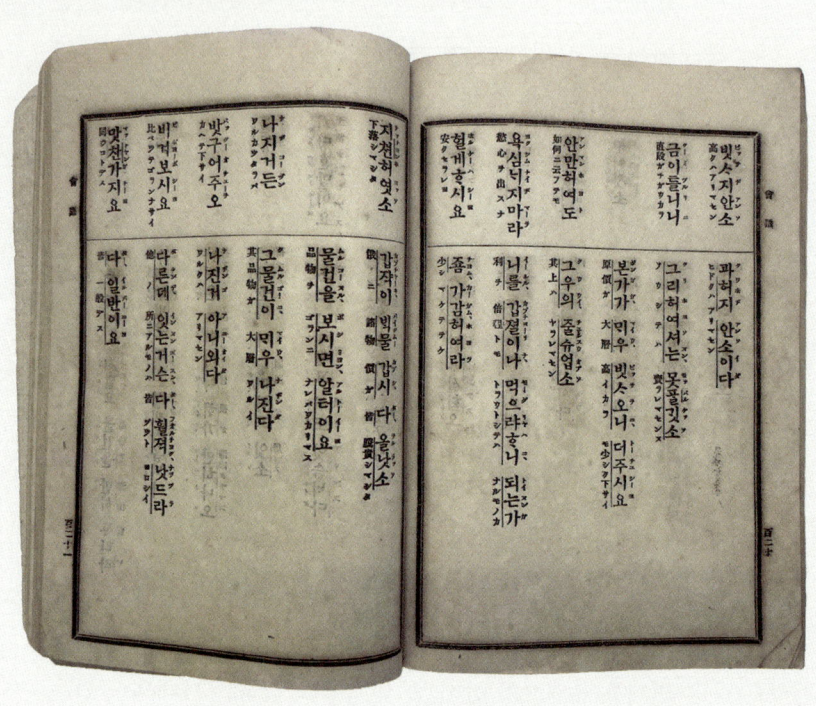

《조선어독학서》의 상업 관련 회화 부분, 1890년대.

이 《조선어독학서》는 개항기 일본인들이 조선어를 쉽게 배울 수 있도록 만든 교재로 일본 도쿄에서 출판되었다. 제일 뒷면 판권에 메이지 29년(1896) 4월 13일 첫 출간 이후 재판, 3판을 거쳐 메이지 32년(1899) 4판을 발행했다고 기록된 것으로 보아, 이 책이 꽤나 많이 팔렸음을 알 수 있다. 책 마지막 쪽에 소장자 이름을 펜으로 써 놓았는데, 부산항에 거주했던 리키타 리스케(力田利助)라는 일본인이었다.

  이 책은 상업 관련 용어와 함께 "우피가 올랐소", "요사이 쌀 한 되 얼마요", "옥양목 한 필이 얼마요", "콩 시가가 매우 헐소", "어제 배로 물건이 나왔소", "선가(船價)는 쌀 한 섬에 얼마나 허는고" 등 통상에 필요한 실용적인 회화 내용이 많이 소개되어 있다. 또 상인들의 이해를 반영한 듯 한성에서 각 지방까지의 거리를 자세히 적어 놓았다. 이런 내용을 감안하면 이 책을 가지고 있던 리키타도 분명 상인이었을 것이다.

  이렇게 개항으로 사람과 물건만 오간 것이 아니라 그와 함께 말도 서로의 경계를 넘기 시작했다.

나약하고 불안한 나라의 비애

역사 교과서나 역사책에서 조선을 둘러싼 열강의 대립을 다룰 때 빠지지 않고 등장하는 그림이 있다. 바로 프랑스 풍자 화가 조르주 페르디낭 비고(*Georges Ferdinand Bigot*)의 〈낚시 놀이〉이다. 강을 가로지르는 다리 위에서 군복 차림의 러시아인이 호시탐탐 기회를 노리는 가운데, 양쪽 강안에서는 청나라 사람과 일본 사람이 각각 낚싯줄을 내리고는 '*COREE*'(코리아)'라고 적힌 물고기를 낚으려 하는 그림으로, 청일전쟁 발발 전 조선이 처한 정세를 풍자한 것이다.

이처럼 당시 많은 외국의 만평에서 조선(대한제국)은 물고기뿐만 아니라 게, 토끼, 벌집, 식탁에 놓인 고기, 인형 등으로 그려졌다. 열강들의 힘에 운명이 좌우되는 혹은 열강에게 먹힐 수밖에 없는 나약하고 불안한 약소국의 운명을 표현한 것이었다. 사람으로 표현되는 경우도 마찬가지였다. 일본과 러시아가 줄다리기하는 사이에서 줄에 묶여 비명을 지르고 있는 갓 쓴 노인, 팔다리에 줄이 묶인 채 공 위에 불안한 자세로 올라서 있는 시각 장애인, 자신의 운명을 알지 못한 채 유모차에서 놀고 있는 아기 등 한결같이 수동적이고 미숙한 모습이었다.

**조선을 둘러싼 청, 일본, 러시아의 대립을 풍자한
그림엽서, 1880년대.**

대한제국을 둘러싼 러시아와 일본의 경쟁과 대립을 풍자한 엽서들.
청이 이미 경쟁 후보에서 배제된 사실을 통해
청일전쟁 이후의 상황임을 알 수 있다.

여기서 소개하는 그림엽서들도 조선(대한제국)을 둘러싼 열강의 대립을 다루고 있다. 그중 눈에 띄는 것은 조선을 여성으로 표현한 엽서다. 독일에서 제작된 이 엽서는 남성 세 명이 한 여성을 차지하기 위해 경쟁하는 모습을 그렸다. 남성들은 왼쪽부터 러시아, 일본, 청을 상징하고 여성은 당연히 조선이다. 그런데 이상하게도 조선을 상징하는 여성과 청을 상징하는 남성이 일본의 전통 의상 기모노를 입고 있다. 메이지유신(明治維新)으로 국력이 급격하게 성장하고 있던 일본이 이제는 아시아를 대표하게 된 상황을 반영하고 있다.

이 그림엽서들은 당시 서양인들의 동양에 대한 무지를 보여 주는 동시에, 열강에 운명을 내맡긴 채 이리저리 휘둘릴 수밖에 없었던 약소국의 비애와 아픔까지 느끼게 한다.

1894년 6월
'경성전쟁'

일본에서 제작된
청일전쟁 기록화,
1894년.

동학농민운동이 한창이던 1894년 5월, 청군과 일본군이 조선에 출병했다. 농민군의 봉기를 제압하지 못한 조선 정부가 청에 출병을 요구하자, 일본도 조선 내의 자국민 보호를 내세워 군을 보낸 것이다. 당황한 조선 정부와 농민군은 전주화약을 맺어 휴전에 합의했다. 화약 직후 조선 정부의 철수 요구에 긍정적으로 답한 청과 달리, 일본은 조선의 내정 개혁을 철수의 전제 조건으로 내세웠다. 정부는 교정청을 설치해 개혁에 착수하면서 일본군에 재차 철수를 요구했다. 이에 대한 일본의 반응은 극단적이었다.

1894년 6월 21일 새벽, 경복궁에 난리가 났다. 인천에 주둔하던 일본군이 한성으로 진격해 경복궁을 침범한 것이다. 궁성을 장악한 일본은 조선 정부에 개혁을 요구했다. 이렇게 갑오개혁이 시작되었다. 이어서 일본은 6월 23일 청을 기습 공격하여 청일전쟁을 일으켰다.

이 판화는 청일전쟁 발발 직후 일본에서 제작된 청일전쟁 기념 판화 중 하나다. 경복궁 앞에서 일본군과 조선군이 백병전을 벌이고 있고, 일본 공사 오토리 게이스케(大鳥圭介, 가장 크게 그려진 인물)와 일본군 사령관이 일본군을 지휘하고 있다. 그런데 그 뒤로 가마를 타고 있는 한 인물이 보인다. 누굴까?

그는 흥선대원군이다. 일본은 경복궁을 침범하면서 굳이 흥선대원군을 '모시고' 갔다. 궁을 침범하는 주체가 일본이 아니라는 모양새를 갖추고 싶었기 때문이다. 즉 일본이 조선을 침범한 것이 아니라, 왕비 민씨(명성왕후)와 사이가 나빴던 대원군이 쿠데타를 일으켰고, 일본은 이를 단순히 도와주었다는 것이다.

우리 역사 학계나 교과서에서는 *6월 21일*에 있었던 일본군의 궁성 침범을 '경복궁 침범' 혹은 '경복궁 점령사건'이라고 부른다. 그런데 이 사건은 단순한 궁성 침범이 아니다. 외국 군대가 들어와 한 나라의 수도와 궁궐을 점령하는 것은 엄연한 전쟁 행위로 볼 수밖에 없지 않은가? 그래서 이 판화 아래쪽에 적힌 제목이 의미심장하다. 궁성을 침범한 그들 스스로 '전쟁'이라고 표현하고 있다. 경성전쟁(京城戰爭)! 그렇다, *1894년 6월* 한반도에는 '경성전쟁'과 청일전쟁, 이렇게 두 개의 전쟁이 벌어지고 있었다.

마마에
맞서다

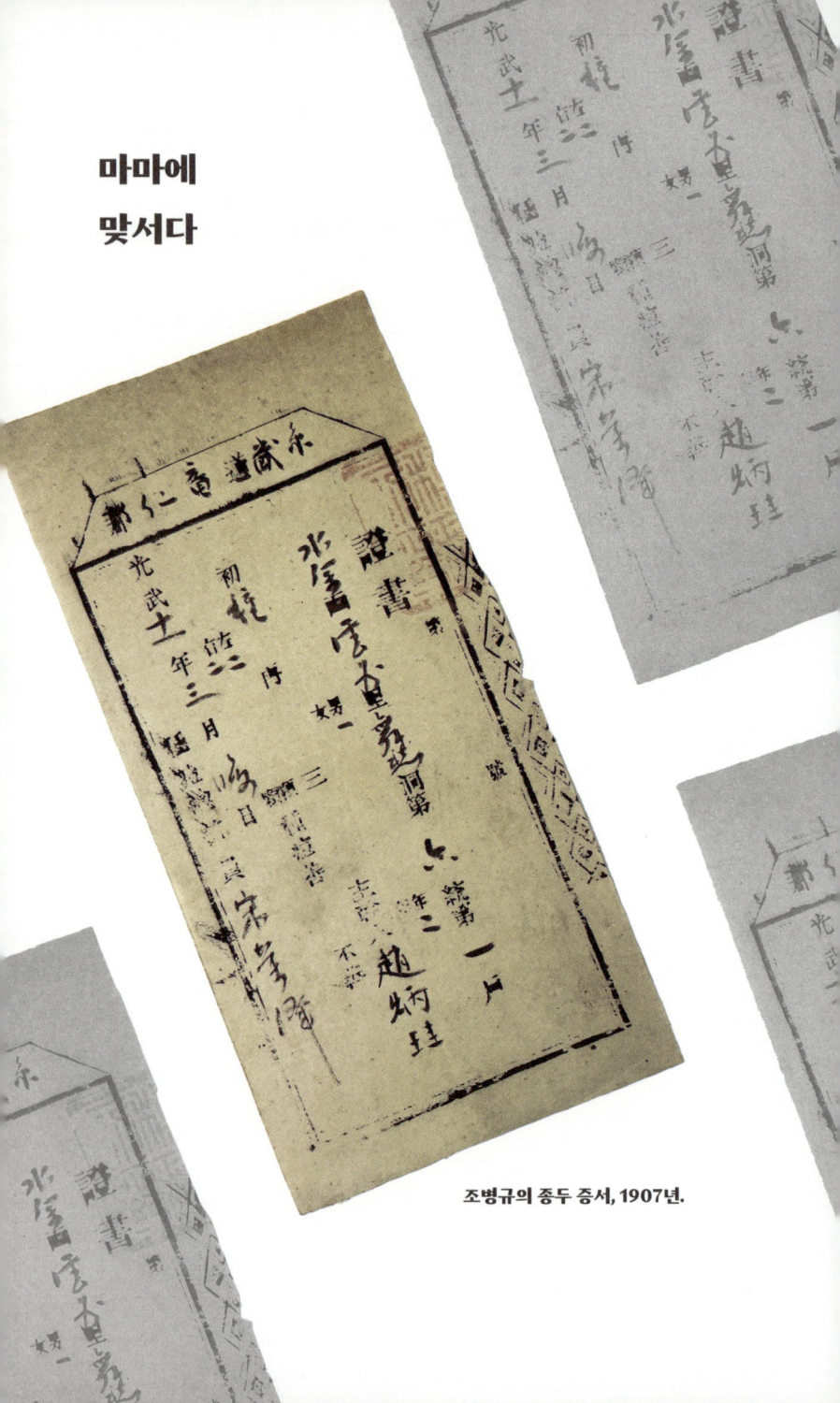

조병규의 종두 증서, 1907년.

'증서(證書)'라는 글자가 정확히 보이는 이 자료는 1907년 경기도 용인군 수서면에 사는 조병규(趙炳珪)에게 발급된 '종두 증서'다. 종두는 천연두를 예방하기 위한 백신 접종을 의미하는데, 이 종두 증서에 따르면 종두를 맞은 조병규의 나이는 두 살이었고, 당시 접종은 초종(初種, 최초 접종)이었다.

옛사람들이 호랑이만큼 무서워한 병이 천연두였다. 천연두는 흔히 '마마', '손님'이라고도 불렸는데, 잘 예우해서 돌려보내야 할 신으로 여길 만큼 대책 없는 병이었다. 천연두는 치사율이 높은 데다 전염성도 강해서 한 마을 전체가 몰살하는 것이 예사였다. 운 좋게 나아도 후유증으로 얼굴에 심한 흉터가 남았다. 사람들은 이 흉터를 '얽었다'고 표현했고, 얼굴이 얽은 사람을 낮잡아 '곰보'라고 불렀다. 바삭한 크럼블이 울퉁불퉁하게 얹어진 빵을 '곰보빵'이라고 부르는 것도 빵 표면이 이 흉터와 비슷하기 때문이다.

1796년 영국의 에드워드 제너가 천연두 치료법인 종두법을 처음 개발했는데, 우리나라에서는 지석영이 종두법 보급을 위해 노력을 많이 기울였다. '조선의 제너'로도 불리는 지석영은 개항장인 부산에서 일본 해군 군의관으로부터 종두술을 익힌 이래 1885년 《우두신설(牛痘新說)》을

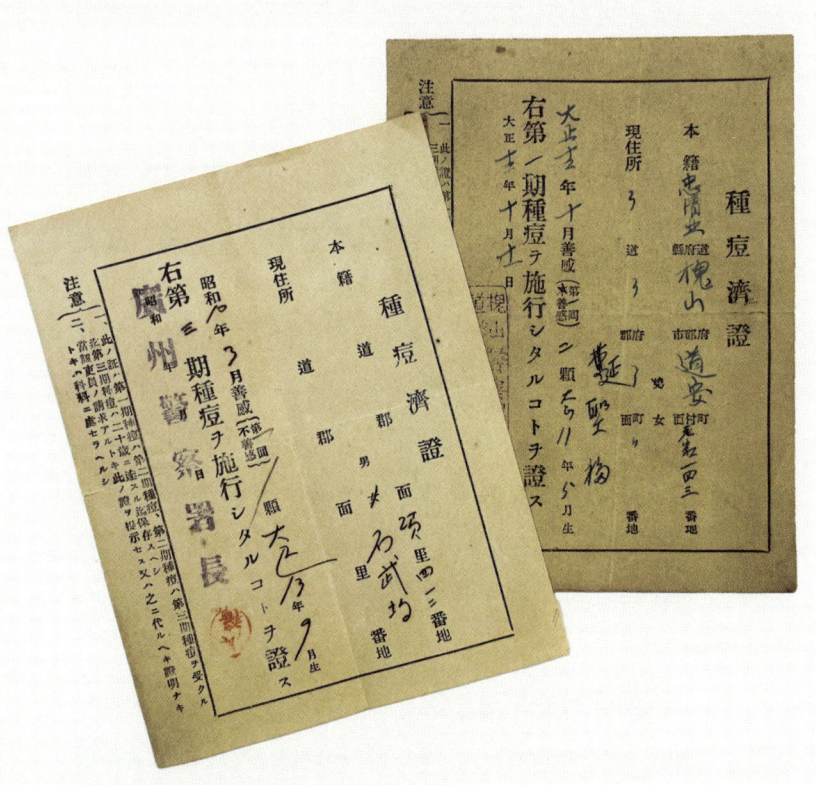

종두 증서, 일제강점기.

오른쪽은 다이쇼(大正) 12년(1923) 연성복에게, 왼쪽은 쇼와(昭和) 10년(1935) 석무균에게 발급된 종두 증서다.

펴냈고, 종두법을 정부 사업으로 만들어 보급하기 위해 힘썼다. 그의 활약 덕분에 조선 정부도 우두 보급에 관심을 나타내기 시작했다.

조선 정부는 1895년 10월 7일에 내부령으로 '종두 규칙'을 공포했다. 이 규칙에 따르면 모든 소아는 생후 70일부터 만 1년 이내에 종두해야 하고, 성인이라도 종두하지 않은 자는 종두하도록 했다. 종두 후 효과가 나타나지 않은 자는 1년 이내에 재종(再種)을 하고, 그래도 효과가 없으면 3년 이내에 삼종(三種)을 하도록 했다. 종두 후에 종두인허원(種痘認許員, 일종의 종두 의사)이 접종자의 상태를 살펴 상태가 좋으면 선(善), 좋지 않으면 불선(不善)에 표시한 '종두 증서'를 교부했다. 군인이나 경찰이 되려면 이 종두 증서가 필요했다. 또 '조선국 신민으로서 종두와 검진에 태만한 자'는 20전 이상 50전 이하의 벌금을 물리거나 1일 이내의 구류에 처할 수 있었다.

이런 강력한 기세였다면 천연두는 금방 퇴치되었어야 한다. 그러나 실제 접종률은 그리 높지 않았고 여전히 사망자가 많았다. '종두 규칙' 공포 이후에도 천연두는 반세기 이상 무서운 힘을 발휘했다.

사라진
음력의 시간

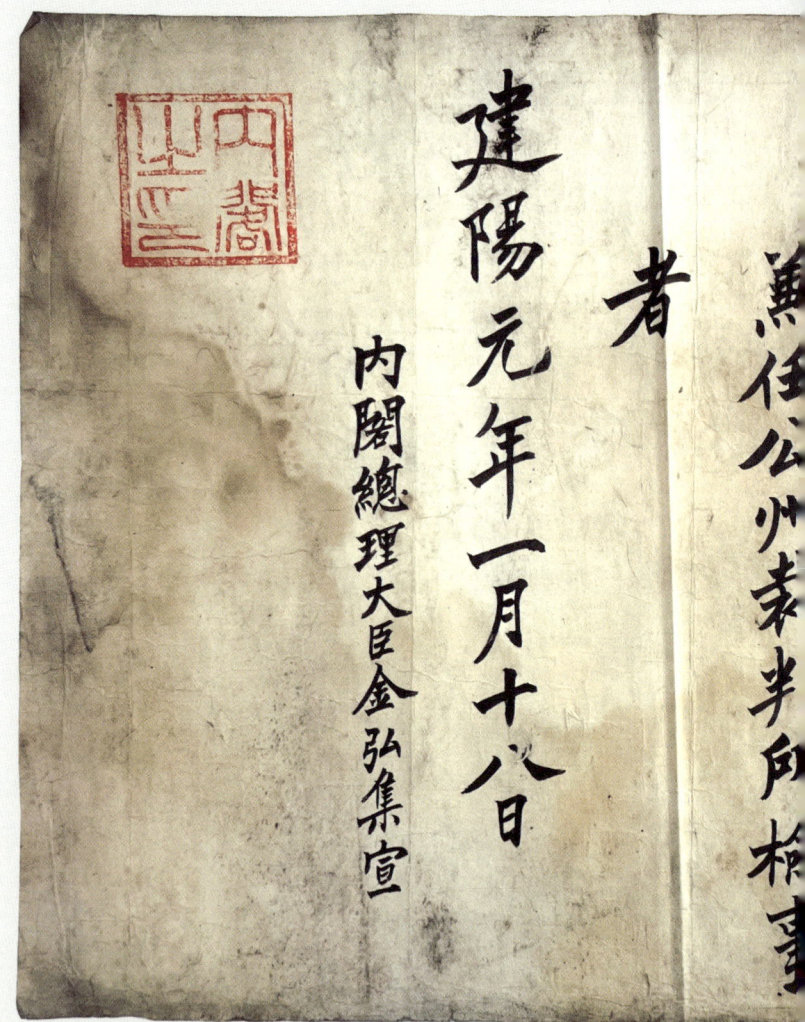

州府參書官李石齡

內閣總理大臣

元年一月

任公州裁判所檢事

勅命

公州府參書官李石齡

공주부 참사관
이석령이 받은 고종의 칙명,
1896년.

공주부 참서관 이석령에게 공주재판소 검사(檢事)를 겸하게 한 고종의 칙명이 내려진 날은 '건양(建陽) 원년 1월 18일'이다. 건양 연호가 1896년 1월 1일부터 사용되었으니, 새 연호를 사용한 지 20일도 채 지나지 않았을 때였다.

조선은 1894년 제1차 갑오개혁 당시 기존에 사용해 온 '광서(光緖)'라는 청 연호를 버리고 '개국(開國)'을 연호로 사용했다. 1894년은 개국 503년이었다. 이는 청과의 주종 관계를 청산하겠다는 의지를 담은 것이었다. 그러다가 1895년 을미사변 직후 추진된 을미개혁에서 다시 연호를 '건양'으로 바꾸었다. 이는 태양력 사용과 함께 '양력(陽)을 세운다(建)'는 의미로, 세계 표준 달력을 받아들여 근대화의 기틀을 마련하겠다는 의도였다.

조선은 음력 기반의 시헌력을 사용해 왔는데, 그레고리력으로 바꾸면서 음력 1895년 11월 17일을 양력으로 환산해서 1896년 1월 1일로 선포했다. 그 결과 우리 역사에서는 1895년 11월 17일부터 12월 31일까지 약 한 달 반의 시간이 사라져 버렸다.

정부 정책으로 음력이 양력으로 바뀌었으나 수천 년 사용해 왔던 것이니만큼 그 이행이 쉽지 않았다. 효의 나라였던 조선에서 당장 제사와 관련된 불만이 터져 나왔다. 그해 사라진 기간에 제사가 있는 집부터 난리가 났다. 졸지에 제사를 지내지 못하는 불효자가 되고 만 것이다. 또 양력을 모르고 돌아가신 조상들이 제사 날짜를 놓쳐 후손들이 차린 음식을 못 드시는 것이 아니냐고 걱정하는 사람들이 많았다.

그런데 문제는 양력을 선포해 놓고도 국왕을 비롯한 조선 정부가 양력 사용에 그리 적극적이지 않았다는 점이다. 정부는 음력 정월 초하루에 지내던 오향대제라는 제사를 계속 지내는가 하면, 동지에 거행하던 신년 하례도 변함없이 진행했다. 게다가 1908년까지 음력 달력도 계속 발간했다. 정부가 양력 사용에 적극적이지 않으니 백성들 역시 양력을 따를 특별한 이유가 없었다. 이런 이유로 음력과 양력은 오랫동안 공존할 수밖에 없었다.

이 편지를 속히 전하압

충북 청주군 산동내일면 화죽 송상원 간터댁으로 속으로 전홀스이

隆熙三年七月十日 付上郵便

忠北清州郡山東山內一面禾洞
宋主事 大用本第入納
京東部蓮花坊後井洞百十五
統二戶 具完喜氏方留 大用上書

서울 사는 송대용이 자신의 고향집에 보낸 편지 봉투, 1909년.

이 편지를 충청북도 청주군 산동 산내일면 화동 송생원 관저 댁으로 속히 속히 전하압.

이 편지봉투는 대한제국기 서울에 사는 송대용이 고향 집으로 보낸 것인데, 주소와 함께 우편배달부에게 당부하는 말이 같이 봉투 가득 적혀 있어 지금의 택배 송장을 떠올리게 한다.

우리나라에서 우편 사무가 처음 시작된 것은 우정총국이 설치되고 '대조선국 우정규칙'이 제정된 1884년이었다. 그러나 우정총국 개국 축하연을 이용해 일어난 갑신정변으로 우편 사무는 중단되었고, 10여 년 후 을미개혁 당시 재개되었다. 이때 한성을 비롯한 각 지방에 우체사(郵遞司)가 설치되었고, 각 우체사에 오늘날 집배원에 해당하는 '체전부'를 두었다. 사람들은 체전부를 '체대감' 또는 그들이 쓰고 다니던 모자에 착안해 '벙거지꾼'이라 불렀다.

대한제국 체전부들은 '주소와의 전쟁'을 치러야 했다. 전국의 토지가 지금과 같은 고유 지번에 따른 주소 체계를 갖춘 것은 일제강점기인 1918년 이후의 일이기 때문이다. 일단 봉투에 쓴 글씨부터가 마구 흘려 쓰는 경우가 많아 해독이 쉽지 않았다. 규격 봉투 대신 천 조각을 잘라 만든 봉

체전부가 양반에게 편지를 전하는 모습의 그림엽서, 프랑스에서 제작, 19세기 말.

투를 쓰는 사람들도 있었는데, 먹이 번져 글씨를 알아볼 수 없는 경우도 있었다.

주소 해독이 끝나면 그다음 문제는 서술형으로 길게 쓴 주소를 보고 배달할 집을 찾는 일이었다. '수표교 다리 북편 개천에서 동으로 가다가 좌편 첫 골목 들어 좌편 둘째 집 이생원 댁'. 이런 식으로 쓰인 주소를 보고 이 사람 저 사람 물어 가며 배달할 집을 찾아야만 했다. 더욱이 당시에는 문패 없는 집이 태반이었다.

이뿐이 아니었다. 성실성과 도덕성은 체전부가 갖추어야 할 덕목이었다. 당시 우정규칙에 따르면 "요령 부리며 게으름을 피우다 우체물을 분실하는 자, 우체물을 전하면서 치사한 의물을 억지로 요구하는 자"에 대해 곤장 20대 또는 벌금 20냥을 물렸다. 이런 이유로 대한제국기 우체사에는 형틀과 곤장이 갖춰져 있었다고 한다.

이 시기 체전부는 도적들도 신경 써야 했다. 당시에는 값나가는 우편물을 노리는 도적들도 많았다. 이쯤 되면 대한제국기 체전부도 극한 직업이었을 듯하다.

다리풍, 덕율풍
또는 전어기

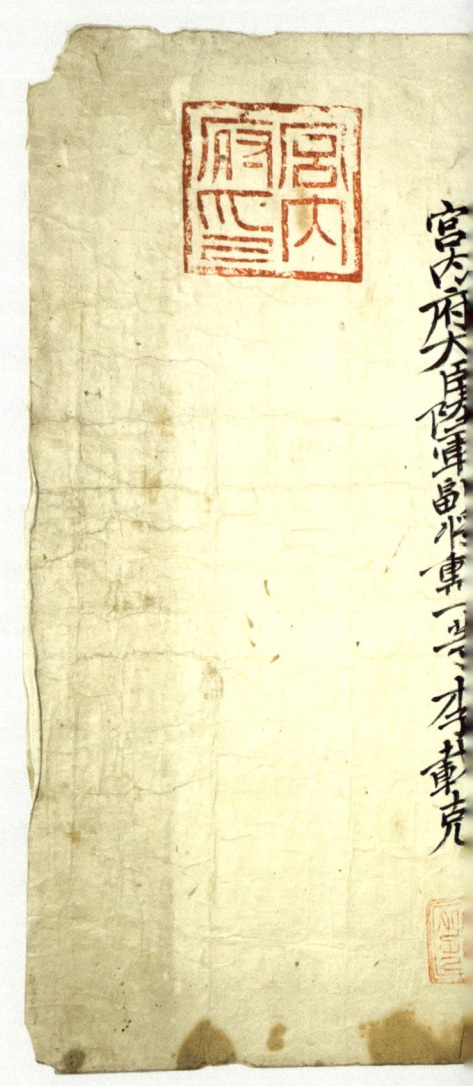

권영만의 통신사
전화과 주사 임명장,
1906년.

權寧萬任通信司電話課主事敍判任官六等者

丙午年

光武十年正月　日

140년 전 이 땅에 전화가 처음 들어왔을 때부터 지금까지 너무도 많은 변화가 있었다. 불과 한 세기 반 만에 모두가 한 대씩 손에 들고 다니는 세상이 오다니.

우리나라에 전화기가 처음 설치된 것은 1896년 경운궁(덕수궁)이었다. 경운궁 함녕전 대청마루에 설치된 전화기는 궁내 10여 부서에 있는 전화기와 연결됐다. 고종이 업무차 전화를 걸면 신하들은 의관을 정제하고 네 번 절을 올린 후에 전화를 받았다고 한다. 당시에는 전화기의 감도가 좋지 않아 '마치 귀뚜라미가 우는 소리와 같다'라고 기록되어 있다. 초창기 전화기는 영어 '텔레폰(telephone)'을 음역해서 '다리풍(爹釐風)', '덕율풍(德律風)'이라 부르기도 했고, 의역해서 '전어통(傳語筒)' '전어기(傳語機)' 또는 '어화통(語話筒)' 등으로 부르기도 했다.

경운궁에 전화가 설치된 후 1898년에는 한성의 궁궐과 인천 간 전화도 개통되었다. 이 전화가 개통된 덕분에 목숨을 건진 것으로 널리 알려진 인물이 백범 김구다. 《백범일지》에 따르면, 김구는 을미사변에 대한 복수심으로 일본인을 살해하여 사형을 선고받고 인천감리서에 수감되어 있었는데, 그의 사정을 들은 고종이 사형이 집행되기 직전에 전화로 정지 명령을 내림으로써 구사일생으로 목숨을 건졌다고 한다.*

 대한제국 정부는 *1899년* 궁내부 산하에 통신사라는 기구를 설치해 그 아래 철도과와 전화과를 두고 철도와 전화 업무를 관리하게 했다. *1902년*에는 궁궐에서만 제한적으로 사용되어 온 전화기가 드디어 민간인 대상으로 개통되었다. 한성~인천, 한성~개성을 시작으로 시외전화가 먼저 개통되었는데, 요금이 너무 비쌌기 때문에 아무나 이용할 수는 없었다.

 그런데 이런 근대 문물의 편리함에도 불구하고 당시 전화기에 대한 인식은 대부분 부정적이었다. 일본에서 도입된 전화를 일제의 침략 수단으로 인식하는가 하면, '하늘의 전기 바람은 비구름을 말리고, 땅의 덕율풍은 땅 위의 물을 마르게 한다'는 말처럼 가뭄이나 자연재해를 전기나 전화기 탓으로 여겼기 때문이다.

---

* 백범이 사형 집행을 면한 시점은 *1896년 3월*에서 *1897년 1월* 사이인데, 경운궁과 인천 사이에 전화가 개통된 것은 *1898년 1월*이다. 따라서 고종이 전화로 김구의 사형 집행을 정지시켰다는 《백범일지》의 기록은 신빙성이 다소 떨어진다.

불꽃 악마와
돌진하는 서양 귀신

대한제국 최초의 전차 사진을 실은 《하퍼스 위클리(Harper's Weekly)》,
1899년 7월 15일자.

1899년 7월 15일자 미국의 화보 잡지 《하퍼스 위클리》는 한국의 첫 전차 사진을 실었다. 그런데 이상하게도 실려 있는 사진 6장 중에는 불에 타 버린 전차와 군중에 의해 전복된 전차 사진이 실렸다. 전차가 달리기 시작한 대한제국에서 무슨 일이 있었던 것일까?

같은 해 5월 20일 한성에서 전차 개통식이 열렸다. 서대문에서 종로를 거쳐 동대문 밖 청량리까지 이어지는 전차의 운행이 시작된 것이다. 선기로 움직이는 전차는 분명 놀라운 근대 문물이자 신기한 구경거리였다. 집전장치와 전선 사이에 이는 스파크를 보고 '불꽃 괴물'이라며 겁내는 사람도 있고, 전차 타기를 즐기다 가산을 탕진한다는 말이 나올 정도로 종일 전차만 타고 뺑뺑이를 도는 사람도 있었다.

그런데 신문물에 대한 두려움이 더 컸던 탓일까? 며칠 안 가 대중은 당시 심한 가뭄의 원인을 전선이나 전주로 돌리기 시작했다. 더욱이 개통 9일째 되는 날 여섯 살 아이가 전차에 치여 숨지는 사고가 발생했다. 사람들은 가뭄을 일으킨 데 이어 사람까지 죽인 전차를 '악마의 차'라 부르며 분노했다. 숨진 아이의 아버지가 도끼로 전차 지붕을 맹렬하게 찍어 대자 격분한 군중이 전차 한 량을 불태우고, 뒤이어 온 전차도 전복시켰다. 이 바람에 일본 교토전기철도

L'effet produit par la première automobile qui pénétra dans une ville coréenne

**자동차를 보고 공포에 질린 한국인들의 모습을 실은
《르 프티 주르날(Le Petit Journal)》 1909년 3월 7일자.**
이 삽화에는 "진정한 공포 그 자체였다. 한국인들은 사람의 모습을 한 귀신이 괴물을 타고 나타났다고 생각했다. 당시 현장 사진에 따르면 사람들은 혼비백산이 되어 달아났다"라는 설명이 붙었다.

에서 데려온 운전수와 기술자 들이 신변 보호 문제로 일제히 사직해 버렸고, 한국의 전차는 개통과 함께 바로 휴업을 해야 했다.

근대 문물의 또 하나의 대표 주자인 자동차에 대한 한국인들의 반응은 전차보다 더 격했던 듯하다. 자동차가 나타나자 혼비백산하는 한국인들의 모습을 담은 그림이 비슷한 시기 유럽의 두 잡지에 실렸다. 먼저 영국 화보 잡지 《그래픽(Graphic)》 1909년 2월 20일자에 '고요한 아침의 나라에 나타난 자동차— 서양에서 온 새로운 귀신, 한국의 수도에 처음 출현하다'라는 제목의 삽화가 실렸다. 짐도 내팽개치고 사방으로 흩어지는 사람들, 이 괴물로부터 자신을 지켜 달라고 간절히 기도하는 사람, 사람들만큼이나 놀라 주위 상점이나 가정집으로 뛰어 들어가는 동물 등이 그려졌다.

이 그림이 큰 관심을 끌었던지, 대략 보름 뒤 프랑스 화보 잡지 《르 프티 주르날》 3월 7일자에도 한국에 나타난 자동차 그림이 실렸다. 이 삽화는 자동차에 탄 서양인들의 태연한 표정과 신문물에 대한 한국인들의 무지와 공포심을 은근히 대비해 드러내고 있다. 이 시대를 살았던 사람들은 100년 후 한국이 세계에서 손꼽히는 자동차 생산국이 될 줄 상상이나 했을까?

철도길 베개에
집안이 울음판이라

1899년 경인선이 처음 개통된 후 경부선, 경의선 등이 잇따라 완공되면서 대한제국에 교통 혁명이 일어났다. 제물포에서 서울까지 걸어서 12시간, 배로 9시간 걸리던 거리를 철도로 1시간 반 만에 갈 수 있게 되었으니 혁명이라는 말이 빈말은 아니었다. 그런데 철도가 긍정적인 면만 가진 것은 아니었다. 그 이면에는 무자비한 폭력성과 어이없는 죽음이 있었다.

일제가 철도를 부설하는 과정에서 제값을 쳐주지 않고 토지를 강제 수용한 것도 모자라, 선로 주변 농민들의 노동력도 헐값으로 동원했다. 이에 한국인들은 야밤에 몰래 선로를 파괴하는 방식으로 저항했다. 그러다가 잡히면 철도 파괴죄로 처형을 당했다. 프랑스의 한 화보 신문에 일본 헌병들이 조선인을 공개 처형하는 장면을 그린 삽화가 실렸다. 러일전쟁이 한창이던 1904년 9월 21일 오전 10시에 철도파괴죄로 김성삼, 이춘근, 안순서 등 한국인 세 명이 용산 부근에서 공개 처형된 사실을 다룬 것이다. 일제는 자신들의 이익을 위해서는 한국의 모든 자원을 이용하면서도 그곳에 살고 있는 사람들에게 눈곱만큼의 자비도 보이지 않았다.

**《라 크루아 일뤼스트레(La Croix Illustrée)》 230호,
1905년 5월 21일자.**

《르 쁘띠 파리지앵(Le Petit Parisien)》 828호, 1904년 12월 18일자.

철도가 놓인 후 *1930년*대까지도 철도로 인한 어이없는 죽음에 대한 신문 보도가 끊이지 않았다. 이는 엉뚱하게도 푹신한 베개보다 딱딱한 목침을 선호하는 한국인들의 취침 문화 때문이었다. 더운 여름밤, 방 안에서 자는 것보다 밖에 나와 선로를 베개 삼아 자는 일이 많았다. 높이도 적당한 데다 비교적 서늘해서 여름밤 잠을 즐기기에 안성맞춤이었다. 그러나 기차가 사람들의 취침 문화를 배려할 리 없었다. 기차가 한번 지나가면 전국 곳곳에서 기차에 치여 죽은 사람들이 속출했다. 이런 사고가 끊이지 않자 *1932년* 용산 철도국 경성운수사무소에서 교통안전을 알리고 사고를 예방하기 위해 〈아리랑〉을 개사해 보급하기도 했다.

철도길 베개에 단잠이 드니
날 밝자 집안이 울음판이라.
아리랑 아리랑 아라리요
아리랑 철도를 베개 말아.

대한 사람 사는 곳은 온통 똥과 오줌 빛

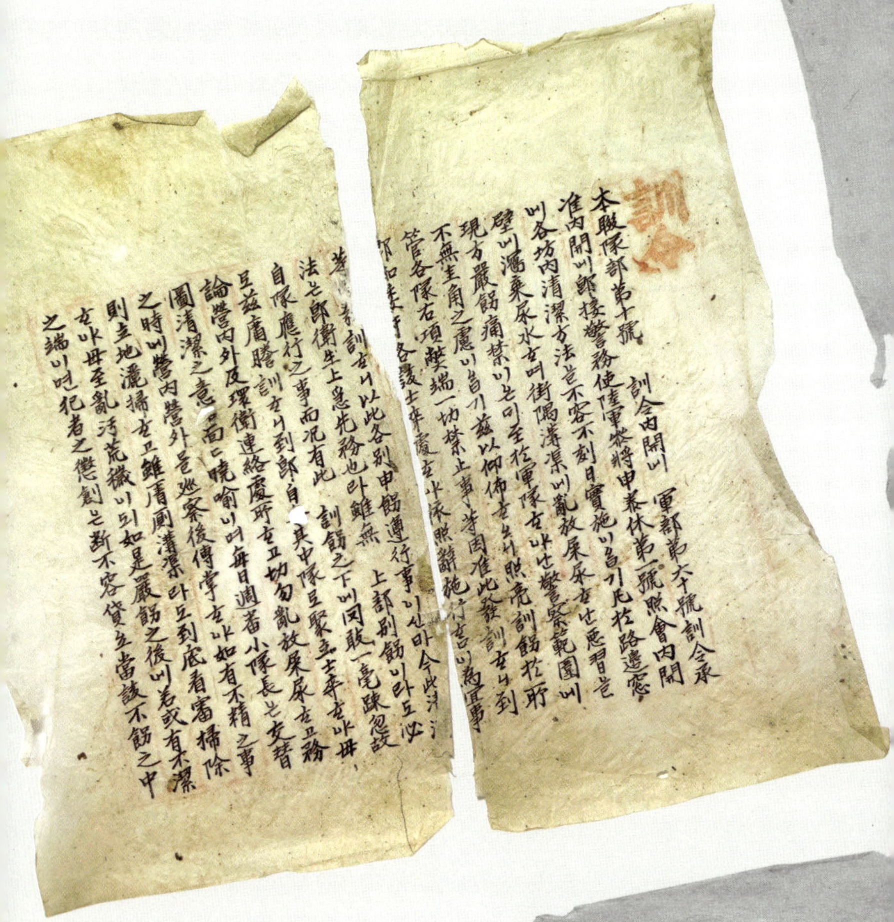

訓令

本聯隊部第十號 訓令內開에 軍部第六十號訓令承准內開에 卽接警務使陸軍參將申泰休第一號照會內開에 各坊內清潔方法은不容不刻日實施이옵기로於路邊窓壁에瀉棄尿水ᄒᆞ며街陽溝渠에亂放屎尿ᄒᆞᄂᆞᆫ惡習은現方嚴飭痛禁이온ᄃᆡ至於軍隊ᄒᆞ야ᄂᆞᆫ警察範圍에不無圭角之慮이옵기茲以仰佈ᄒᆞ오니照亮訓飭於所管各隊右項弊端一切禁止事等因准此發訓ᄒᆞ노니到卽知悉ᄒᆞ고各該士卒處ᄒᆞ야依照施行ᄒᆞ믈이為要事

若... 訓ᄒᆞ노니以此各別申飭遵行事이신바今此法은卽衛生上急先務也라雖無 上部別飭이라도必自隊應行之事而況有此 訓飭之下에冈敢一毫踈忽故로兹庸謄 訓ᄒᆞ노니到卽自 其中隊로聚集士卒ᄒᆞ야毋論營內外及環衛連絡處所ᄒᆞ고切勿亂放屎尿ᄒᆞ고務圖清潔之意로面面曉喩ᄒᆞ며每日週番小隊長은交替之時에營內營外를巡察後傳掌ᄒᆞ야如有不精之事則立地灑掃ᄒᆞ고雖屏廁清潔이라도到底看審掃除ᄒᆞ야毋至亂汚荒穢ᄒᆞ되如是嚴飭之後에若或有不潔之端이면犯者之懲創은斷不容貸요當該不飭之中

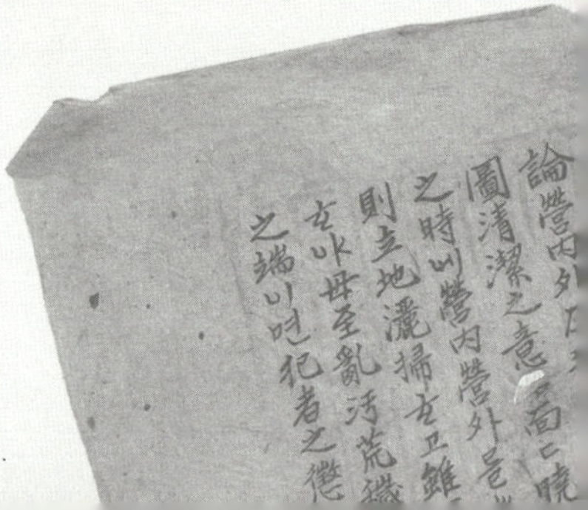

위생청결법 제정 직후의

군대 훈령, 1904년.

1904년 6월 대한제국 정부는 위생청결법을 제정했다. 그리고 그 직후 각 군대에 훈령을 내려보냈는데, 주번 소대장이 순찰을 돌 때 청결법 위반이 있는지 잘 살피라는 내용이었다. "길가 모퉁이나 도랑[街隅溝渠]에 함부로 똥오줌을 누는 것[亂放屎尿]은 악습"이라 규정하며 "이번의 청결법은 즉 위생상의 급선무"라고 했다. 당시의 비위생적인 환경은 《제국신문》 1904년 11월 21일자 논설을 통해 쉽게 확인할 수 있다.

> **방방곡곡 대한 사람 사는 곳이라고는 집이 한둘만 있어도 곧 똥과 오줌빛이라. 안과 밖에 더럽고 추하고 냄새나는 것은 고사하고 저 외국 사람들 섞여 살며 내왕하는 중에 어찌 부끄럽지 않으리오.**

실제 한말 조선을 방문한 서양인들의 기록을 보면 한성 거리는 곳곳이 대·소변투성이이고, 악취가 진동했다고 적고 있다. 영국인 아놀드 새비지 랜도어(*Arnold Henry Savage Landor*)는 《고요한 아침의 나라 조선》(1895)에서 겨울에 얼어 있던 오물들이 봄철에 녹으면서 풍기는 냄새가 너무 지독해 "차라리 내 코가 없어졌으면 한다"라고 했을 정도였다. 이 오물들을 치우려는 사람은 없었다. 고종의 주치의로 활동한 독일 의사 리하르트 뷘슈(*Richard Wünsch*)는 "곳곳

콘스탄스 테일러(Constance Tayler),
《조선인의 일상(Koreans at home)》(1904)에 실린 삽화.
한성의 거리 풍경을 그린 이 그림에 똥 먹는 개들이 보인다.

에 널린 똥들을 개들이 먹어 치우니, 길의 청결 여부는 개들의 식욕에 달려 있다"라고 비꼬았다.

물론 정부가 마냥 손 놓고 있던 것은 아니다. 1894년 갑오개혁 때 내무아문의 위생국과 경무청 총무국이 협력하여 위생업무를 관장하는 관제를 마련하는 등 조치를 하기 시작했다. 그러나 한성의 위생 상태는 나아지지 않았다. 이후 수립된 대한제국 정부가 더 강력한 조치로 1904년 6월 위생청결법을 제정해 시행했는데, 주요 내용은 이렇다.

> **첫째, 각 호주에게 매일 쓰레기를 청소케 하되 준수치 않는 자는 엄벌에 처한다. 둘째, 분뇨통을 분급할 것이니 법에 의하여 시행케 하도록 하라. 셋째, 우물의 불결로 질병이 발생하니 우물을 청결케 하라. 넷째, 공중변소를 만들 것이니 모두 변소를 이용하고 가로변의 방뇨는 엄금한다.**

이 법의 시행으로 한성에 공중화장실이 처음 등장했고, 관헌들은 길모퉁이나 청계천 근처에서 대소변을 함부로 누거나 버리는 사람들을 엄격히 단속했다. 그로부터 100년이 더 지난 지금, 한국을 방문하는 외국인들 사이에서 서울은 세계에서 가장 청결하고 깨끗한 도시로 평가받고 있다. 참으로 격세지감이 아닐 수 없다.

한국인의 피땀으로
얼룩진 군용수표

러일전쟁 중 일본군이 발행한 은 10전짜리 군용수표 앞면, 1904년.

'군용수표(軍用手票)'는 흔히 줄여서 '군표'라 부르는데, 군대 주둔지에서 유통되는 특수 화폐다. 전쟁 중 재정이 부족한 상태에서 군대가 주둔지의 물자나 노동력을 징발할 때, 일단 군표를 지급하고 훗날 그에 합당한 경제적 보상을 하겠다는 징표인 셈이다. 그러나 '합당한 경제적 보상'이 제대로 이루어지지 않아 사실상 군표는 종이 쪼가리에 불과한 경우가 많았다.

일본은 1894년에 발발한 청일전쟁 때 이미 조선에서 군표를 발행한 바 있다. 당시 일본군이 군표를 쥐어 주고 부잣집을 털어 가는 사례가 비일비재했다. 10년 후 1904년 러일전쟁 때도 일본은 은 10전, 은 20전, 은 50전 등 세 종류의 군표를 발행했다. 앞면에는 액면가격과 함께 봉황과 용을 위아래로 디자인했고, 뒷면에는 한글로 "이 수표를 가져오시면 즉시 표기한 은전을 출급함"이라는 문구와 함께 위조나 변조 시 중벌에 취한다는 경고문이 적혀 있다. 이 군표는 러일전쟁 중에 필요한 물자를 징발할 때 그 값으로 지급하거나, 군수물자 운송과 경의선 공사에 동원된 한국인 노무자들에게 노임 대신 지급되었다.

그중 경의선 철도 건설에 동원된 노무자들의 처지는 딱했다. 경부선을 건설할 때 노무자들을 모집했던 것과 달리,

러일전쟁 중 일본군이 발행한 은 10전짜리 군용수표 뒷면, 1904년.

경의선 건설 당시에는 거의 강제 징발에 가까운 방식으로 노무자를 동원했다. 러일전쟁 중 군수물자의 원활한 수송을 위해 철도를 빨리 완공해야 했기 때문이다. 그래서 일본군은 철도 공사 주변 지역의 농민들을 우선 동원했고, 부족할 경우 임노동자들을 고용했다. 하지만 돈을 받고 일했다 해도 임노동자들에게 지급된 일당은 겨우 30~40전에 불과했다. 이는 당시 5인 가족의 하루 평균 생계비에도 못 미치는 액수였다.

그런데 이조차 현금이 아니라 군용수표로 지급했다. 게다가 러일전쟁이 끝난 후 일제가 군용수표를 돈으로 바꿔주는 것을 금지하는 바람에 피해를 본 사람이 많았다. 그래서 이 군용수표에는 러일전쟁 당시 물자나 노동력을 수탈당했던 당시 한국인들의 피땀이 얼룩져 있다.

화폐정리사업으로 배앗긴 경제 주권

화폐정리사업 당시 사용된 대한제국의 화폐들, 1892년부터 발행.

이 동전들 중 크기가 가장 작은 것들이 1892년부터 1904년까지 전환국에서 발행한 2전 5푼짜리 백동화(白銅貨)다. 조선 어디서나 오가던 이 동전은 식민지 수탈의 핵심 도구가 되고 말았다.

1904년 일제는 1차 한일협약을 통해 재정고문 메가타 다네타로(目賀田種太郞)를 한국에 파견했다. 그가 가장 먼저 시작한 것은 화폐정리사업이었다. 당시 한국은 백동화, 적동화, 황동화, 엽전, 청의 은화 등이 뒤섞여 쓰이던 상황이었고, 일제는 이런 혼란스러운 화폐 유통 구조가 자국 상인의 이윤 추구에 장애가 되고, 나아가 식민지 지배를 위한 기반 마련에 불리하다고 판단했다. 1905년 7월 시행된 화폐정리사업의 골자는 일본식 화폐제도를 한국에 그대로 도입하고, 한국에서 쓰이던 백동화와 엽전*을 신화폐인 일본 제일은행권으로 교환하는 것이었다.

개혁의 대상 중 가장 문제가 된 것은 화폐 가치가 불안정한 2전 5푼짜리 백동화였다. 백동화는 조선 정부가 대량으로 발행한 데다가 민간에서 불법 주조한 위조 동전도 많아 정확한 유통량조차 파악할 수 없었다. 일제는 백동화를 액면가 그대로 인정하지 않고, 동전의 상태에 따라 갑종·을종·병종으로 나누어 교환해 주었다. 질 좋은 갑종은 액면가

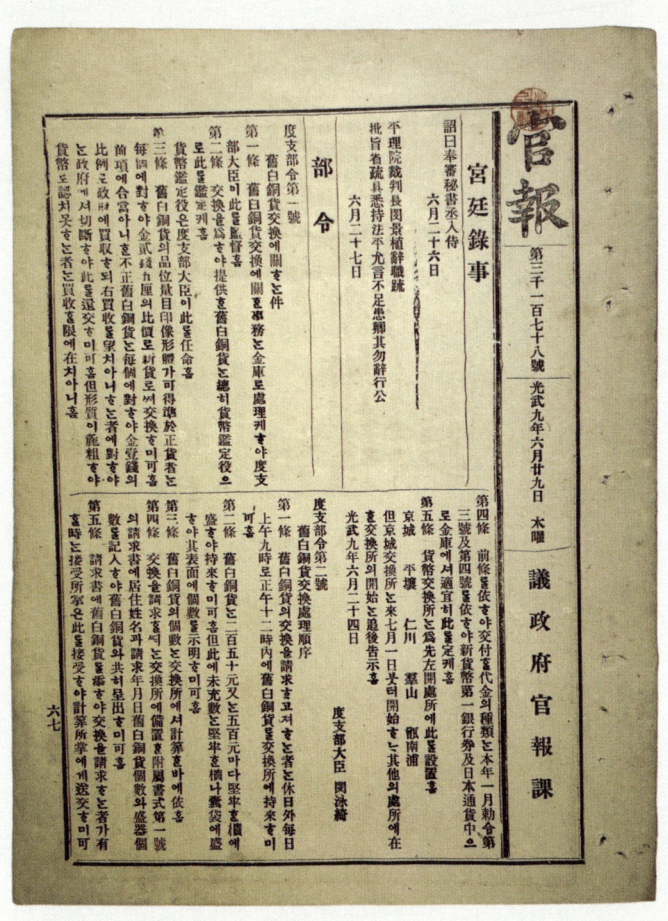

'구백동화 교환에 관한 건'이라는 제목으로 화폐정리사업 법령이 실린 대한제국 《관보》, 1905년 6월 29일자.

2전 5푼 그대로 인정했지만, 다소 질이 낮은 을종은 1전으로 절반 이하의 가치만 인정했다. 상태가 아주 불량한 것은 병종으로 분류하여 아예 교환 대상에서 배제해 폐기 처분했다.

한국인들은 화폐를 교환하는 과정에서 막대한 재산상 손해를 보았다. 반면, 일본 상인들은 화폐정리사업이 있을 것이라는 정보를 미리 듣고 자신들이 가지고 있던 질 낮은 백동화를 미리 양화로 바꾸거나, 농민들의 땅을 사들이는 방법으로 처분했다.

화폐정리사업은 대한제국 정부가 주도한 개혁이 아니었다. 신화폐의 주조, 교환소 설치와 운영 등 이 사업에 사용한 재정은 모두 일본이 제공한 차관으로 충당한 것이었다. 그 결과 대한제국은 300만 원의 큰 빚을 떠안았고, 이후에도 일제는 한국의 시정 개선을 명분으로 계속 차관을 제공했다. 이런 상황은 1907년 국채보상운동의 배경이 되었다.

---

* 조선 후기부터 널리 유통된 상평통보를 말하는데, 엽전 1개가 1푼이었다. 화폐정리사업이 주로 백동화 중심으로 추진되면서 상평통보는 끝내 정리되지 못했다. 일본인들은 일제강점기까지 계속해서 상평통보를 사용하는 조선인들을 '엽전'이라 부르며 비하했다.

원태우, 짱돌로
이토에 맞서다

1905년 일본에서 출간된 러일전쟁 사진화보집 제39권에 흥미로운 그림이 하나 실려 있다. 갓을 쓰고 두루마기를 입은 남성이 지나가는 기차를 향해 돌멩이를 던지고 있다. 그림 위에는 '가소로운 조선인의 폭행'이라는 제목이 붙어 있다. 이 '가소로운 조선인'은 원태우(元泰祐) 지사였다.

을사조약이 체결되고 닷새가 지난 1905년 11월 22일, 안양에 살던 23세 청년 원태우는 이토 히로부미(伊藤博文)가 수원에서 기차를 타고 안양을 거쳐 서울로 이동한다는 사실을 알게 된다. 원태우는 동리 친구 이만려, 김장성 등과 선로에 큰 돌들을 깔아 기차를 전복하려는 계획을 세웠다. 그러나 기차가 역에 들어오기 직전 두려움을 느낀 한 친구가 갑자기 선로에 깔아 놓은 돌들을 다 치워 버렸다. 당황한 일행이 도망하는 가운데 원태우는 단독으로 이토를 공격하기로 결심한다.

당시 열차의 속도는 시속 20~30킬로미터 정도로 그렇게 빠르지 않았다. 기차 창문을 통해 이토로 생각되는 인물이 보이자 원태우는 짱돌을 힘껏 내던졌다. 창문이 깨지고 파편 7~8조각이 이토의 얼굴에 박혔다. 이토 일행은 크게

《일로전쟁 사진 화보》제39권, 일본 박문사, 1905년.

《일로전쟁 사진 화보》 제39권에 실린 원태우 관련 삽화, 1905년.

놀랐고, 기차는 응급처치를 위해 한 시간 이상 멈춰 섰다. 사건 직후 원태우와 동료들은 체포되었다. 이토 피습 사건 소식이 전보를 통해 일본에 알려지면서 일본 증시가 한때 폭락하기도 했다.

 원태우는 징역 2개월에 곤장 100대의 처벌을 받고 이듬해 1월 석방되었다. 사건에 비해서는 약한 처벌이었다. 가혹한 처벌을 할 경우 한국인들이 자극받을 것을 우려한 이토가 처벌 수위를 낮추도록 지시한 결과였다. 당시는 민영환과 조병세 등이 자결하고 을사의병, 학생들의 동맹 휴업, 상인들의 철시 투쟁 등 을사조약에 대한 한국인들의 저항이 강렬할 때였다. 석방된 원태우는 가혹한 고문으로 인한 후유증으로 평생 고통을 겪다 1950년 노환으로 타계했다. 1990년에야 건국훈장 애국장에 추서되었다.

 그동안 우리는 실패한 의거에 대해서는 너무 무관심했던 것 아닐까? 성공했든 실패했든 애국심의 무게만큼은 다르지 않았을 텐데 말이다.

처음부터 속았던 건
아닐까요?

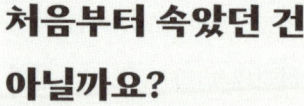

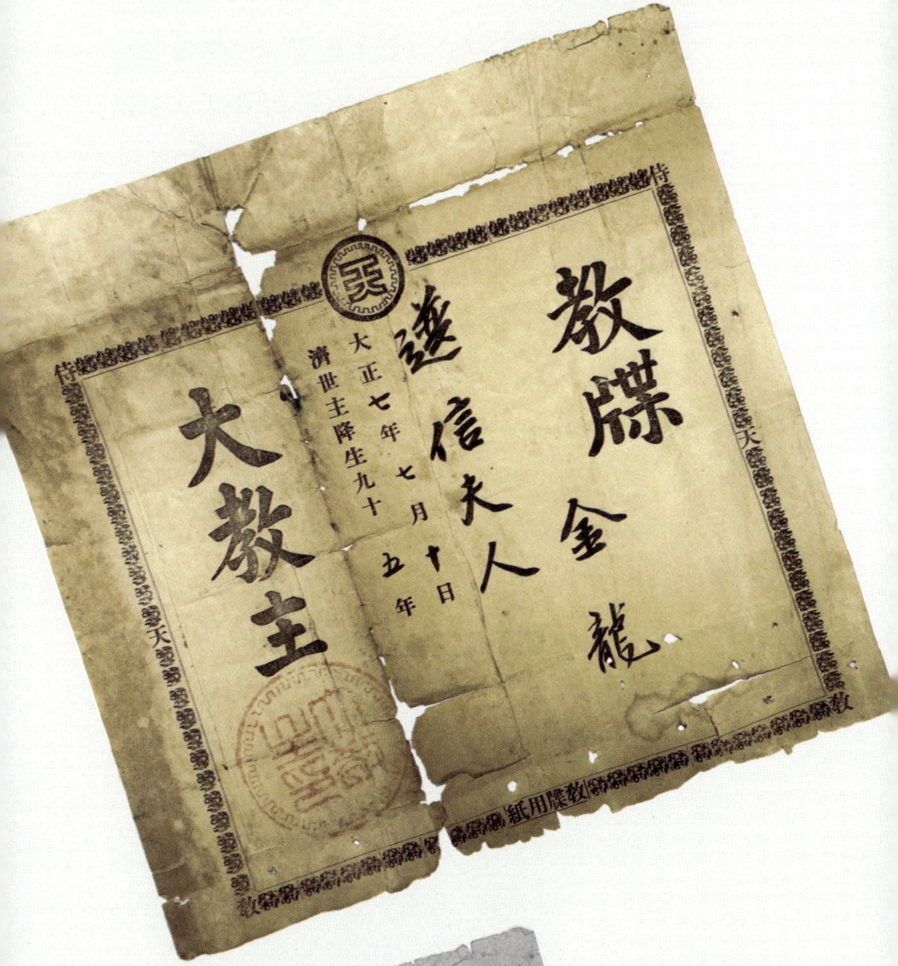

시천교 교첩, 1918년.

김용이라는 사람이 시천교 대교주로부터 받은 교첩이다. 일종의 임명서로, 테두리에 한자로 '侍天敎(시천교)'라는 글자가 쓰여 있다. 시천교는 대한제국 말기 친일파를 대표하는 이용구가 창시한 친일종교다. 이용구는 어떻게 친일파의 대명사가 되었을까?

그는 한때 동학교도로 동학 포교 운동을 벌였고, 동학교주였던 스승 손병희와 함께 동학농민운동에 참가했다. 이후 일본제국을 중심으로 한일 양국이 합쳐야 한다는 '대동합방론'에 심취하게 된 그는 대동회, 진보회를 만들어 활동했다. 이 단체들은 1904년 12월 송병준이 주도하던 일진회에 통합되었다.

일진회는 한국인 스스로 한국 사회를 개혁하기 어렵다고 생각하고, 일본과의 대등한 합방으로 개혁이 실현될 수 있다고 주장했다. 을사조약이 체결되기 직전인 1905년 11월 6일 '한국은 일본의 보호를 받아야 한다'는 내용의 일진회 선언서를 발표하기도 했다. 이용구는 그해 12월에는 일진회 회장으로 선출되었다. 노골적 친일행위로 결국 동학에서 출교당한 이용구는 그를 따르는 신도들을 모아 1906년 서울 견지동에서 친일 성향의 신흥 종교인 시천교를 창시하고 교주가 된다.

이용구 초상, 1930년, 위키미디어 커먼스.

일진회는 을사조약 체결 이후 기관지 〈국민신보(國民新報)〉를 발행해 친일 여론을 조성하고, 고종의 양위를 책동하고 의병을 토벌하는 등 각종 매국 행위에 앞장섰다. 1909년 10월 안중근 의사의 의거로 이토 히로부미가 사망하자 장례식날 독립관에서 이토 히로부미 추도회를 주관하는가 하면, 그해 12월 4일에는 한일병합을 요구하는 성명서를 발표했다.

그러나 1910년 한일강제병합이 이루어진 직후 일본은 그해 9월에 일진회를 강제 해산시키고 해산비 명목으로 달랑 15만 엔을 던져 주었다. 자신이 토사구팽당한 것을 깨달았는지 이용구는 실의에 빠져 귀족 작위도 거절하고 화병으로 몸져누웠다가 1912년 사망했다.

나는 참 바보짓을 했어요. 혹시 처음부터 속았던 것은 아닐까요?

이용구가 죽기 전 병문안 온 일본 우익 인사 우치다 료헤이(內田良平)에게 했다는 말이다. 그러나 후회하기에는 너무 늦은 때였다.

노예로 살기보다는
자유로운 인간으로 죽겠다

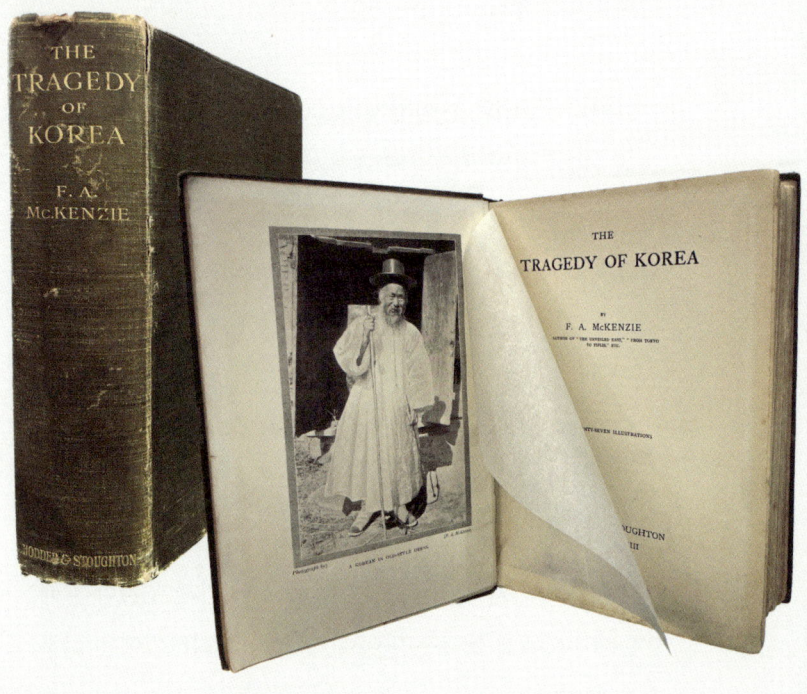

프레더릭 아서 매켄지(Frederick Arthur McKenzie),
《대한제국의 비극(THE TRAGEDY OF KOREA)》, 1908년.

오늘, 우리는 패배할 것입니다. 그러나 오늘 우리가 설령 진다고 해도 영원히 패배하지는 않을 것입니다.

압도적인 계엄군의 광주 진입이 임박해 있던 1980년 5월 26일 오후 5시경 고립된 광주. 5·18민주화운동 당시 처음이자 마지막이었던 외신 기자회견에서 《볼티모어 선》의 브래들리 마틴 기자가 계속 싸울 것인지 항복할 것인지를 물었을 때, 시민군 대변인 윤상원이 한 말이다.

죽음이라는 압도적 공포 속에서도 사람들은 얼마나 존귀하고 비장할 수 있는 것일까? 결과가 뻔히 예상되는 싸움에서도 왜 사람들은 무릎을 꿇지 않고 끝까지 저항하는 것일까? 한강 작가가 말한 것처럼 가슴속에서 빛나는 '양심' 때문이었을까? 1907년 정미의병에게서도 우리는 그 양심과 자존의 목소리를 들을 수 있다.

1907년 당시는 바야흐로 대한제국을 식민지로 만들려는 일제와 이 땅의 국권을 지키려는 의병 세력의 마지막 결전이 전개되고 있었다. 그러나 소박한 무기로 강력한 일본군을 상대하는 것은 애초에 불가능한 일이었을지 모른다. 이미 패배와 죽음이 예정된 전투였다. 그때 런던《데일리메일》의 아시아 특파원 프레더릭 매켄지가 경기도·충청

206 THE TRAGEDY OF KOREA

at their head. They ran to us, while we stood and waited. At last they saw who I was, and when they came near they apologised very gracefully for their blunder. "It was fortunate that you shouted when you did," said one ugly-faced young rebel, as he slipped his cartridge back into his pouch; "I had you nicely covered and was just going to shoot." Some of the soldiers in this band were not more than fourteen to sixteen years old. I made them stand and have their photographs taken, and the picture on the page opposite will show their appearances better than much description.

By noon I arrived at the place from which the Korean soldiers had been driven on the day before. The villagers there were regarded in very unfriendly fashion by the rebels, who thought they had betrayed them to the Japanese. The villager told me what was evidently the true story of the fight. They said that about twenty Japanese soldiers had on the previous morning marched quickly to the place and attacked 300 rebels there. One Japanese soldier was hurt, receiving a flesh wound in the arm, and five rebels were wounded. Three of these latter got away, and these were the ones I had treated earlier in the morning. Two others were left on the field, one badly shot in the left cheek and the other in the right shoulder. To quote the words of the villagers, "As the Japanese soldiers came up to these wounded men they were too sick to speak, and they could only utter cries like animals—'Hula, hula, hula!' They had no weapons in their hands, and their blood was

Photograph by] [F. A. McKenzie.

A COMPANY OF KOREAN REBELS.

《대한제국의 비극》에 실린 의병 사진.

도·강원도의 산중을 헤매며 의병들을 직접 만나 그들의 활약상을 취재해 세계에 알리고 있었다. 경기도 양평 부근에서 의병과 일본군의 전투가 벌어졌다는 정보를 입수한 매켄지는 그곳으로 달려갔고, 한 무리의 의병 부대를 만난다. 의병장으로 보이는 인물에게 그가 묻는다.

당신들이 여기에 있는 줄 알면 일본군이 틀림없이 이리로 올 텐데, 야간 공격에 대해 어떤 경계 태세를 취하고 있나요? 보초는 세워 놓았나요?

이 질문에 의병장은 이렇게 대답한다.

보초는 필요 없습니다. 주위에 있는 한국인 전부가 우리를 위해 감시해 주고 있습니다. … 결국 우리는 죽을 수밖에 없을 것입니다. 그러나 그것으로 좋습니다. 일본의 노예로 살기보다는 자유로운 인간으로 죽는 편이 훨씬 낫습니다.

우리 대한이
소년의 나라가 되길

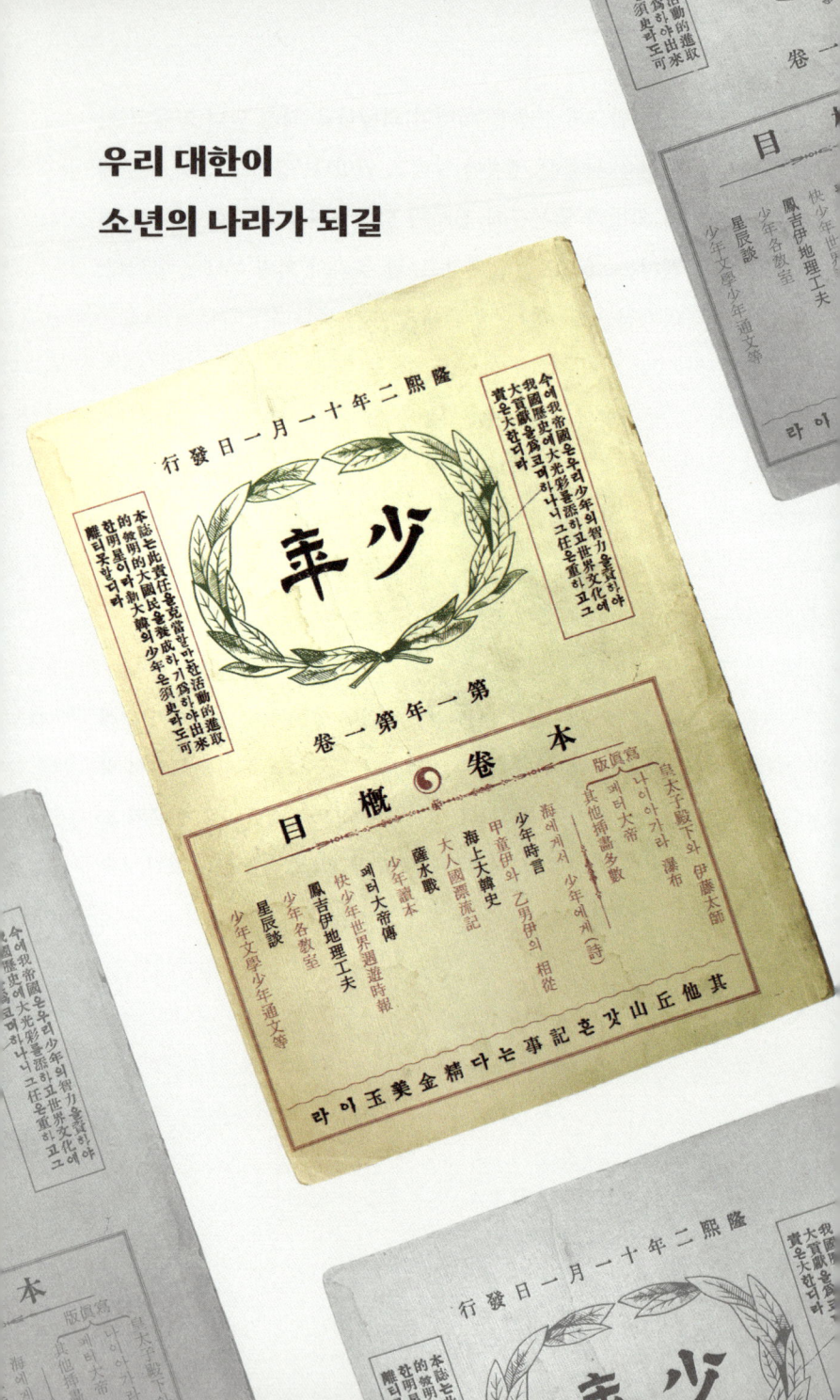

일제강점기 조선의 3대 천재, 독립선언서 기초인, 친일 반민족행위자… 최남선에게 늘 따라붙는 수식어들이다. 그런데 최남선을 이야기할 때 빼놓을 수 없는 것이 하나 더 있다. 바로 잡지 《소년》이다.

이 잡지의 첫머리에 실은 〈해에게서 소년에게〉가 우리나라 근대시의 효시라는 것은 잘 알려진 사실이다. 또 그가 《소년》을 발간한 11월 1일은 오늘날 '잡지의 날'로 제정해 기념하고 있다. 그러나 정작 《소년》이라는 잡지가 중요한 것은 우리나라 어린이·소년 운동의 선구라는 점 때문이다. 지금 한국사 교과서는 대부분 일제강점기에 소파 방정환이 '어린이'라는 용어를 처음 사용했고, 천도교 소년회를 조직하여 어린이 운동을 시작했다고 서술하고 있다. 그런데 우리나라에서 어린이·소년 운동을 처음 시작한 이는 최남선이다.

최남선은 1908년 일본 유학을 마치고 귀국하면서 인쇄기계를 들여와 신문관이라는 출판사를 차리고, 그해 11월 1일 잡지 《소년》을 발간했다. 당시 그의 나이 18세였다. 이때부터 1918년까지 10년간 최남선이 발간한 잡지와 신문

《소년》 창간호, 1908년.

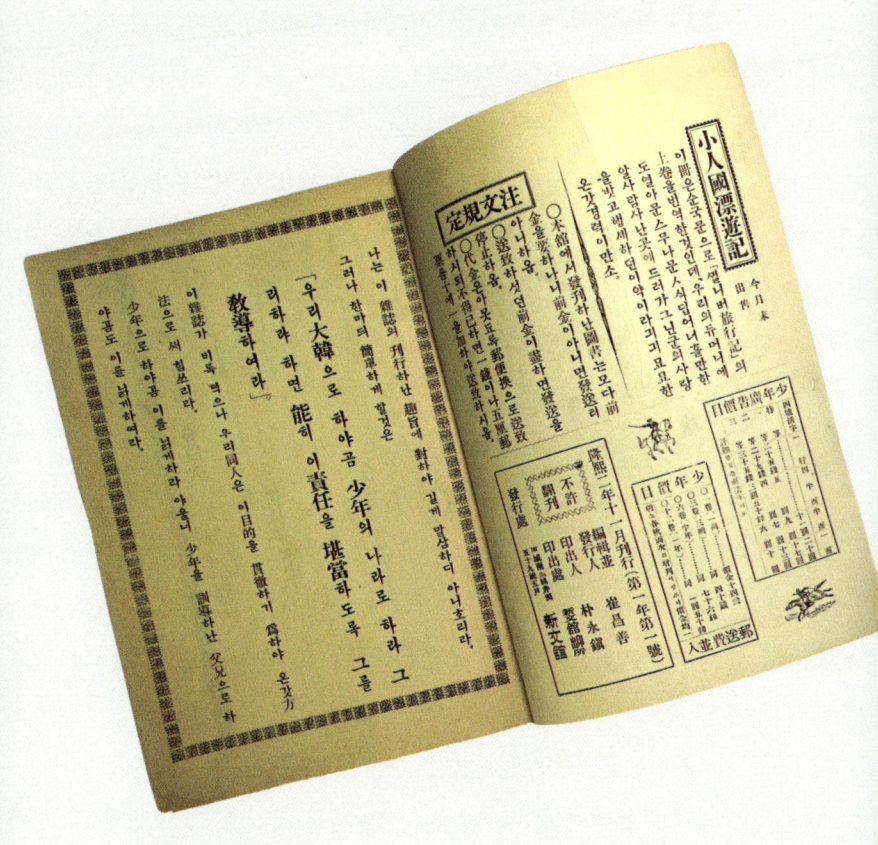

《소년》 창간호에 실린 최남선의 서문, 1908년.

은 《소년》을 포함해 《붉은 저고리》(우리나라 최초의 어린이 신문), 《아이들 보이》, 《샛별》, 《청춘》 등 다섯 종이다. 대부분 일제에 의해 강제 폐간된 이 출판물들은 모두 아동과 소년을 대상으로 한 것이다. 더 흥미로운 것은 최남선이 1914년 《청춘》에 실은 시 제목이 '어린이 꿈'이라는 사실이다. 방정환이 잡지 《개벽》에서 '어린이'를 처음 사용했다고 알려진 것보다 6년이나 빠른 시기다. 그러므로 어린이·소년 운동에 관한 교과서 서술은 상당 부분 수정되어야 한다. 친일 경력 때문에 제대로 평가받지 못하고 있지만, 그는 분명히 우리나라 어린이·소년 운동의 선구자였다.

청년 최남선은 왜 어린이·소년에 주목했을까? 《소년》의 첫 쪽에 실린 서문에서 그 이유를 추측할 수 있다.

우리 대한으로 하여금 소년의 나라로 하라. 그리하려면 능히 이 책임을 감당하도록 그를 교도하여라.

즉시 학생들 단발을 실행하시오

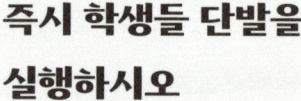

곤양 군수가 현산학교 교장 정규영 앞으로 보낸
〈학생 단발의 건〉 훈령, 1910년.

대한제국이 망하기 두 달 전인 *1910년 6월 2일*, 경상남도의 사립 현산학교(지금의 하동 노량초등학교 김양분교장으로, 2007년 폐교) 교장 정규영 앞으로 '학생 단발의 건'이라는 제목의 훈령이 도착했다. 곤양 군수가 보낸 이 훈령은 "이전 훈령에 학생들 단발을 행하라고 하였으나 아직 단행하지 않았다고 하니 듣고 매우 놀랍고 한탄스럽다"라고 시작한다. 이어서 단발의 당위성을 설명한 후 다시 훈령을 보내니 이전 훈령에 따라 바로 단발을 실행하라고 지시하고 있다. 이 훈령을 통해 당시 사립학교는 관립학교와 달리 설립자의 의지에 따라 단발을 강제하지 않는 경우도 있었음을 알 수 있다.

1896년과 1900년, 두 차례나 단발령이 시행되었지만, 이때까지도 단발에 대한 당대 사람들의 인식은 제각각이었다. 어떤 이들은 유교적 전통에 대한 부정으로, 어떤 이들은 근대, 문명, 진보, 계몽의 상징으로, 또 어떤 이들은 친일매국의 상징으로 이해했다. '머리카락의 모양'은 단순한 외모가 아니라 한 인간이 가진 사상의 신구(新舊)와 일본에 대한 인식의 총체를 구현하는 것이었다. 그래서 머리를 자를 것인가 말 것인가는 오늘날 우리가 생각하는 것 이상으로 실존적 고민을 요하는 문제였다.

두루마기를 입은 학생의 사진엽서, 일제강점기.
단발한 머리에 두루마기를 입고 손에 교모를 들고 있는 학생의 모습은 일제강점기 학생의 일반적인 복장을 보여 준다. 비가 오는 날이었는지 나막신을 신은 모습이 특이하다.

학생들에게 단발을 시키지 않은 것이 교장 정규영의 소신 때문이었는지 아니면 그 지역 학부모들의 완고한 반대 때문이었는지는 알 수 없지만, 곤양 군수가 훈령을 내려 한 차례 학생 단발을 지시했음에도 불구하고 교장 정규영이 그것을 따르지 않았음은 분명하다.

 당시 곤양 군수는 훈령을 통해 학생 단발을 적극적으로 지시했다. 군수는 학생 수에 맞게 미리 모자를 구매해 진주 우체국에 보관해 두었으니 돈 내고 찾아가라는 말도 덧붙였다. 당시 근대학교 남학생 대부분은 단발한 머리에 교모를 착용했기 때문이다. 모자까지 사 두고 다시금 단발을 촉구한 곤양 군수의 강력한 조치에, 단발에 소극적인 교장 정규영은 어떻게 대응했을까? 그리고 이 갈등은 어떤 결말에 이르렀을까?

영웅들이여,
우리를 구해 주소서

신채호, 《을지문덕》, 광학서포, 1908년.
왼쪽은 《을지문덕》의 첫 페이지에 실린 을지문덕 초상화. 이 책에서 신채호는 을지문덕을 "동방 4,000년 역사상 최고의 위인"으로 칭하며, 그의 지략과 용맹, 애국심을 칭송했다.

오호라, 어떻게 하면 우리 이천만의 귀에 항상 애국이란 한 글자가 울리게 할까. 가로되 오직 역사로써 할지니라. 오호라, 어떻게 하면 우리 이천만의 눈에 항상 나라라는 한 글자가 배회하게 할까. 가로되 오직 역사로써 할지니라.

신채호가 1908년 5월 《대한협회회보》(제2호)에 쓴 〈역사와 애국심의 관계〉 중 일부다. 을사조약 체결 후 역사학자들은 역사서로 민중의 애국심과 독립 의지를 고취하려 했다. 이 시기 역사학을 계몽사학이라고 부르는 이유다.

《이태리 건국 삼걸전》, 《미국독립사》, 《월남망국사》 등 외국의 독립과 흥망에 관한 책들이 번역되었는데, 그 교훈으로 우리가 처한 위기를 극복하자는 뜻이었다. 나라를 구한 영웅들의 전기도 저술되었다. 신채호는 을지문덕, 이순신, 최도통(최영) 등, 박은식은 연개소문, 대조영의 전기를 썼다. 애국부인(잔 다르크), 비사맥(비스마르크), 나팔륜(나폴레옹), 화성돈(워싱턴) 등 외국 영웅들의 전기도 소개되었다.

계몽사학자들은 국가 존망의 위기를 타개할 영웅이 출현하기를 희망했다. 그러나 영웅은 끝내 나타나지 않았다. 대한제국은 일본의 식민지로 전락했고, 그들의 책마저 일제의 출판법에 의해 금서로 지정되고 말았다.

2 나라를 빼앗기다

1910~1930

1910 한국 강제 병합

1914 파리강화회의, 제1차 세계대전 발발(~1918)

1919 3·1운동, 대한민국임시정부 수립

1910년 8월 22일,

제3대 한국통감 데라우치 마사타케와

이완용이 '한일합방조약'을 체결했다.

1897년 탄생한 대한제국은

역사 속으로 사라졌지만

그 땅 위에서 저항과

연대의 씨앗이 움트는데…

1926

1929

6·10만세운동　　광주학생운동

제국의 소멸,
민국의 시작

한일병합을 알리는
순종 황제의 칙유,
1910년.

1910년 8월 29일, 큼지막한 문서들이 길거리에 나붙기 시작했다. 대한제국 황제 순종의 칙유(勅諭, 임금이 친히 내리는 말씀)로, 오늘날로 치면 대통령의 대국민 담화문 정도 되겠다. 벽보 앞에 모여든 사람들이 웅성거리기 시작했다. 주저앉아 우는 사람도 있었다.

> … 한국의 통치권을 종전부터 친근하게 믿고 의지하던 이웃 나라 대일본 제국 황제 폐하께 양여하여 밖으로 동양의 평화를 공고히 하고 안으로 팔역(八域)의 민생을 보전케 하노니, 그대들 대소(大小) 신민들은 나라의 형편과 지금의 사정을 깊이 살펴 번거롭게 소란을 일으키지 말고 각각 그 직업에 안주하여 일본 제국의 문명한 새 정치에 복종하여 행복을 함께 받으라. …

바로 이날 대한제국이 망했다. 8월 22일 조인된 한일병합조약이 공포된 것이다. 흔히 경술국치일이라고 부른다. 고종이 1897년 제국의 수립을 선포한 지 13년 만이고, 조선이 건국된 지 518년 만의 일이었다. 순종은 이 칙유 문서를 전국의 주요 지점에 붙여 대한제국의 통치권을 일본에 넘겼음을 신민들에게 알렸다. 순종이 서명을 거부해서 일제가 미리 빼앗아 두었던 결재용 국새를 찍어 공포했다는 설도 있다. 순종은 이 칙유 끝부분에 자신의 이 조치가 "민중을 잊은 것이 아니라 민중을 구원하려는 뜻"이라는 변명도 덧붙였다.

그러나 신민의 일부는 이날을 결코 우리 주권이 끝나는 날이라고 생각하지 않았다. 그들은 자신을 스스로 구원하고자 했다. 대한제국이 망하고 7년이 지난 1917년 7월 신규식, 박은식, 신채호, 조소앙 등 지사 14명이 상하이에 모여 우리 역사에 길이 남을 〈대동단결선언〉을 발표했다. 그들은 여기에서, 나라의 주권은 불멸하기 때문에 "황제권의 소멸한 때가 곧 민권이 발생한 때요, 옛 한국 최후의 하루는 곧 신한국 최초의 하루"라고 규정하고 "1910년 8월 29일 융희(순종) 황제가 주권을 포기하는 순간 그 주권은 우리 국민과 동지들이 돌려받은 것"이라고 선언했다. 1910년 제국이 사라지면서, 민국의 새 역사가 시작된 것이다. 이와 함께 제국의 신민들도 민국의 국민으로 재탄생할 준비를 갖추었다. 이 선언은 이후 우리의 독립운동이 왕정복고 대신 공화주의로 방향을 잡는 데 큰 영향을 주었다.

대일본제국의 신영토 조선

'한일병합기념' 엽서 2매, 1910년.

대한제국은 망국과 동시에 일본 제국에 강제 편입되었다. 이때부터 독립 국가 '대한제국'은 사라지고, 일제의 한 지역으로서 '조선'만 남았다. 한국인도 일제의 신민 '조선인(조센징)'이 되었다. 기존의 한국통감부도 조선총독부로 개편되었다.

일본은 온통 축제 분위기였다. 1879년 류큐 왕국을 오키나와현으로 편입하고, 청일전쟁 결과 1895년 타이완을, 러일전쟁 결과 1905년 남사할린을 차지한 데 이어 대한제국까지 자신들의 신(新)영토로 편입한 것이다.

두 장이 한 묶음으로 제작된 '한일병합기념' 엽서는 당시 끝없이 팽창하고 있던 일본의 힘을 잘 보여 준다. 욱일 문양을 배경으로 일본 제국의 영토를 검은색으로 그렸는데, 그중에는 새로 편입한 '신영토 조선'도 있다. 엽서 위쪽에는 '일한병합'에 공로가 있는 인물 네 명의 사진이 있다. 오른쪽부터 한국통감부 초대부터 3대까지 통감을 지낸 이토 히로부미(伊藤博文), 소네 아라스케(曾禰荒助), 데라우치 마사다케(寺内正毅)다. 그리고 마지막은 이완용이다. 이완용은 한일병합 직후 훈1등 백작 작위와 함께 은사금 15만원(현재의 가치로 200~300억 원으로 추정)을 받았다.

메이지 연호에 태극기라니

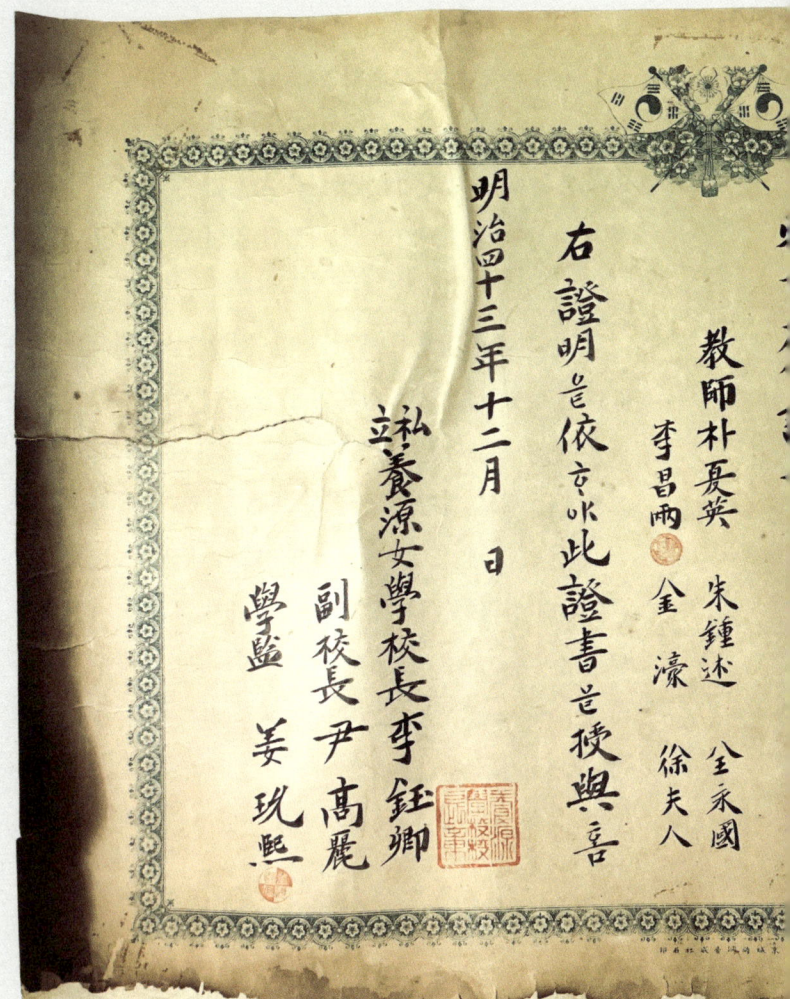

第伍號 褒證書

居住 南部学洞
姓名 李永珍

右人이 本校 高等科 二年級 第
學期에 修業成
이 褒證홈
教師 朴英英
李昌雨

양원여학교
이영진이 받은 상장,
1910년.

이 상장은 양원여학교 고등과 2학년 2학기를 마친 이영진이 받은 우등상장이다. 상장 가운데에 박하영, 주종술 등 교사들 이름이 적혀 있는데, 이름 대신 '서부인(徐夫人)'이라고만 적힌 교사도 있다. 학감에 이 학교의 설립자 강윤희의 이름이 보이고, 부교장에는 한국 최초로 양장을 입은 것으로 유명한 윤고려의 이름도 보인다.

1898년 9월 1일 우리나라 최초의 여성운동 단체인 찬양회가 여성 인권 선언문인 〈여권통문〉을 발표했다. 찬양회는 한 걸음 더 나아가 여학교 설립을 추진하며 《황성신문》 1898년 9월 8일자에 다음과 같은 내용의 취지문을 게재했다.

> **이목구비와 사지오관 육체에 남녀의 차이가 있는가. … 우리보다 먼저 문명이 개화한 나라들을 보면 남녀의 권리가 동등하다. … 이제는 우리나라도 여아들로 하여금 여러 가지 재주를 배우게 하여 나중에 여중군자들이 될 수 있도록 여학교를 세우고자 한다.**

이들의 노력으로 1899년 2월 한국인이 세운 최초의 여학교인 순성학교가 설립된다. 양성당 이씨, 양현당 김씨 등 이름도 제대로 남기지 못한 여성들이 자발적으로 세웠다는 점에서 그 의의가 크다. 이 순성학교 설립을 시작으로 많은 여학교가 설립되었는데, 양원여학교도 그중 하나였다. 10세 전후의 여아를 모집하여 1908년 8월 25일 한성에서 개교한 양원여학교는 심상과와 고등과 두 과정을 두고, 영어·일어·산술·국문·한문 등을 가르쳤다. 이 학교는 이후 동덕여학교에 합병된다.

앞 페이지 상장을 다시 보자. 여학교의 우등상장이라는 점 외에 특이한 점이 눈에 띈다. 바로 이 상장이 '메이지(明治) 43년 12월'에 수여되었다는 점이다. 메이지 43년은 1910년이므로, 상장을 수여한 것은 한일병합 후이다. 한국을 병합한 일제는 대한제국의 연호인 '융희' 대신 일본 천황의 연호 '메이지'를 쓰게 했고, '대한', '한국', '독립'이라는 말과 태극기 사용을 금지했다. 그런데 흥미롭게도 상장 윗부분에 대한제국 황실 상징인 오얏꽃을 중심에 두고 태극기가 양옆으로 교차해 그려져 있다. 어떻게 이런 상장이 나올 수 있었을까? 이미 인쇄해 둔 용지를 그대로 사용했을 가능성이 크다. 그러고 나서 종이를 버릴 수 없어서 어쩔 수 없이 사용했다고 총독부에 변명했을까? 혹시 망국을 받아들이지 못한 교사들의 소심한 저항은 아니었을까?

빛나거라
삼천리 무궁화 동산

단아한 아름다움과 뭉클함. 한국인이라면 한반도 지도와 무궁화만으로 느낄 수 있는 그런 기분이 있다. 지금은 자주 보이지 않지만, 일제강점기에 무궁화 한반도 지도는 호랑이 한반도 지도와 함께 꽤 유행했다.

한말 일본의 지질학자 고토 분지로(小藤文次郎)가 한반도 지형을 토끼 모양으로 설명하자, 최남선은 그를 비판하며 한반도는 호랑이가 대륙을 향해 포효하는 모습이라고 주장했다. 그리하여 일제강점기 초기에 호랑이 모양의 한반도 지도가 인기를 끌었다. 그런데 점차 시간이 지나면서 무궁화가 호랑이를 대신하기 시작했다. 무궁화 지도를 창안한 이는 교육자이자 독립운동가인 남궁억이었다.

1910년대 배화학당 교사로 근무할 당시 남궁억은 여학생들에게 무궁화 꽃으로 된 한반도 지도를 수놓게 함으로써 민족혼을 일깨우고자 했다. 그가 고안한 무궁화 지도에서 무궁화 줄기는 백두대간을, 무궁화 꽃 13송이는 13도를, 무궁화 꽃잎 2장은 울릉도와 제주도를 상징했다. 이 무궁화 한반도 지도의 자수 도안은 전국 각지의 여학교뿐 아니라 가정의 부인들에게까지 보급될 정도로 인기를 얻었다.

무궁화 한반도 자수, 1945년, 비단에 자수.

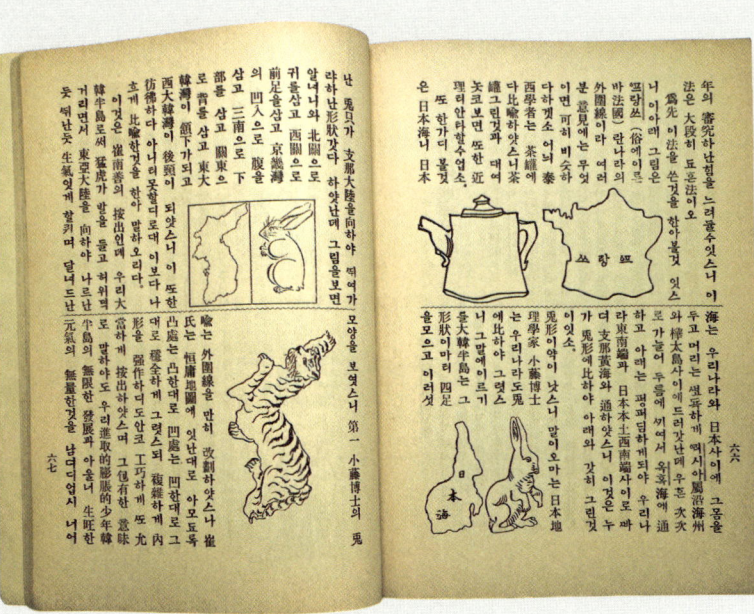

《소년》 창간호에 실린 토끼와 호랑이 모양의 한반도 지도 그림, 1908년.
〈봉길이 지리공부〉라는 글의 한 부분으로, 왼쪽에 고토 분지로가 그린
토끼 모양 한반도 그림과 최남선이 그린 호랑이 모양 한반도 그림이 실려 있다.

1918년 강원도 홍천군 모곡리(보리울)로 낙향한 남궁억은 모곡학교를 설립하고 본격적으로 무궁화 보급 운동을 펼쳤다. 그는 〈무궁화 동산〉이라는 노래를 만들어 학생들에게 가르치고, 학교 실습지에서 기른 무궁화 묘목을 전국 각지에 보급했는데, 이는 일제의 심기를 건드리기에 충분했다. 면화나 양잠용 뽕나무 재배를 해도 모자랄 판에 조선 민족의 정체성을 상징하는 무궁화 묘목을 키워 보급하는 것이 곱게 보일 리가 없었다. 결국 1933년 강원도 경찰부는 관내 무궁화 나무를 전부 없애라는 긴급 지시를 내렸고, 이때 무궁화 약 7만 주가 뿌리째 뽑혀 불태워졌다. 이른바 '보리울 무궁화 사건'이다.

그해 11월 남궁억은 독립을 위한 비밀결사 활동을 하다가 보안법 위반으로 붙잡혀 투옥되었다. 노령과 병으로 형을 다 채우기 전에 풀려났지만, 고문의 후유증으로 1939년 4월 5일, 77세로 세상을 떠났다. 그러나 그의 지극한 무궁화 사랑은 지금 삼천리 곳곳에 무궁화꽃으로 피어나고 있다.

평안도 사람 오봉두는
어떻게 챈들러까지 갔을까?

오봉두(吳奉斗)가 국민회에 가입한 날짜는 나라가 망한 직후인 1910년 11월 6일이었다. 국민회는 1909년 미주 지역 최초의 통일 단체로 결성되어 이듬해 대한인국민회로 개편된, 당시 미주 한인 사회를 대표하는 단체였다. 오봉두가 국민회 나성(羅城, 로스앤젤레스) 지방 회장 장원근에게서 받은 입회 증서에 따르면, 오봉두는 평안남도 맹산군 출신으로 24세 당시 로스앤젤레스에 거주하고 있었다. 내가 소장한 이 자료에서 확인할 수 있는 정보는 여기까지다.

  그런데 뜻밖에도 대한민국역사박물관이 소장하고 있는 오봉두의 1919년 대한인국민회 입회 증서(국문·영문)와 1930년 대한인국민회에 10달러의 성금을 내고 받은 영수증을 통해 그의 이후 행적이 드러난다. 1919년 4월 28일 대한인국민회 입회 당시 그는 39세였고, 증서에 적힌 출생 연도는 1880년으로 연령이 정확히 일치한다(오봉두가 1880년생이면 1910년 국민회 입회 당시는 30세인데, 1910년 국민회 입회 증서에 왜 24세로 기록되었는지는 의문이다).

  또한 오봉두의 직업은 노동, 미국 상륙 연도는 1906년이라고 적혀 있다. 당시 미주 지역 한인 이민자들은 노동자,

오봉두의 국민회 입회 증서, 1910년.

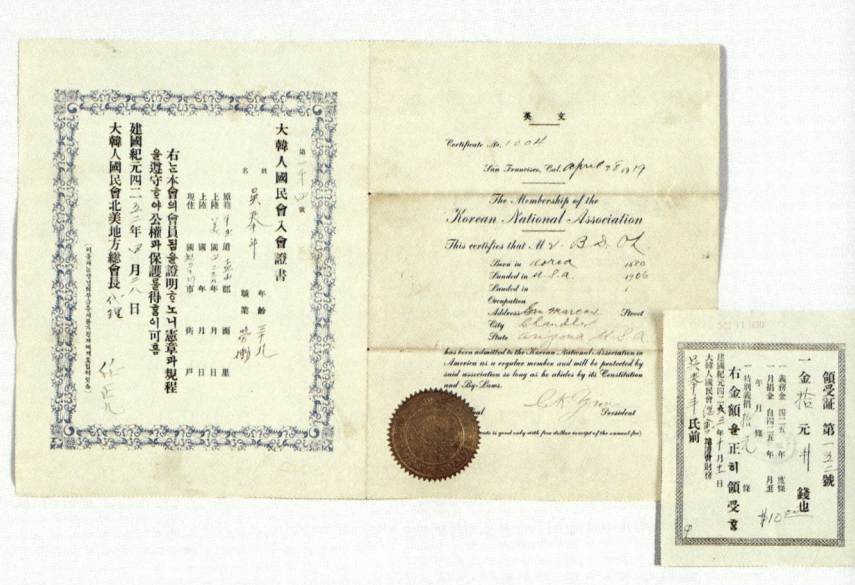

오봉두의 대한인국민회 입회증서와 영수증, 1919년.
대한민국역사박물관 소장.

정치적 망명자, 유학생, 상인, 기독교인 등 다양했으나, 그 중에는 1903~1905년에 하와이 사탕수수 농장으로 온 노동 이민자가 다수였다. 오봉두는 1906년 미국에 상륙했지만, 하와이 노동이민과 관련이 있는지는 정확히 알 수 없다.

1919년 대한인국민회 입회 당시 그가 거주한 곳은 '최들러'로 적혀 있는데, 영문 가입증서를 통해 애리조나주의 챈들러(Chandler)임을 알 수 있다. 1910년에는 로스앤젤레스에 거주하나 그 이후에 챈들러로 옮긴 것 같다. 그런데 하와이나 로스앤젤레스, 덴버 등과 달리 챈들러는 당시 한인들이 많이 모여 산 지역이 아니었다. 오봉두는 왜 그 낯선 곳까지 흘러 들어간 것일까? 그곳에서 오봉두는 어떤 삶을 살았을까? 1930년 오봉두가 대한인국민회에 10달러의 성금을 내고 받은 영수증을 통해 50세가 될 때까지 민족적 정체성을 지키며 살았음을 확인할 수 있을 뿐, 더는 그의 삶을 추적할 길이 없다.

오봉두처럼 일제강점기 세계 곳곳에서 조국의 독립을 염원하며 성금을 보내던 이름 없는 민초들이 있었다. 그들을 잊지 않고 기억하는 일이 우리의 몫이다.

조선인을 조선인으로 제압하라

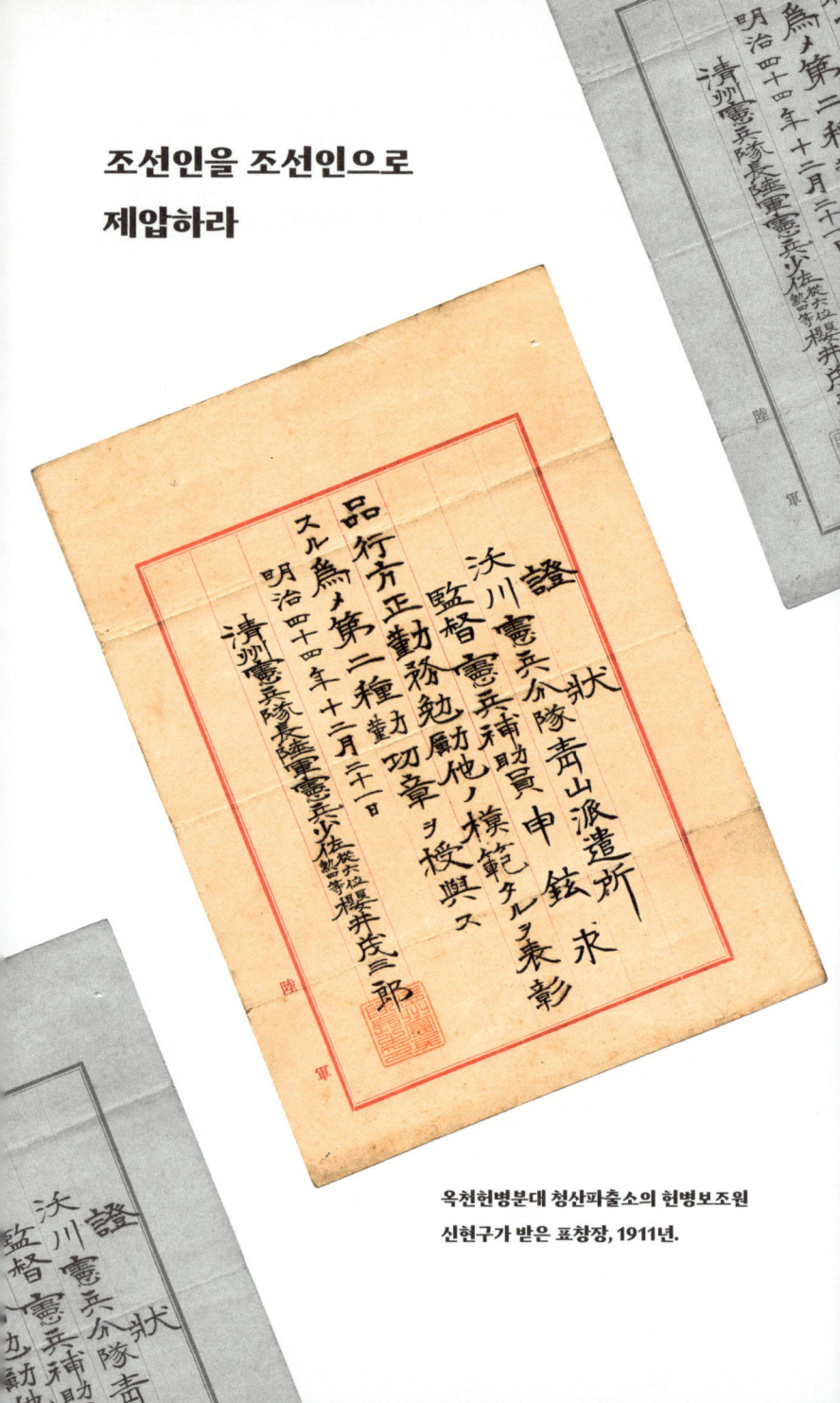

옥천헌병분대 청산파출소의 헌병보조원
신현구가 받은 표창장, 1911년.

헌병보조원, 말 그대로 일제강점기 일본 헌병을 보조하던 사람이다. 그런데 이들은 조선인 군속이었다. 헌병보조원이 필요했던 이유는 일본 헌병들이 조선인을 상대로 치안 활동을 해야 하는데 조선말을 잘하지 못했기 때문이다.

군인인 헌병이 왜 조선 민간인을 상대해야 했을까? 이유는 1910년대 시행된 헌병 경찰 통치 때문이다. 헌병과 경찰을 통합해 치안을 담당하게 한 제도로, 헌병이 경찰 업무에 간여하며 경찰을 지휘했다. 1910년대 도시나 항구는 경찰이 치안을 담당하고 농촌이나 국경지대 등 독립군이 많이 활동하는 지역은 헌병이 담당했다. 그래서 도시에는 경찰서와 주재소(지금의 파출소), 농촌에는 헌병대가 있었다. 한일강제병합이 있던 1910년 통계를 보면 보조원을 포함한 헌병은 8,000명, 경찰은 6,000명으로 헌병이 더 많았다.

이런 상황에서 조선말을 모르는 일본 헌병과 같이 다니면서 조선인들과 직접 대면하며 악역을 맡았던 것이 헌병보조원이었다. 태형도 헌병보조원이 가하는 경우가 많았다. 그래서 헌병보조원은 식민지 조선인들에게 원성의 대상이 될 수밖에 없었다. 상장의 주인 신현구는 맡은 일을 얼마나 열심히 했길래 저런 표창장을 받았을까?

**익지 않은 과일을 팔았다고,
웃통을 벗었다고…**

〈경찰범 처벌 규칙〉이 부록으로 실려 있는
《개정 형법》, 1912년.

일제는 1912년 총독부령 제40호로 오늘날의 경범죄처벌법과 유사한 '경찰범 처벌 규칙'을 제정했다. 87개 항목으로 구성된 이 규칙을 통해 일제는 조선인들의 일상생활을 전지적으로 통제했다. 헌병 경찰은 경범죄를 지은 조선인을 재판 없이 단죄할 수 있는 '즉결처분권'을 가졌는데, 구류, 벌금, 태형 등을 내릴 수 있었다. 이 중에서도 가장 흔한 형벌은 태형이었다. 3개월 이하 징역이나 구류, 또는 100원 이하 벌금이나 과료에 해당하는 경범죄는 태형으로 대신할 수 있었다. 하지만 이때 적용되는 태형의 도수(度數)는 헌병 경찰의 재량에 맡겨져 매우 자의적이고 주관적이었다. 그 결과 태형은 남용되었고, 일본의 식민권력은 태형을 통해 식민지 조선인들에게 공포를 심어 지배를 강화했다.

태형은 회초리 같은 매로 볼기를 때리는 형벌이다. 과거부터 내려오던 형벌이었지만, 일제는 1912년 '조선태형령'을 제정해 제도화했다. 이는 조선인에게만 적용되었다. 조선태형령 제7조에 따르면 태형은 한 번에 30대까지, 하루 한 차례만 집행할 수 있었다. 그러므로 만약 60대를 선고받으면 이틀에 걸쳐 30대씩 맞아야 했다. 당시 기록들을 보면 태형으로 사망하는 사례도 적지 않았다. 대부분 상처에 감염이 생겨 패혈증으로 사망했다.

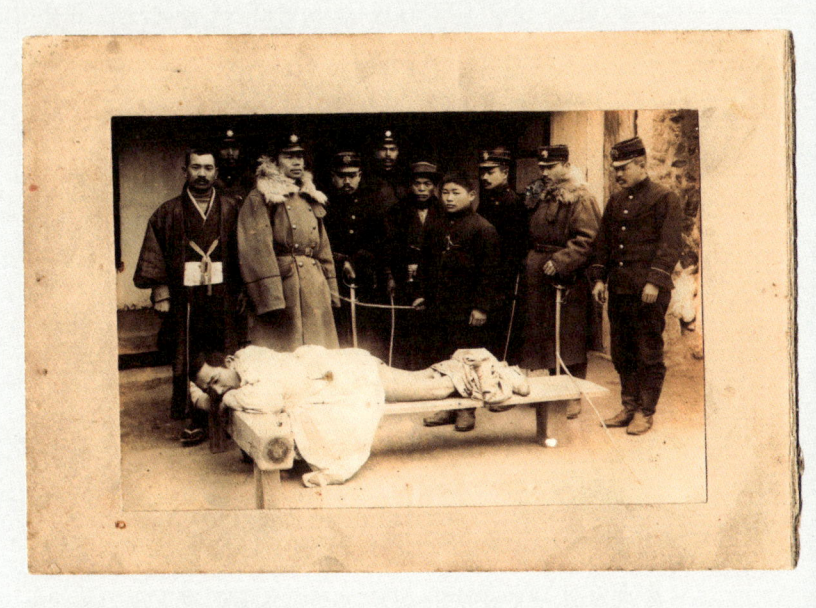

태형당하는 한국인, 대한제국 말기.

태형이 내려지는 이유는 다양했다. 선고된 절반 이상이 도박죄였고 그다음이 삼림령 위반이었다. 이전에는 자유롭게 마을 뒷산에서 땔나무를 하거나 마른 솔잎을 긁어 왔는데, 1911년 삼림령이 제정되면서 불법이 되어 버렸다. 단순히 가로수를 꺾었다고 태 5대를 맞은 이도 있고, 도로 통행을 방해했다고, 웃통 벗고 일했다고, 직업 없는 부랑자라서 태형을 당하기도 했다. 이 외에도 위생 문제로 처벌받은 경우도 많았다. 인천에 살던 김원택은 거주지 근처가 청결하지 못하다고 태 20대를 맞았고, 과일을 팔던 이완우는 익지 않은 감을 팔았다고 태 15대를 맞았다. 어떤 이는 똑같이 익지 않은 감을 팔았는데도 태 80대를 맞았다. 엿장수, 아니 헌병 경찰 마음대로였다.

 이렇게 1910년대 태를 든 헌병 경찰은 식민지 조선인들의 생활 전반을 구석구석 살피고 통제하는 일상의 감시자였다. 아이들을 혼낼 때 "순사 온다"라는 말로 겁을 주던 일이 괜히 생긴 것이 아니었다. 식민권력은 저 멀리 있는 추상적인 존재가 아니라 바로 옆에서 나를 지배하는 강력하고 구체적인 권력이었다. 조선총독부 경무총감을 지낸 아카시 모토지로(明石元二郎)는 자서전에서 "이 시기 조선은 계엄 같은 상황이었다. 조선 전체가 창살 없는 병영국가였다"라고 표현했다.

마지기에서 평으로

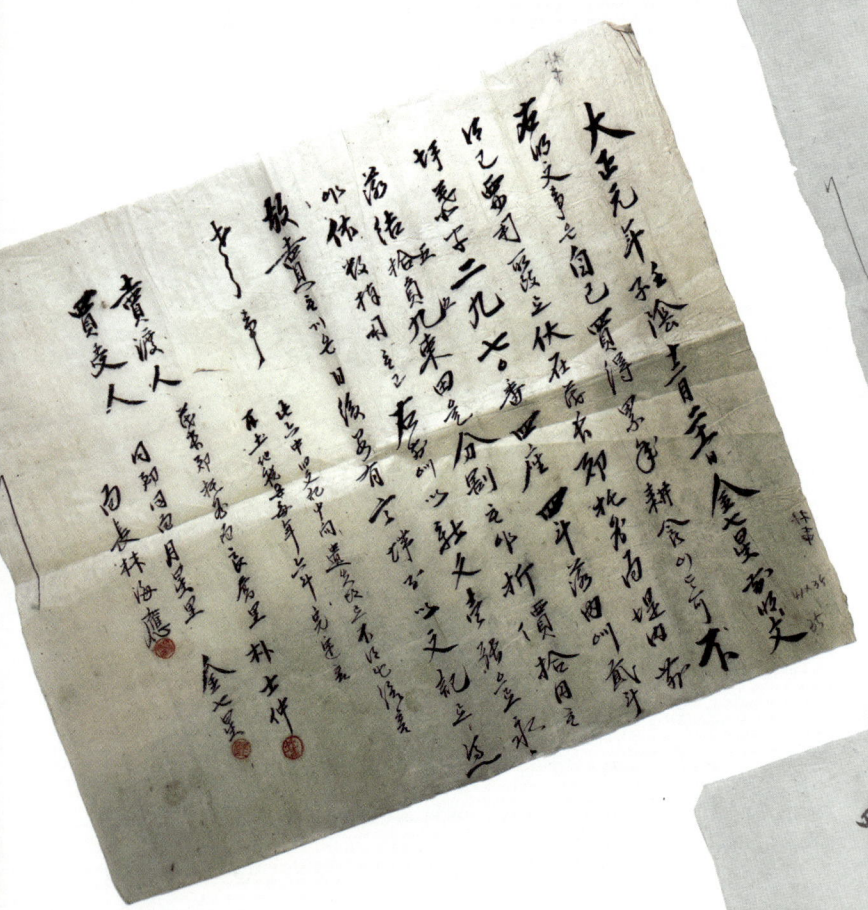

토지매매 문서, 1912년.
일제강점기 초기 문서라 평 대신 두락, 결, 부, 속 등의 표현을 쓰고 있다.

한국인들은 '평(坪)'을 사랑한다. 공식적으로는 '평방미터(㎡)'를 쓰게 되어 있지만, 여전히 평이 익숙하다. 아파트 광고에서도 '31평형' 대신 '31형', '31 type', '31 py'처럼 '평' 단위를 교묘하게 숨겨 사용하고 있다. 그런데 '평'은 사실 일본에서 들어온 단위다. 1평은 다다미 두 첩(疊)이 들어가는 크기로, 윤동주의 〈쉽게 쓰여진 시〉에 나오는 '육첩방(六疊房)'을 이런 식으로 계산하면 3평짜리 방이 된다.

'평'은 1902년 대한제국 때 도량형을 개혁하면서 미터법과 일본식 도량형을 표준으로 도입하며 들어왔다. 그전까지는 '결부속파법(結負束把法)'이라는 단위를 사용했다. '파'는 6척 4촌×6척 4촌의 정사각형 넓이로, 10파는 '속', 100파는 '부', 1만 파는 '결'이다. 오늘날 단위로 환산하면 1파는 약 1.543평방미터다. 조선 시대 토지매매 문서를 보면 결·부·속·파 등의 단어를 쉽게 볼 수 있다. 이외에도 '두락(斗落)'이라는 단위도 자주 썼는데, 우리말로는 '마지기'라고 한다. 1두락은 한 말의 씨앗을 뿌릴 수 있는 땅 넓이였다.

1910년 강제병합 이후 일본은 토지대장을 작성할 때 전래의 결부속파법 대신 일본식 도량형을 채택했다. 이렇게 조선이 일본의 식민지가 된다는 것은 통치 권력뿐 아니라, 도량형을 포함해 삶의 많은 것이 바뀐다는 것을 의미했다.

공화주의와
복벽주의 사이에서

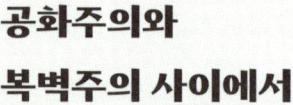

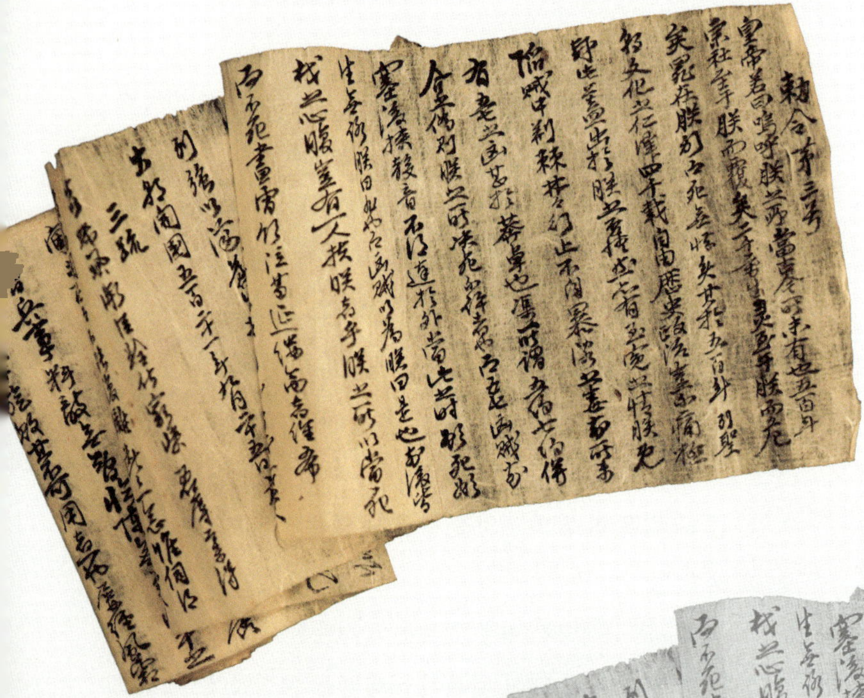

**고종 황제의 칙령 제3호 필사본,
1912년.**

1910년대 일제의 무단통치 아래에서 국권 회복을 위한 비밀결사들이 조직되었다. 이 시기 비밀결사들 모두 '국권 회복'을 목표로 했지만, 이후의 국가체제에 대한 구상은 두 가지 흐름으로 확연히 구분되었다. 하나는 공화주의, 다른 하나는 복벽주의(옛 왕조를 복귀시키려는 운동이나 사상)였다. 공화주의는 1907년 신민회가 최초로 주장한 데 이어, 1915년 7월 대구에서 박상진의 주도로 결성된 대한광복회도 이를 계승했다.

반면, 복벽주의를 표방한 대표적 단체는 임병찬이 주도한 대한독립의군부였다. 최익현의 제자로 한때 의병운동을 벌였던 임병찬은 나라가 망하자 다시 의병을 일으킬 준비를 하던 중, 1912년 다음과 같은 고종의 밀지(칙령 제3호)를 받고 서둘러 대한독립의군부를 조직했다.

> **애통하다! 섬나라 오랑캐들이 신의를 저버리고 병합하니 종사(宗社)는 폐허가 되고 국민은 노예가 되었다. 짐은 본래 백성들을 위해 몸소 치욕을 감수하였지만 도리어 백성들을 해치게 되었고 나라도 망하고 말았다. … 이에 간절한 조서를 내리노니 독립의군부를 조직하라. 그대들은 선비들을 규합하고 백성들을 이끌어, 공명 이루기를 기약하여 크게 그 공을 아뢸지어다.**

고종 장례 장면이 1면에 실린 이탈리아 주간지 《라 도메니카 델 코리에레 (La Domenica del Corriere)》, 1919년 6월 8일자.

대한독립의군부는 대한제국의 복구를 추구하며 전국적인 의병 투쟁을 준비했고, 조선총독부에 국권 반환 요구서를 보내기도 했다. 그러나 곧 일제에 발각되어, 1914년 임병찬을 포함한 주요 간부들이 체포되면서 해체되고 말았다. 그렇지만 대한광복회와 대한독립의군부로 대표되는 공화와 복벽 중 대세는 여전히 복벽이었다. 수천 년 이어져 온 왕정체제를 단번에 버리기는 쉽지 않았던 것이다. 하지만 몇 년 뒤 반전이 일어났다. 1919년 3·1운동을 계기로 복벽이 소멸하고 공화가 대세가 되었다. 직전까지 복벽이 공화를 압도하던 상황을 고려하면 혁명에 가까운 변화였다. 어째서 이런 일이 가능했을까?

복벽주의자들은 국권을 회복하면 당연히 고종이 복위해야 한다고 생각했다. 형식적으로 대한제국의 마지막 황제는 순종이었지만, 당시 사람들은 고종을 수난의 상징이나 사실상 마지막 황제로 인식했다. 그러나 1919년 1월, 고종의 갑작스러운 죽음으로 복위시킬 황제가 사라졌다. 이는 많은 조선인에게 조선왕조의 사실상 종말을 의미했다. 그 결과 복벽주의자 대다수가 공화주의로 입장을 바꾸었다. 그해 4월 상하이에서 공화주의에 입각한 대한민국임시정부가 수립된 것은 결코 우연이 아니었다. 3·1운동 당시 조선인들은 고종과 함께 복벽주의도 땅에 묻어 버렸던 것이다.

조선은 독립국이며
조선인은 자주민이다

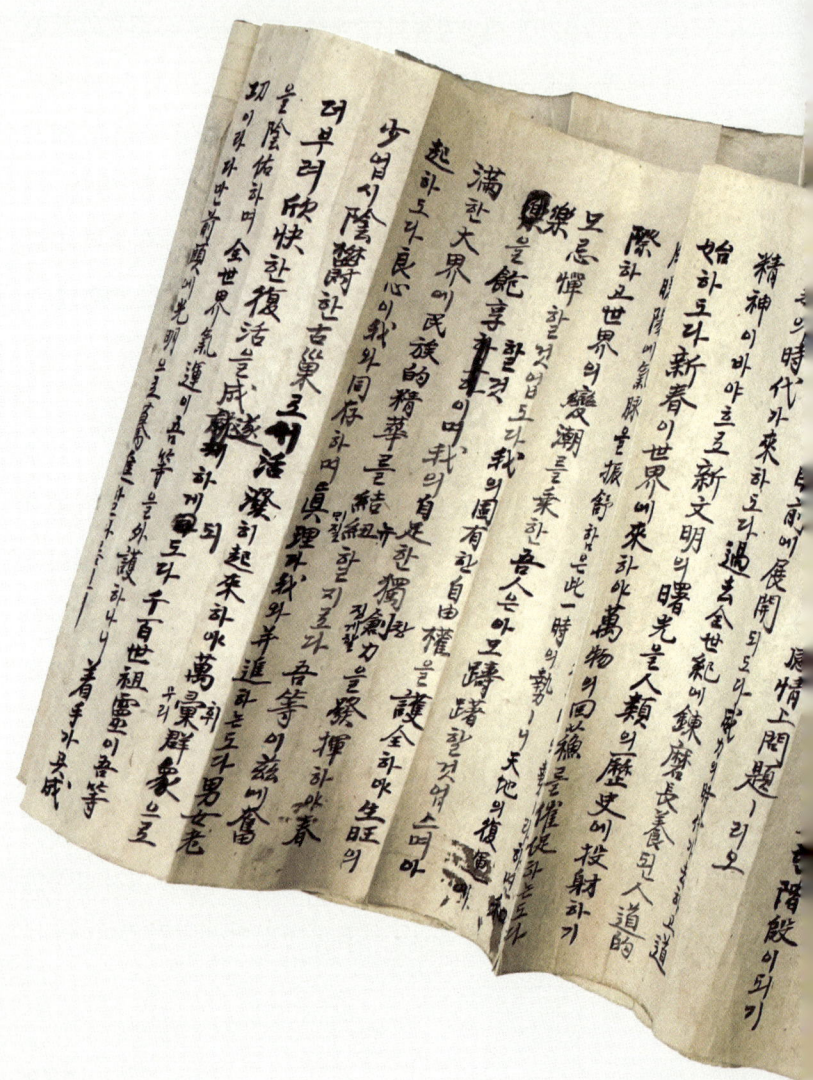

〈기미독립선언서〉 필사본, 1919년.

오등(吾等)은 자(玆)에 아(我) 조선의 독립국임과 조선인의 자주민임을 선언하노라. 차(此)로써 세계 만방에 고하야 인류 평등의 대의를 극명하며 차로써 자손 만대에 고하야 민족 자존의 정권을 영유케 하노라.

1919년 3월 1일 민족대표 33인 명의로 발표한 〈기미독립선언서〉는 이렇게 시작한다. 여기서 중요한 점은 이 문건이 '독립청원서'가 아니라 '독립선언서'라는 것이다. 독립청원은 독립하게 해달라고 요청하는 것으로, 그 결정권은 지배자, 즉 일본에 있음을 전제로 한다. 반면, 독립선언은 일본의 뜻과 관계없이 우리 민족 스스로 독립국임을 천명하는 것이다. 독립선언과 함께 전개된 3·1운동 당시 외쳤던 구호가 "조선(대한) 독립 만세"였던 것도, 이런 이유에서였다. '만세'는 일반적으로 바라던 일이 이루어졌을 때 그것을 축하하거나 환호할 때 외치는 말이기 때문이다. 독립을 선언했으니, 당연히 이를 뒷받침할 독립 정부가 필요했다. 그 결과로 1919년 4월 11일 상하이에서 대한민국임시정부가 수립되었다.

한국이 일제의 식민지 노예 상태로 전락한 지 10년 만에 발표된 〈기미독립선언서〉는 이런 이유로 매우 중요한 의미를 지닌다.

우리는 독립선언을 한 3월 1일을 '3·1절'이라 부른다. 그러다 보니 그날의 의미를 놓치고 있는 듯하다. 사실상 3월 1일은 우리의 '독립기념일'이다. 대한민국임시정부 수립 초기에는 3월 1일을 '독립선언기념일', '독립기념일', '독립선언일' 등으로 기념했다.

  미국의 사례와 비교하면 이해하기 쉽다. 미국은 18세기 후반 영국과 8년간의 독립전쟁을 통해 독립을 이루었다. 그 과정 중에 중요한 의미를 지닌 날이 네 개 있는데, 독립선언문을 채택한 날, 영국이 미국의 독립을 인정한 파리조약 체결일, 연방헌법을 제정한 날, 미합중국이 공식 출범한 날이다. 이 중에서 미국이 독립기념일(*Independence Day*)로 기념하는 날은 독립선언문을 채택한 7월 4일이다. 미국뿐만이 아니다. 식민 지배를 경험한 나라 대부분이 독립선언을 한 날을 독립기념일로 기념한다. 우리에게는 3월 1일이 그날이다.

독립운동이 아닌
소요사건

일제강점기 일제가 가장 금기시한 것은 '독립', '한국'이라는 단어와 태극기였다. 특히 '독립'이란 단어는 철저히 금지되었는데, 일제강점기 신문기사에서 '○○' 처리된 자리에 '독립'을 넣으면 대체로 문맥이 이어진다. 그렇다면 일제는 1919년 독립선언서를 발표하고, '독립 만세'를 외친 3·1운동을 뭐라 불렀을까? 그 답은 1919년 3월 28일 조선총독부 배속 무관이 육군 차관에게 보낸 전보 내용에 들어 있다.

> **각 지방의 소요는 대략 진정 상태에 있는 데 반해, 경성 및 그 근교에서는 수일 전부터 밤마다 소요가 계속되고 있을 뿐 아니라 순사 파출소를 파괴하거나 전차에 돌을 던지는 등 점차 광폭한 성질을 띠기에 이르렀다. 그리고 경성 부근에서의 이 소요는 다시 지방으로 파급될 우려가 있으므로 속히 이를 근절할 필요를 인정하고 …**

그렇다. 조선총독부는 3·1운동을 '소요 사건'으로 규정했다. 조선총독부 기관지 《매일신보》는 각 지방의 만세 시위를 소요 사태로 보도했고, 총독부가 만든 자료 역시 '3·1 소요 사건 계보도', '소요 사건 현황 지도' 등 한결같이 '소요'

조선독립소요사출판소에서 최상규에게 발행한
《조선독립소요사론》 편찬 예약금 영수증, 1921년.

《조선독립소요사론》, 조선독립소요사론출판소,
경성, 1921년. 독립기념관 소장.

라는 표현을 썼다. '소요(騷擾)'는 많은 사람이 떼 지어 폭행이나 협박 따위를 함으로써 사회 질서를 어지럽히는 행위를 뜻한다. 대중의 집단적 행동을 부정적으로 표현할 때 폭동, 난동과 함께 사용하는 단어다.

이와 관련하여 흥미로운 책이 하나 있다. 《경성일보》 사장이자 조선사 연구자라는 지위로 한국사 왜곡의 선두에 섰던 아오야기 쓰나타로(靑柳綱太郎, 이명 아오야기 난메이 靑柳南冥)는 1921년 일종의 '북펀딩'을 통해 3·1운동을 다룬 《조선독립소요사론》을 펴냈다. 그는 '소요'라는 총독부의 명명 방식을 따르되, '소요' 앞에 '독립'을 붙여 '조선독립소요사론'이라고 책 제목을 지었다. 그렇다고 해서 이 책이 3·1운동을 긍정적으로 다룬 것은 아니었다. 《조선독립소요사론》은 3·1운동의 원인을 여러 항목으로 분류해 설명하는데, 그중에서도 '소요 사건'을 조선시대부터 이어져 온 당파싸움의 연속선상에서 일어난 현상으로 규정한 점이 특징적이다.

제복 입고 칼 찬 교사들

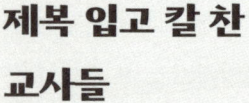

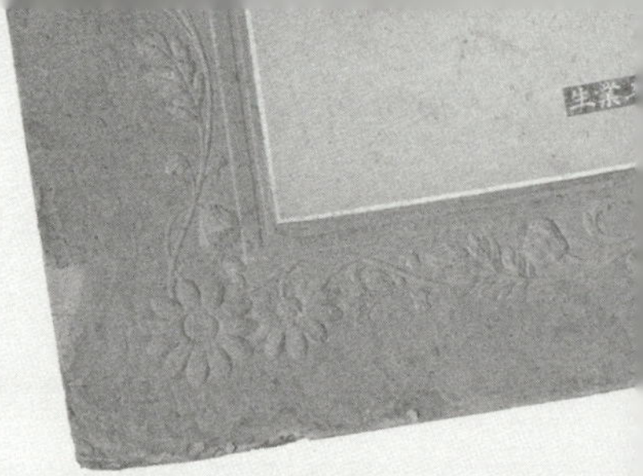

시흥공립보통학교
제7회 졸업사진, 1919년.

교사들이 제복을 입고 칼을 찬 시대가 있었다. *1910년대 식민지 조선의 풍경이 그랬다.* 조선총독부 초대 총독 데라우치 마사타케는 무력과 억압을 내세우며 식민지 조선을 통치하기 시작했다(무단통치). 다음은 그가 한 말이다.

조선인은 일본 통치에 복종하든지, 아니면 죽든지 하나를 택해야 한다.

학교 역시 그 영향을 피할 수 없었다. *1919년 3월 25일* 시흥공립보통학교(지금의 서울시 금천구 시흥초등학교) 제7회 졸업식이 있었다. 일장기를 배경으로 찍은 졸업 기념사진 속 교사들은 모두 제복을 입고 칼을 들고 있다. 그래서인지 사진에서 긴장감마저 느껴진다. 교사들이 이런 복장을 한 것은 총독부에서 "직원 공무집행의 경우는 특히 소속 장관의 허가를 받은 자를 제외하고 반드시 제복을 착용할 것"이라는 훈령을 내렸기 때문이다.

그런데 이듬해 열린 제8회 졸업 기념사진에서는 교사들의 제복과 칼이 사라졌다. 그뿐만이 아니다. 제7회 졸업 기념사진에 등장하는 교사들과 동일한데, 일본인 교장만 양복을 입고 나머지 조선인 교사 세 명은 한복을 입고 있다. 1년 사이에 도대체 무슨 일이 있었던 걸까?

시흥공립보통학교 제8회 졸업사진, 1920년.

1919년 3월 1일을 시작으로 3월과 4월 내내 전국 각지에서 만세운동이 식민지 조선을 뜨겁게 달구었다. 제7회 졸업 기념사진을 찍은 날은 3·1운동이 절정일 때였다. 조선총독부는 3·1운동을 계기로 기존의 무단통치를 이른바 '문화통치'로 전환했다. 이 정책 변화로 교육현장에서 제복과 칼이 사라졌다. 제8회 졸업 기념사진에서 제복과 칼이 사라진 이유다. 3·1운동의 힘을 이 사진들만큼 간명하게 잘 보여 주는 것이 또 있을까?

하지만 문화통치로의 전환은 채찍 대신 당근을 선택한 것이었다. 회유책으로 친일파를 길러 조선 민족을 분열시키려는 불순한 의도가 도사리고 있었다.

참정권의 실현?

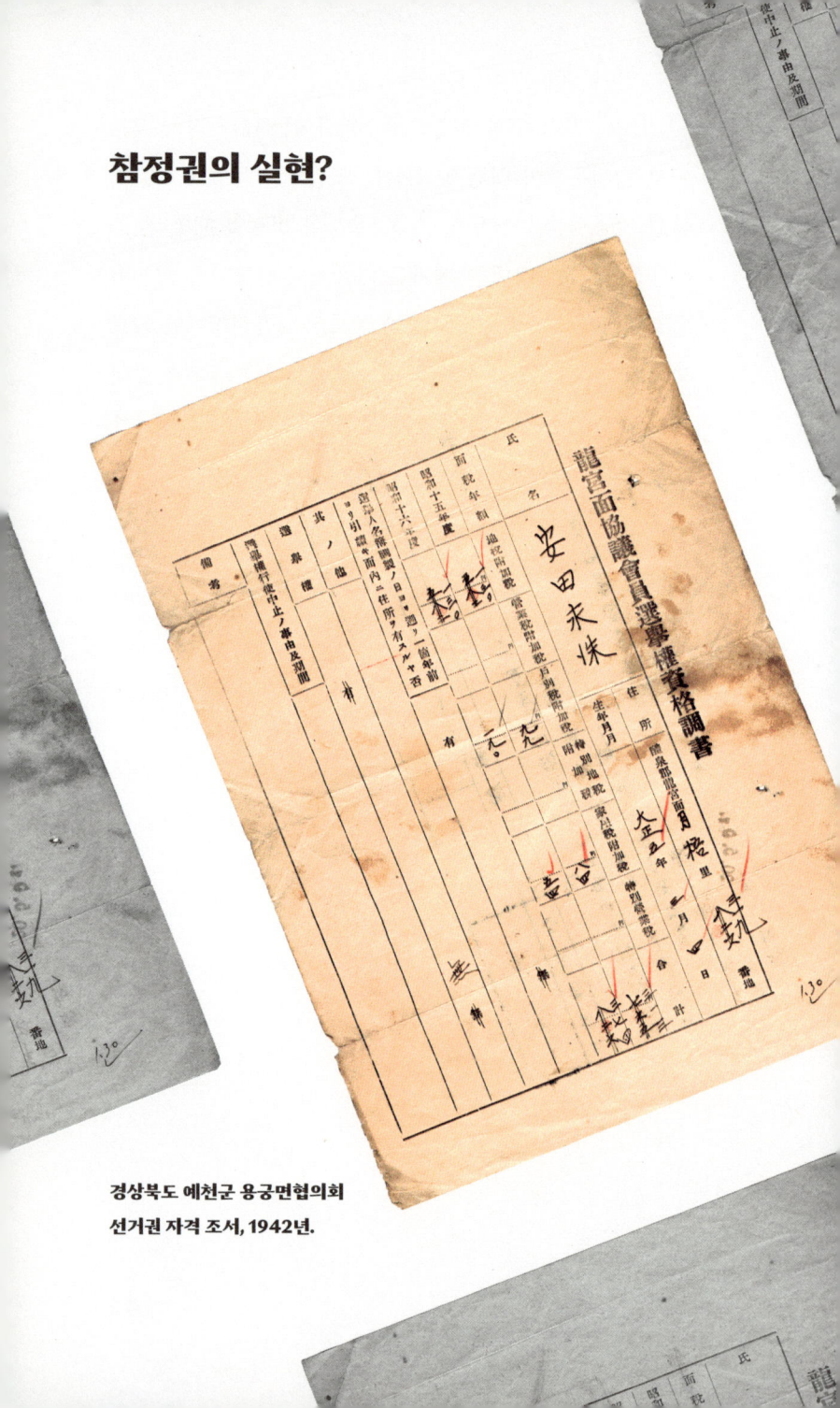

경상북도 예천군 용궁면협의회
선거권 자격 조서, 1942년.

이 문서는 *1942년* 경상북도 예천군 용궁면사무소에서 작성한 안전영수(安田永洙, 창씨명)의 면협의회원 선거권 자격 조사다. 그에게 선거권 자격이 있는지 판정한 것인데, 문서의 '선거권' 칸에 '무(無)'라고 적힌 것을 보아 안전영수는 선거권을 인정받지 못했다.

선거권이라니? 일제강점기 때도 선거가 있었나 하고 의아해하는 사람이 있을 것이다. 3·1운동 이후 문화통치가 단행되면서 조선인 참정권 문제도 수면 위로 떠올랐다. 일제는 *1920년* 오늘날 지방의회에 해당하는 도 평의회와 부·군·면 협의회를 설치하고, 지역 협의회의 대표를 뽑는 직선제 선거를 도입했다.

그러나 말이 좋아 협의회고 선거였지, '지방자치의 실시'나 '참정권 실현'과는 거리가 멀었다. 이 기관들은 실권 없는 한낱 자문기관에 불과했고, 선거를 실시하는 지역도 *12개* 부와 *24개* 면으로 제한했다. 이 지역들은 모두 일본인이 많이 사는 곳이었다. 선거를 하지 않는 *2,500여* 지역은 선거제가 아닌 임명제가 실시되었다.

유권자는 같은 지역에서 *1년* 이상 살고 세금을 *5원* 이상 낸 *25세* 이상 남자로 한정했다. 세금 *5원*은 지금으로 치면

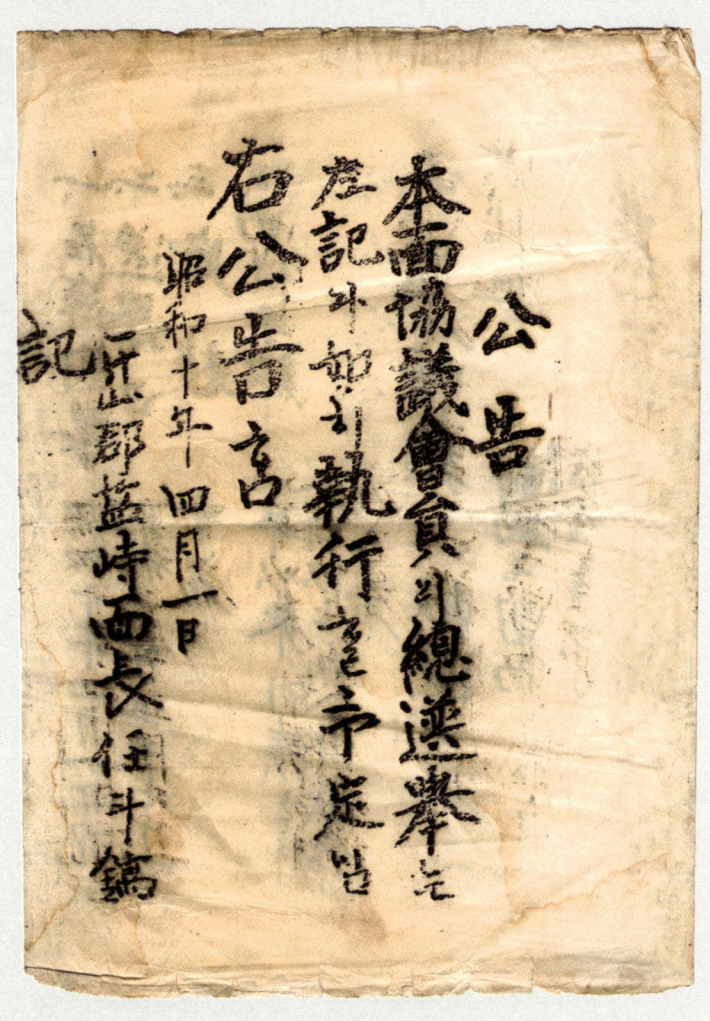

충청남도 아산군 염치면장 명의의 면협의회원 선거 공고문, 1935년.

월급이 300~400만 원 정도 되는 사람의 근로소득세에 해당한다. 그래서 당시 유권자는 지주 같은 그 지역의 유산자들이었다.

또 직선제라고는 하지만 총독부가 지원한 후보가 당선되는 게 현실이었다. 당연히 그들 대부분은 친일파였다. 지방자치 선거가 이와 같이 치뤄지다 보니 조선인들이 결국 불신과 혐오로 선거를 대하는 결과를 가져왔다.

시간은 돈보다 귀하다

경상북도 경주군에서 제작한
'시(時)의 기념일' 홍보물, 일제강점기.

'일제강점기'와 '6월 10일' 하면 무엇이 떠오르는가? 아마도 1926년 순종 장례식을 기해 일어난 6·10만세운동을 떠올리는 사람이 대부분일 것이다. 하지만 당대 사람들에게는 만세운동보다 '시간'을 기념하는 날로 더 익숙했다.

1920년 일제는 덴지(天智) 천황이 671년 처음 물시계를 만든 날을 기리고 시간을 잘 지키자는 취지로 '시(時)의 기념일'을 제정했다. 식민지 조선에도 이 기념일이 적용됐다.

이날에는 다양한 행사가 벌어졌다. 각 신문사에서는 시간을 절약하고 부지런히 일하자는 선전 기사를 크게 실었다. 주요 도시에서는 학생들이 '시의 깃발'을 들고 행진하며 '시의 노래'를 불렀다. 어떤 학교는 학생들에게 시간을 존중하고 지키자는 내용으로 글이나 표어를 쓰고, 포스터를 만들게 했다. 공무원들도 부산했는데, 선전 포스터를 부착하거나 어깨띠를 두르고 선전물을 배포하는가 하면, 시계가 있는 가정을 방문해 시간이 정확한지 조사하고, 정확한 시계 사용의 필요성을 계몽했다. 시계 상점들은 판매하는 시계값이나 수리비를 대폭 할인해 주었다.

당시까지도 식민지 조선인들은 시, 분, 초로 이루어진 근대적 시간에 익숙하지 않았다. 근대 문물인 시계는 구하기

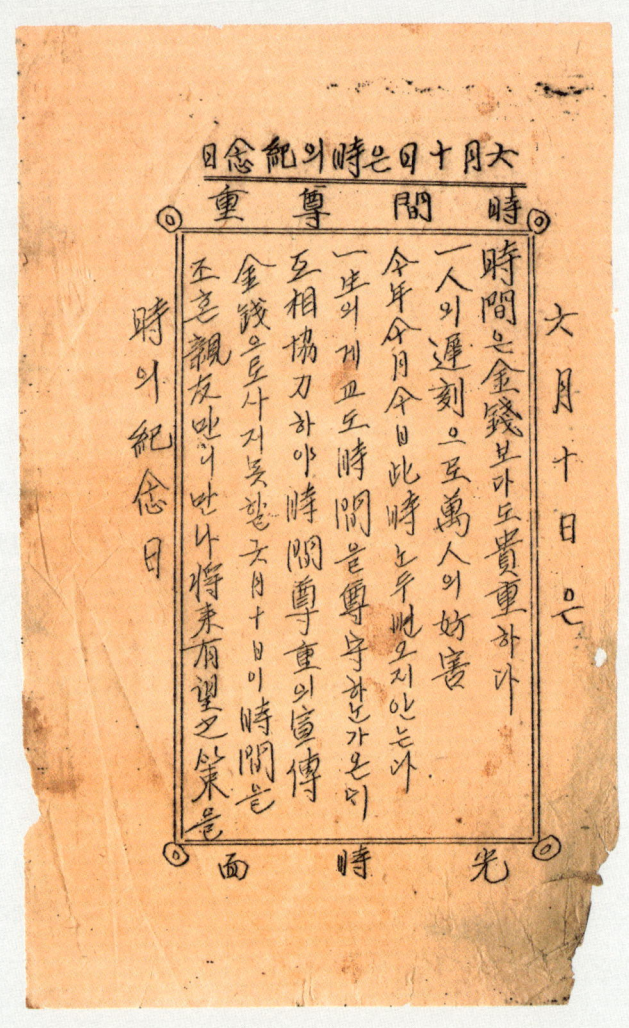

충청남도 예산군 광시면에서 제작한 '시(時)의 기념일' 홍보물, 일제강점기.

어려운 사치품이었다. 시계가 없는 사람들에게 '시간 엄수'는 쉬운 일이 아니었다. 시각을 알 수 있는 방법은 고작 정오를 알리는 오포(午砲) 소리 정도였다. 이런 상황에서 '시의 기념일'은 시계 보급과 시간관념 확산에 큰 역할을 했다. 시계탑이 곳곳에 설치되고 관공서, 철도역, 은행, 백화점 등에 시계가 부착되었으며, 휴대용 시계도 본격적으로 보급되었다.

물론 긍정적인 측면만 있었던 것은 아니다. 정확한 시간관념을 강조하는 말 뒤에는 사람을 더 바쁘게 움직이고 더 많이 노동하게 해서 결국 식민 지배 이익을 극대화하고자 했던 일제의 저의도 있었음을 놓쳐서는 안 된다. 또 규율에 따라 움직이는 근대적 인간을 만드는 것은 사회적·정치적 통합 수단이기도 했다. 그래서 일제는 시간관념을 주입해 경제적 착취에 이용할 뿐 아니라 명령에 따라 모두 일사불란하게 움직이는 신민을 육성하려 한 것이다.

그 시대의 핫 아이템,
경제화와 고무신

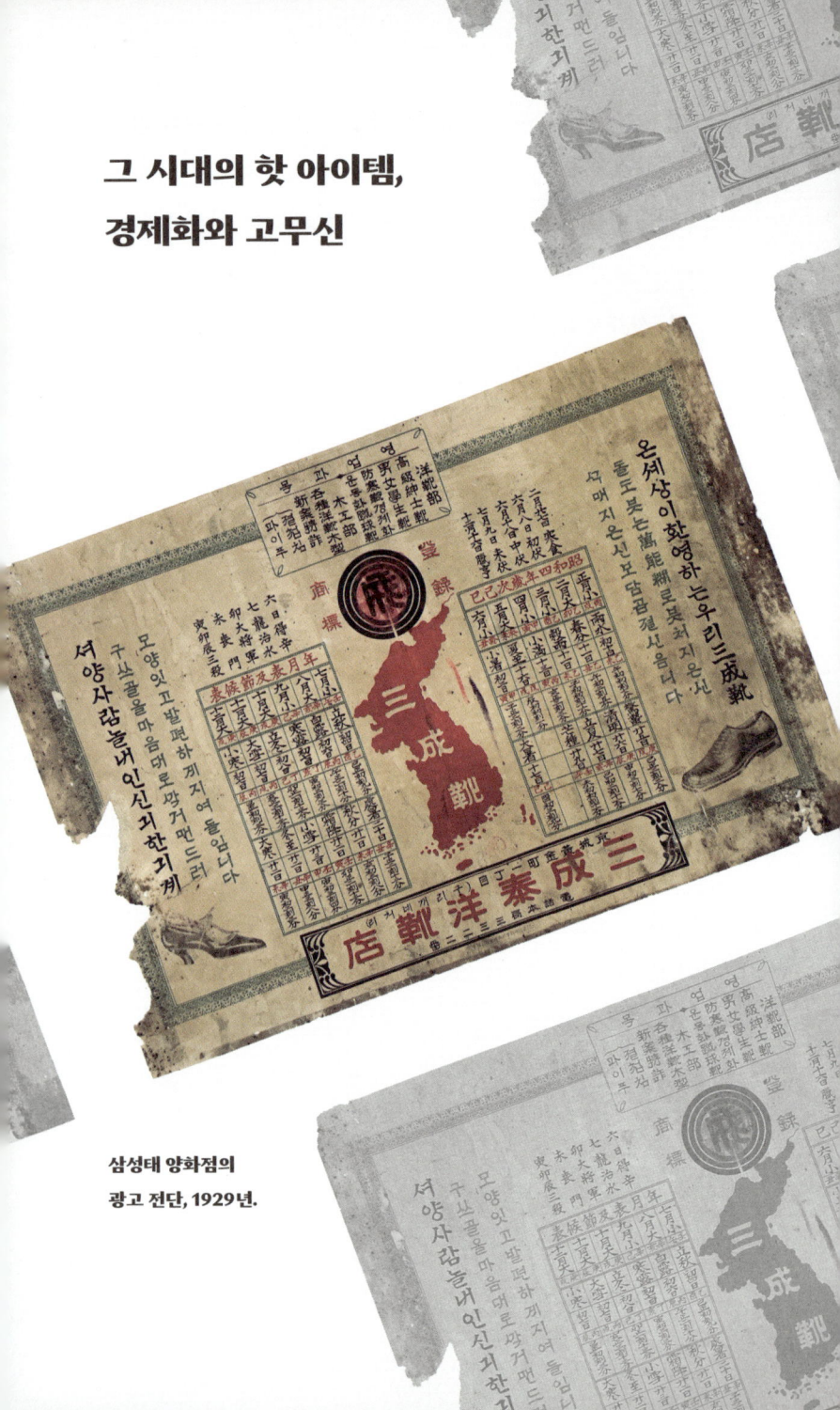

삼성태 양화점의
광고 전단, 1929년.

온 세상이 환영하는 우리 삼성화 / 돌도 붙는 만능호(萬能糊)로 붙여 지은 신. 꿰매 지은 신보다 곱절 신습니다.

이 자부심 넘치는 신발 광고 문구는 *1929*년 삼성태 양화점 전단의 문구다. 삼성태 양화점은 *1905*년 인천에서 이성원이 개업한 서양식 신발 가게다. 이성원을 언급할 때 빼놓을 수 없는 것이 '경제화'의 개발이다. 광고지 상단의 취급 품목에도 고급 신사화, 남녀 학생화, 방한화, 운동화 등과 함께 경제화가 적혀 있다. 그가 만든 '경제화'는 그야말로 혁신적 신발이었다.

개항 후 양복과 함께 들어온 구두는 당시 쌀 몇 가마와 맞먹을 정도로 비싸서 아무나 신을 수 없었다. 1911년 이성원은 갑피는 헝겊으로, 신창은 가죽으로 된 경제화를 개발했다. 무게도 가볍고 질도 좋을 뿐만 아니라, 이름에 걸맞게 가격도 싸서 큰 인기를 끌었다. 신발 개량을 위한 그의 노력은 여기서 그치지 않고 '만능호'라는 강력한 접착제 발명으로 이어졌는데, 도쿄 박람회에 출품해 금상을 받을 정도로 우수성을 인정받았다. 만능호의 발명으로 신창을 꿰매어 덧대지 않고 접착제로 붙일 수 있게 되어 신발 가격을 더 낮출 수 있었다.

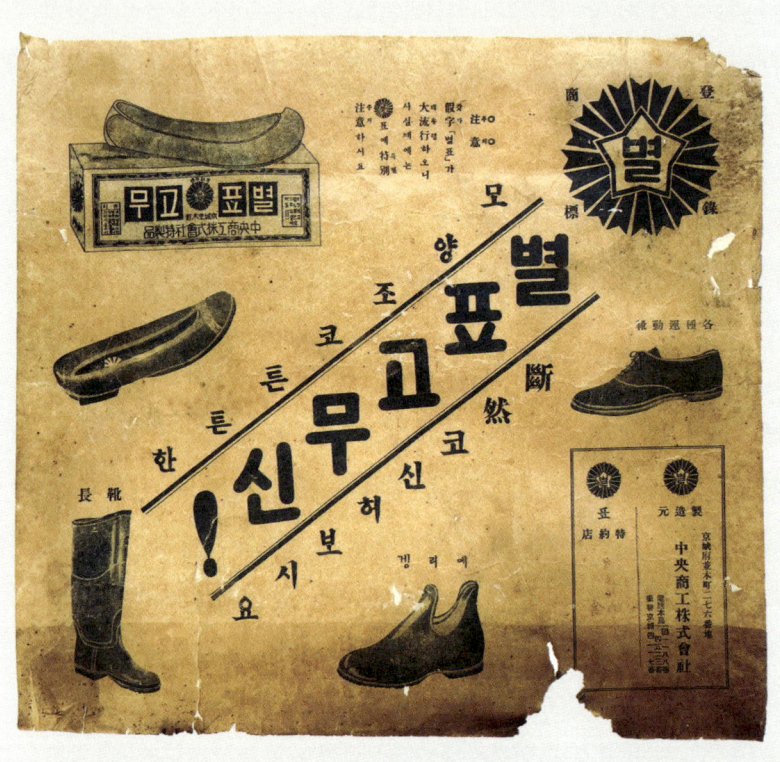

별표 고무신 광고 전단, 일제강점기.

*1910년대 경제화의 열풍이 채 가시기도 전에 1920년대 들어 고무신이 그 바통을 이어받았다. 사실 고무신은 1910년대 후반 일본인들이 조선에 들여온 것인데, 모양이 투박해 그리 주목받지 못했다. 이런 고무신을 한국형으로 개량한 인물은 평양에서 고무공장을 운영하던 이병두였다. 그는 1920년에 짚신과 비단신을 본떠 조선인의 기호에 맞는 디자인으로 고무신을 만들어 큰 성공을 거두었다.

	이후 고무신의 시대가 본격적으로 열렸다. 고무신 공장이 줄줄이 등장해 치열한 경쟁을 벌였고, 고무신 수요가 폭발적으로 늘어나면서 당시 신문들에는 연일 고무신 광고들이 실렸다. 경성의 대륙고무회사는 "이왕(순종) 전하께서 어용하심을 얻어 황감함을 금치 못하며, 왕자 공주님들께서도 널리 애용하시고"라며 황족 마케팅을 펼쳤고, 미끄러지지 않도록 바닥에 물결무늬를 새긴 거북선표 고무신은 '거북선'이란 상표로 조선인의 반일감정을 자극해 엄청난 인기를 끄는가 하면, 별표 고무신은 "강철은 부서져도 별표 고무는 찢어지지 않는다"라는 다소 과장 섞인 광고 문구를 내세우면서, 고무신이 6개월 안에 닳으면 새 신으로 교환해 준다는 파격적인 보증판매제로 1년 만에 업계 우위를 차지하기도 했다.

저울처럼 평등한 사회를 만들자

態度는 如何한가!! 所謂智識階級이서 墜待를 밧
다 이 社會에서 白丁의 沿革을 아는가 모르는가 決코 賤待를 밧
을 우리가 아닐가하노라 職業에 別이잇다하면 禽獸의 목숨을
쎅앗는 者 우리뿐이 아닌가 하노라 本社는 時代의 要求보다도
社會의 實情에 應하야 創立되엿슬뿐아니라 우리도 朝鮮民族
二千萬의 分子며 甲午年 六月붓터 勅令으로써 白丁의 稱號
를 업시하고 平民된 우리이라
愛情으로써 互相扶助하야 生活의 安定을 圖하며 共同의 存榮
을 期코자 玆에 四十餘萬이 團結하야 本社의 目的된 바 그 主旨
을 鮮明히 標榜코자 하노라

朝鮮衡平社全南光州支社發起人一同

衡平社 主旨

公平은 社會의 根本이요 愛情은 人類의 本良이라 그럼으로 我等은 階級을 打破하며 侮辱的 稱號를 廢止하며 敎育을 獎勵하야 우리도 참사람이 되기를 期함이 本社의 主旨니라

今 我 一朝鮮의 우리 白丁은 如何한 地位와 如何한 壓迫에 處하엿는가 過去를 回想하면 終日痛哭에 血淚를 難禁이라 이에 地位와 條件問題 等을 提起할 餘暇도 업시 目前의 壓迫을 絕따함이 우리의 實情이요 이 問題를 先決함이 우리의 急務로 認定할

〈형평사 주지〉, 1923년.

공평은 사회의 근본이요 애정은 인류의 본량(本良)이라. 그러므로 우리는 계급을 타파하며 모욕적 칭호를 폐지하며 교육을 장려하야 우리도 참사람이 되기를 기대(基)함이 본사(本社)의 주지니라.

1923년 4월 24일 진주에서 조선형평사가 설립되었다. 장지필, 이학찬 등 백정 출신들이 모여 세운 사회단체였다. '저울처럼 균형이 맞는 상태'를 뜻하는 '형평(衡平)'이라는 말처럼 그들은 공평이라는 설립 취지를 내세우며, 자신들을 '백정'이라는 차별적 표현 대신 '형평 계급'이라 불렀다.

1894년 갑오개혁으로 신분제가 폐지되면서 조선의 모든 사람이 평등해졌다. 그러나 현실은 그렇지 못했다. 법적으로 폐지되었어도 사람들 머릿속의 신분제는 여전히 강고했기 때문이다. 갑오개혁 이후에도 백정들은 결혼할 때 말이나 가마를 타지 못했고 죽은 뒤에도 상여를 쓰지 못했으며, 평민 아이들에게조차 존대해야 했다. 더욱 참기 어려운 것은 교육 차별이었다. 법적으로는 입학에 문제가 없었으나 사람들은 백정의 자녀들이 학교에 오는 것을 결사적으로 막았다.

게다가 백정들의 호적에는 따로 붉은 점을 표시했고, 직업란에는 '도한(屠漢)'이라고 적었다. 보통 괴한, 치한, 호색한, 파렴치한, 무뢰한과 같이 사람에게 '한(漢)' 자가 붙으면 부정적인 의미를 띄는데, 뜻을 그대로 풀면 '도살하는 놈' 정도로 기록된 것이다.

이런 상황 속에서 그들이 조선형평사를 설립한 것은 백정에 대한 뿌리 깊은 차별을 철폐하기 위한 처절한 노력의 결과였다.

당시 형평사를 주도한 사람 중에는 백정 출신 외에 강상호, 신현수, 천석구 등 양반 출신이 있었다는 사실도 주목할 만하다. 사람들은 백정 편을 드는 이들을 '신백정'이라 부르며, 그들의 옷을 찢고 집을 공격하기도 했다. 그러나 그들은 주변의 공격과 비아냥에도 뜻을 꺾지 않고 '공평과 애정'의 연대를 실천하고자 했다.

죽음을 부르는 말,
주고엔 고줏센

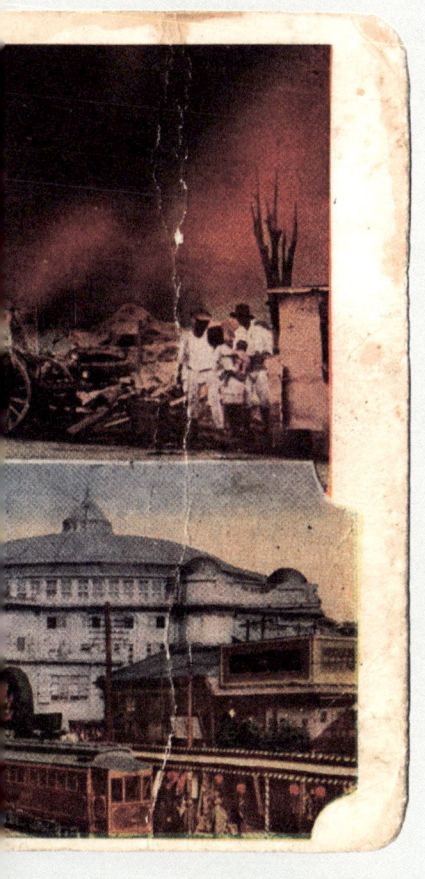

간토대지진 당시 재난
상황을 담고 있는 엽서,
일본에서 제작, 1923년.

1923년 9월 1일 정오 무렵, 대지진이 일본을 뒤흔들었다. 간토(關東)대지진은 일본 현대사에서 가장 큰 자연재해 중 하나였다. 도쿄의 약 45퍼센트, 요코하마의 약 80퍼센트가 불타 사라졌다. 때마침 점심 준비로 불을 사용하던 집이 많았던 것이 피해를 키웠고, 태풍의 여파로 강풍까지 불어 대화재가 삽시간에 집들을 태워 사망자 10만여 명 가운데 불타 죽은 사람이 태반이었다.

재난의 비극은 이게 끝이 아니었다. 절망한 일본인들은 희생양을 찾기 시작했다. 그 대상은 일본에 살고 있던 제국의 2등 신민, 조선인들이었다. "조선인들이 혼란을 틈타 폭동을 일으키려 한다", "조선인들이 우물에 독을 탄다" 등 근거 없는 유언비어가 경찰에 의해 유포되기 시작했다. 이 말을 그대로 믿은 일본인들은 혐오와 증오를 폭발시켰다. 간토 지역에서 수천 개의 자경단이 조직되었고 여기에 공권력까지 가세해 간토대학살이 시작되었다.

자경단은 죽창을 들고 몰려다니며 조선인을 학살하기 시작했다. 조선인을 가려내기 위해 행인에게 '주고엔 고줏센(15엔 50전)'을 발음해 보라고 강요했다. 조선인이 탁음 발음에 익숙하지 않은 것을 이용한 것이다. 이 말은 죽음을 부르는 말이었다. 제대로 발음하지 못하면 철도 변으로 끌고 가 가차 없이 죽였다. 일본인 중에도 사투리를 쓰거나 발음이 어눌한 청각장애인들이 덩달아 희생당하기도 했다.

당시 학살된 조선인 수를 정확하게 알 수는 없지만, 일본 정부가 발표한 사망자 수는 *233*명이고, 대한민국임시정부가 발행한 《독립신문》에서 추정한 수는 *6,661*명이었다.

경성제국대학이 설립되다

경성제국대학 예과 1기 수료 기념사진, 1926년 2월.

1923년부터 본격화된 민립대학설립운동은 조선인 스스로 고등교육기관을 세워 민족자강을 꾀하고자 한 운동이었다. 그러나 이 운동은 시작부터 난관에 봉착했다. 간토대지진, 홍수, 가뭄 등 재해로 모금 활동이 어려워졌고 일제의 방해도 계속되었다. 설상가상으로 일제가 1924년에 경성제국대학(이하 경성제대)을 설립하면서 민립대학설립운동은 중단되고 말았다.

1910년대 식민지 조선에는 보통교육, 실업교육, 전문교육만 존재했다. 그런데 1922년 새로 제정된 제2차 조선교육령에서 대학에 관한 규정을 두면서 조선에서도 고등교육기관을 설립할 수 있게 되었다. 1924년 경성제대의 설립은 이에 근거한 것이었다. 제국대학은 일본 천황의 칙령에 따라 설립되는 관립 종합대학인데, 경성제대는 도쿄·교토·도호쿠·규슈·홋카이도 제국대학에 이어 여섯 번째로 설립되었다.

그런데 설립 과정에 문제가 생겼다. 일본 내지에는 고등학교 학제가 있어 이를 마친 학생들이 제국대학에 진학했지만, 식민지 조선에는 고등학교 제도가 없었다. 따라서 조선에 제국대학 학부만 설립될 경우, 조선인과 조선 거주 일본인은 일본이나 타이완 등 다른 지역 고등학교를 졸업해야만 경성제대에 입학할 수 있는 상황이었다.

이런 구조적 문제를 해결하기 위해 경성제대에 학부 진학을 위한 2년제 예과 과정이 설치되었다. 1924년 설립 당시 예과에 문과와 이과(각각 정원 80명)를 두었고, 문과는 법문학부 법과 진학생반 '문과 A'(40명)와 법문학부 문과계 진학생반 '문과 B'(40명)로 나뉘었다. 이과 학생들은 모두 의학부 진학 예정자였다. 1924년 입학한 예과 1기생이 졸업하는 1926년에 법문학부와 의학부가 개학하면서 경성제대는 비로소 예과와 학부를 모두 갖추었다.*

앞의 사진은 1926년 경성제대 예과 1기생의 수료 기념사진이다. 그런데 예과 건물 앞에서 찍은 이 사진 속의 생도**들은 모두가 조선인은 아니었다. 당시 통계를 보면 예과 1기 입학생 168명 중 일본인이 124명, 조선인은 44명으로, 전체 생도 중 조선인의 비율은 26퍼센트에 불과했다. 이후 조선인 학생 수는 지속적으로 증가해 1930년대 중반 이후 약 40퍼센트(일부 학부는 약 50퍼센트)에 이르렀지만, 전체 학생 수의 절반을 넘지 못했다. 결국 경성제대는 조선인을 위한 대학이 아니라, 일본의 식민통치를 위한 엘리트 양성 기관이었던 것이다.

---

* 기존 법문학부, 의학부에 이어 1941년에는 이공학부가 설치되었다.
** 당시 경성제대 학부 본과생은 학생, 예과생은 생도로 구분해서 불렀다.

일한병합의 이유를
설명하시오

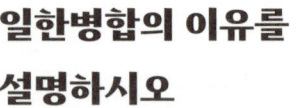

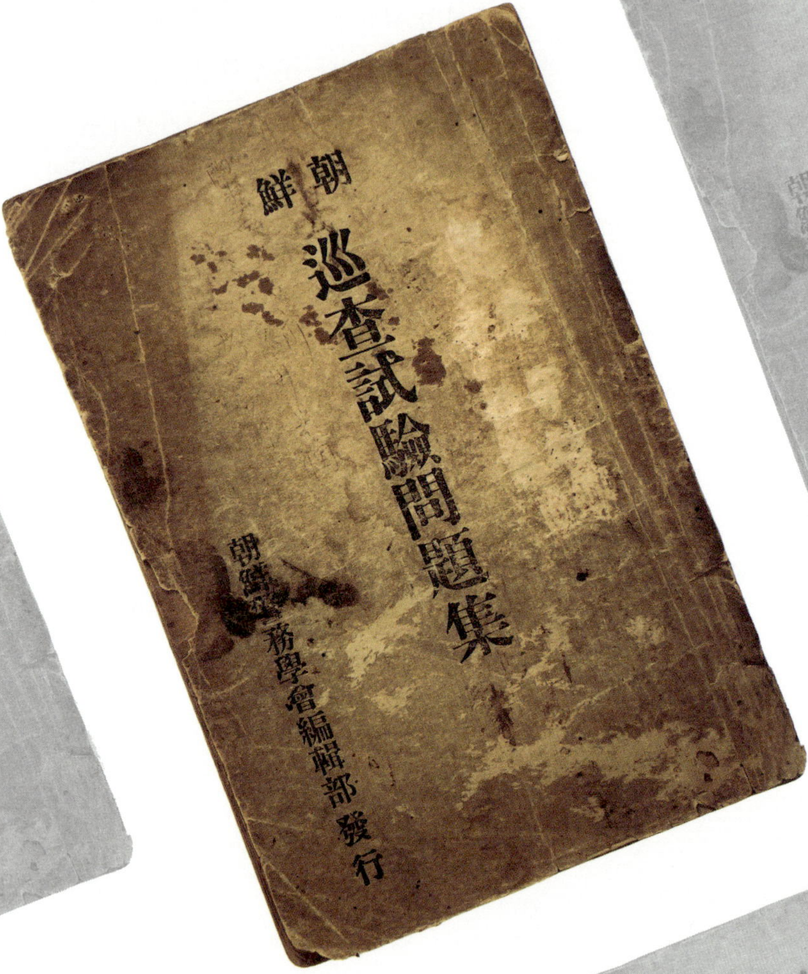

《조선 순사시험문제집》,
조선경무학회편집부 발행, 일제강점기.

일제강점기 순사가 되기 위해서는 시험을 치러야 했다. 일본인은 물론 출세하려는 조선인들도 이 시험에 응했을 것이다. 수험생들을 위한 기출 문제집도 발간되었는데, 그중 하나가 조선경무학회편집부에서 발행한 《조선 순사시험문제집》이다. 이 문제집을 보면 지리, 역사, 산술, 서취(書取, 받아쓰기), 작문 시험이 있었음을 알 수 있다.

작문 시험의 주제로는 어떤 것들이 있었을까? 자력갱생, 독서, 초가을, 청년, 농업, 눈(雪)과 경찰관, 여름의 위생, 사람과 앵두나무 등 단어를 제시하고 글을 짓게 한 경우가 있었는가 하면, 순사 지원을 친구에게 알리는 글, 나태한 친구를 훈계하는 글, 방탕한 친구를 훈계하는 글, 노동자를 위로하는 글, 우리가 보는 간수(看守), 내가 보는 경찰관 등 구체적인 상황을 주고 작문하게 한 경우도 있었다.

역사 과목 문제도 흥미롭다. 식민사관을 대표하는 주제인 임나일본부에 대해 설명하라는 문제부터 퇴계 이황, 동학당의 난, 임진왜란 때 있었던 벽제관 전투, 러일전쟁 때 활약한 노기 마레스케(乃木希典) 장군에 대해 아는 대로 서술하라는 문제, 한국통감부의 역대 통감과 조선총독부의 역대 총독의 이름을 써 보라는 문제도 있다. 역사 문제 중에서 단연 출제 빈도가 높았던 주제는 따로 있었으니, '일

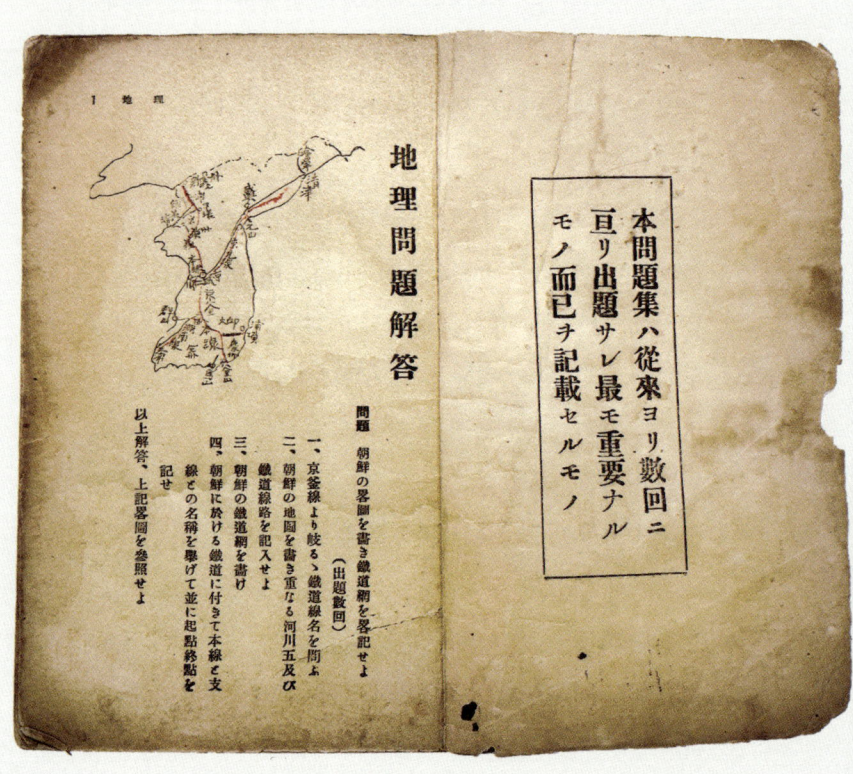

문제집에 실린 '지리문제해답'.

한병합의 이유'를 설명하라는 것이었다. 이 문제집은 각 문제에 대해 모범 답안을 실어 놓았는데, '일한병합의 이유'에 대한 모범 답안은 이렇다.

> **우리나라[일본 제국]는 동양평화를 위해서 처음에는 있는 힘을 다해 한국의 독립을 꾀하였으나, 그 나라의 여러 사정으로 인해 구태여 독립시키는 것은 도리어 한국민의 행복이 아니어서, 일본과 한국의 평화를 지키고 동양 화란(禍亂)의 근원을 끊어 한국민의 행복을 증진하기 위해 어떻게라도 한국을 병합해야만 한다는 점이 자명해졌다. 그런 때에 한국의 지식인들도 우리 국민과 소감을 같이 하여, 그들도 한국 황제에게 병합을 청원하였다.**

식민통치의 상징
조선총독부

조선총독부 신청사 완공 직전의
모습을 담은 엽서, 1926년.

원래 조선총독부는 남산에 있었다. 한국통감부 청사를 그대로 물려받은 것이었다. 그런데 사무공간이 부족해지자 일제는 신청사 건립을 추진했다. 신청사 위치는 광화문과 근정전 사이 흥례문 권역으로 정해졌다. 이 지역은 1915년 일제가 개최한 조선물산공진회*의 전시장 부지로 사용하기 위해 이미 철거된 상태였다.

신청사 공사는 1916년에 시작되어 1926년 완공될 때까지 무려 10년이 걸렸다. 완공된 총독부 신청사는 철근 콘크리트 구조에 외부를 화강암으로 마감했으며, 지하 1층과 지상 4층 규모의 서양식 건물이었다. 건물 위에는 돔 지붕을 얹었는데, 외장재로 구리 동판 약 2만 4,800근(약 1만 4,880kg)이 사용되었다. 건설 직후에는 붉은 구릿빛이었지만, 시간이 지나면서 녹슬어 푸른색으로 변했다.

거대한 건물 자체도 조선인들에게 위압감을 주었지만, 더 중요한 것은 건물의 위치였다. 일제는 신청사를 의도적으로 조선의 정궁 경복궁의 근정전 앞에 세워 경복궁을 완전히 가려 버렸다. 신청사 자리는 조선인들의 심리를 압도하고 일본 제국의 우월성을 과시할 최적의 입지였다. 일제는 총독부 신청사를 통해 조선왕조는 이미 망했고 일본 제국이 지배하는 새 시대가 도래했음을 선언하고자 한 것이다.

조선총독부 건물 철거 후인 1996년 국민들에게 무료로 나눠 준 건물 파편.
필자가 직접 주워 온 파편이다.

조선총독부 건물 철거 당시 나온 부재 일부, 1995년.
철거 공사를 담당했던 이가 기념으로 보관해 오던 것을 필자가 수집했다.

8·15 해방 후, 조선총독부 신청사는 '중앙청'으로 불리며 국회의사당, 정부청사, 국립중앙박물관으로 사용되었다. 그러다 1995년 김영삼 정부 당시, 일제 잔재를 청산하고 민족정기를 바로 세우자는 이른바 '역사 바로 세우기' 정책의 일환으로 철거되었다. 정부는 총독부 건물 철거 과정에서 나온 건물 파편 일부를 국민들에게 무료로 나눠 주었고, 주요 부재는 독립기념관으로 옮겼다. 현재 독립기념관은 조선총독부 건물 잔해를 최대한 '홀대하는 방식'으로 야외에 전시하고 있다.**

---

* 일제는 한일병합 5주년을 기념하여 조선 통치를 정당화하고 그동안의 업적을 과시하기 위해 조선물산공진회라는 박람회를 개최했다. 이를 위해 조선총독부는 경복궁 근정전과 경회루 등의 일부 건물만 남기고 경복궁 내 전각 4,000여 칸을 헐어 버렸다.
** 조선총독부의 상징이었던 첨탑은 지하 5미터 깊이에 반쯤 묻힌 상태로 배치했고, 전시 공간을 해가 지는 서쪽에 조성하여 일제의 몰락과 식민 잔재 청산의 메시지를 담았다.

일본 밥상에 조선 쌀
조선 밥상에 만주 잡곡

'조선총독부검사'라고 쓰인
조선산 백미 포대, 일제강점기.

20세기 초 일본은 19세기 후반부터 급격히 진행된 산업화와 도시화, 그리고 자연재해로 쌀 부족 문제를 겪고 있었다. 1918년에는 주식인 쌀 부족으로 쌀값이 폭등했고, 그해 9월 1일 도쿄 히비야 공원에서는 대규모 폭동까지 일어났다.

이에 일제는 식민지 조선에서 산미증식계획을 추진해 일본 내 식량 부족 문제를 해결하고자 했다. 산미증식계획은 말 그대로 쌀 생산을 늘리기 위한 정책으로, 조선에서 쌀 생산을 늘려 일본에 보내려는 것이었다. 1920년부터 추진한 이 계획에 쌀 증산을 위해 여러 가지 방법을 동원했다. 주요하게는 개간과 간척 사업, 밭을 논으로 변경하는 사업, 다수확 품종으로의 종자 개량, 퇴비 증산, 화학 비료 사용 권장, 농지 정리, 잡초 제거 운동, 수리조합을 통한 관개 시설 확충 등이 있었다.

이 사업으로 쌀 생산량은 실제로 증가했지만, 문제는 그보다 더 많은 양의 쌀이 일본으로 반출되었다는 점이다. 그 결과 조선 내 쌀값은 급등했고 식량 사정은 나빠졌다. 이러한 쌀 부족을 보충하기 위해 일제는 만주에서 조·수수·콩 등 잡곡을 대량 수입했다. 조선의 좋은 쌀은 일본으로 가고, 우리는 값싼 만주 잡곡을 먹어야 하는 상황이라니….

경기도농회에서 만든 산미증식계획 관련 전단지, 일제강점기.

"부지런히 일하여 많이 거둡시다"라는 구호 아래, 벼 수확을 늘리기 위한 비결을 소개하고 있다.

그게 다가 아니었다. 쌀 증산 과정에 들어간 비용은 고스란히 농민들이 부담해야 했다. 비싼 수리조합비에, 만만치 않은 비료 대금 등으로 농민들의 경제적 부담은 가중되었다. 이것저것 제하고 나면 남는 게 없었다. 결국 산미증식계획은 처음부터 조선의 농업 발전을 위한 정책이 아닌, 일본의 식량 문제를 해결하기 위해 조선을 쌀 공급지로 만든 식민지 수탈 정책이었다.

그런데 1930년대에 접어들면서 상황이 바뀌었다. 세계 대공황의 여파로 쌀값이 하락하고, 일본 내에서 쌀이 남아돌기 시작한 것이다. 일본 농민들은 조선에서 들어오는 쌀 때문에 일본 쌀값이 더 떨어진다고 불만을 토했고, 조선 쌀 반입에 반대하는 운동을 벌였다. 결국 일본 정부는 조선 쌀의 일본 유입을 통제하기 시작했고, 10년 이상 이어진 산미증식계획은 1934년에 중단되었다.

황족을 노린
조선인들

일본 도쿄 황거 앞에서 찍은 수학여행 기념사진, 일제강점기.

일본에 수학여행을 간 조선인 학생들이 일본 도쿄의 황거(천황의 거처) 앞에서 기념사진을 찍었다. 저 뒤로 보이는 다리가 니주바시(二重橋)다. 사진을 찍은 학생들은 바로 그 다리에서 의열단원 김지섭이 폭탄을 던지고 순국한 사실을 알았을까?

일제강점기 천황과 그 일족을 제거하겠다고 나선 이들이 있었다. 먼저 의열단원으로 활동한 김지섭 의사다. 그는 1923년 간토대학살에 대한 복수를 결심하고, 이듬해 1월 일본제국의회에 참석하는 일본 요인들을 처단하려 했다. 폭탄 세 개를 휴대하고 1923년 12월 20일에 상하이를 출발해 1924년 1월 3일 도쿄에 잠입했다. 그러나 제국의회가 무기한 연기되었다는 신문기사를 보고 다이쇼 천황이 살고 있던 황거에 폭탄을 던지기로 계획을 변경한다. 1924년 1월 5일 김지섭은 황거 진입을 시도하다 여의치 않자 니주바시에 폭탄을 던졌으나 3개 모두 불발되고 현장에서 체포되었다. 이후 재판에서 20년 형을 선고받고 복역하던 중 1928년 2월 20일에 뇌일혈로 옥중에서 순국했다.

그보다 먼저 황족 제거를 노린 이가 있었으니, 아나키스트 박열이다. 그는 1923년 10월에 열릴 황태자(훗날 쇼와 천황)의 결혼식 때 폭탄을 투척하려 했으나 그해 9월에 간토대지진이 일어나 계획이 무산되었다. 그런데 간토대학살이 벌어지는 와중에 검속(檢束)되어 조사를 받던 중, 폭탄 구입 사실이 발각되고 말았다. 일본 정부는 이를 '대지진을 틈탄 조선인 비밀결사의 폭동계획'으로 비화시켰고, 박열은 당당한 태도로 황태자 암살 계획을 자백하며 20개월 동안 조사를 받았다. 조선의 사대관모와 관복을 입고 법정에 출두해 반말투로 일왕의 죄를 밝힌 일화는 유명하다. 박열은 동지이자 연인인 가네코 후미코와 함께 사형 선고를 받았지만, 곧 무기징역으로 감형되었디.

박열과 김지섭의 의거로부터 채 10년이 지나지 않아 또 한 명의 조선인이 의거를 감행했다. 한인애국단원으로 활동한 이봉창 의사다. 그는 1932년 1월 8일 일본 도쿄에서 관병식을 마치고 돌아가는 쇼와 천황의 행차에 폭탄을 던졌으나 실패했다. 일제는 이봉창에게 '대역죄'라는 죄명으로 사형을 선고하고, 1932년 10월 10일 도쿄의 형무소에서 사형을 집행했다.

조선의 모든 것을
파악하라

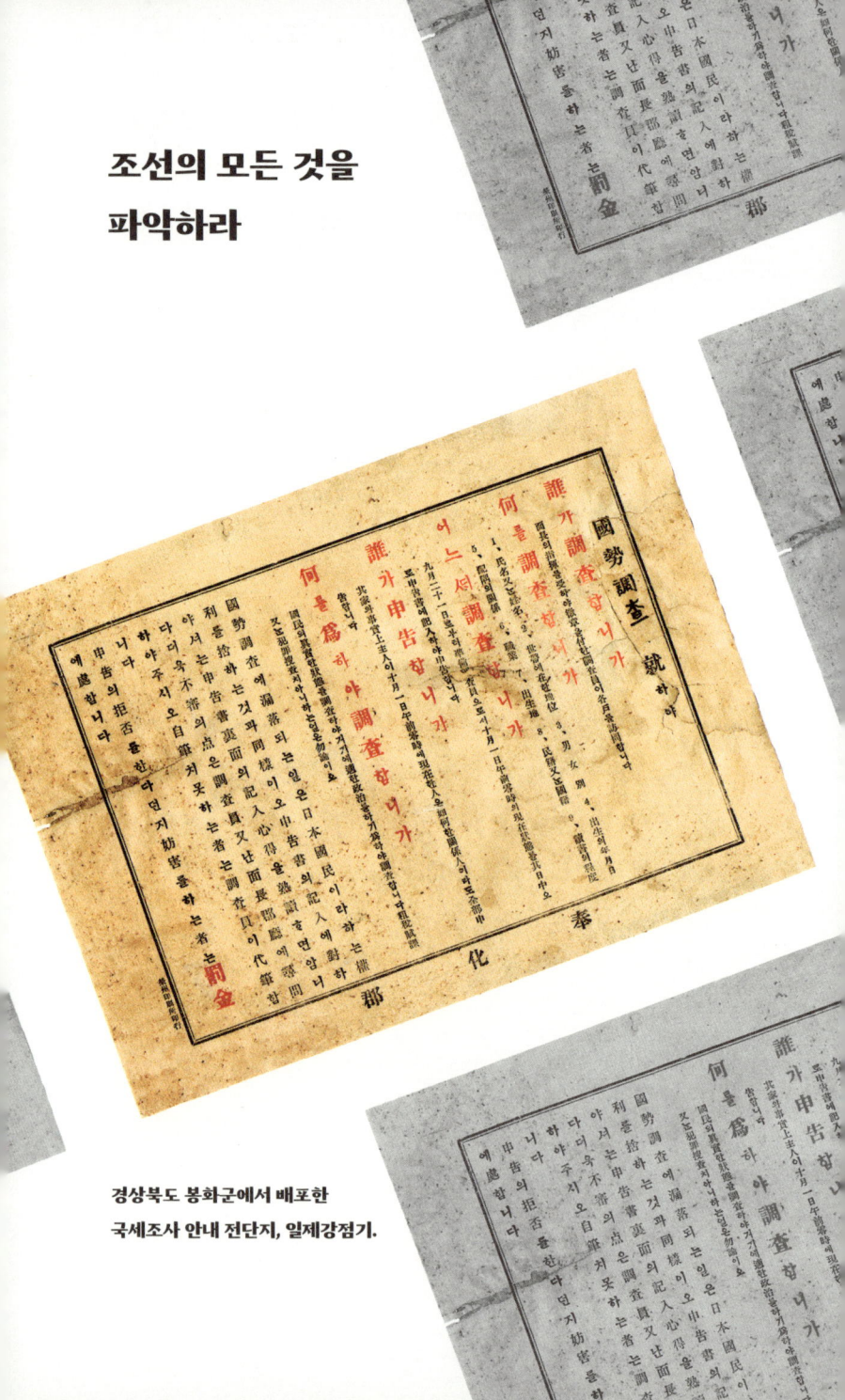

경상북도 봉화군에서 배포한
국세조사 안내 전단지, 일제강점기.

국세조사에 누락되는 일은 일본 국민이라 하는 권리를 버리는 것과 같은 것이오.

일제는 식민지 조선을 효율적으로 통치하고 각종 정책 집행의 근거를 마련하기 위해 정확한 통계자료가 필요했다. 기존의 호구조사로는 부족했기 때문에 서양의 인구통계 제도를 도입해 '국세조사(國勢調査)', 즉 인구센서스를 실시했다. 이 조사로 조선의 인구 분포, 주거 형태, 가족 구성, 직업, 산업 구조, 노동력, 세수 기반 등 사회 전반의 정보를 수집해 식민 통치와 수탈, 전시 동원의 기초 자료로 삼았다.

조사는 총 다섯 차례 시행되었다. 1925년의 1회 조사는 최초의 근대적 인구센서스였지만, 간이 조사여서 통계 범위가 제한적이었다. 그래서 1930년 2회 조사가 사실상 조선에서의 첫 정식 국세조사로 평가된다. 인구, 가구, 직업 등 조사 항목이 대폭 확대되었다. 이후 3~5회 조사는 1935년, 1940년, 1944년(간이)에 각각 시행되었다.

일제는 국세조사로 식민지 조선의 모든 것을 파악했다. 이는 경제적 자원을 체계적으로 수탈하기 위한 중요한 수단이었으며, 조선의 경제와 사회는 점점 일제의 식민지 체제에 종속되어 갔다.

학교는 누구를 위한 학교입니까?

중동학교 동맹휴학 중
학생들이 학부모들에게
보낸 호소문, 1930년.

애호하는 학부형 제씨여!

학교는 누구를 위한 학교입니까? 물론 생도를 위한 학교가 아닙니까? 그러나 학교 당국은 이와 같은 생도의 요구를 조금치도 고려하지 않고 내쫓음을 유일한 방침으로 생각하고 70여 명을 퇴학시켰습니다. … 참다운 교육을 받겠다는 외침 아래 부르짖는 생도들은 더욱 일치단결하야 만일 과거와 (대응이) 동일하다면 우리는 배우지 않아도 좋다, 농촌에 가서 농사를 짓겠다고 하여 등교치 않고 참다운 교육을 받기 위하여 신음하고 있습니다. 이제 학부형 제씨는 이 사실을 충분히 고려하시고 현대 교육기관과 사회상을 잘 깨달으셔야 할 것입니다.

1930년 6월 동맹휴학을 하던 학생들이 학부모들에게 지지와 동참을 호소하며 보낸 글이다. 무슨 일이었을까? 이전 해로 거슬러 올라가 1929년 11월, 민족 차별과 일제의 식민지 교육에 반대하여 일어난 광주학생운동은 곧 인접한 목포와 나주로 확산했고, 12월에는 경성의 각급 학교로까지 번졌다. 이에 일제 당국은 시위에 참여한 학생들을 대거 검거하는 한편, 조기 방학 조치로 시위 확산을 막으려 했다. 그러나 1930년 1월 개학과 동시에 학생 시위는 다시 시작되었고 그 범위는 전국으로 확대되었다.

당시 경성의 중동학교 학생들도 동맹휴학으로 이 흐름에 동참했다. 중동학교 학생들은 친일 성향의 교사 퇴진, 민족교육의 실현, 학생 자치권 보장 등을 주요 요구사항으로 내걸고 수업을 거부하며 식민지 억압 교육에 저항했다. 일부 학생들은 거리로 나가 시위를 벌이기도 했고, 경찰은 강제 해산과 함께 주동 학생들을 체포했고, 학생들은 곧 정학·퇴학 등 처분을 받았다.

비록 동맹휴학은 일제의 탄압으로 단기간에 끝나고 말았지만, 그 울림은 결코 작지 않았다. 중동학교 학생들의 항일운동은 조선 청년들이 민족의 자주성과 정체성을 지키기 위해 집단으로 일어선 대표적 사례로 평가받는다. 그들의 움직임은 다른 여러 학교에도 영향을 미쳤고, 일제에 맞선 조선 청년들의 목소리는 더욱 또렷해졌다.

3 계속되는 전쟁의 일상

1931~1939

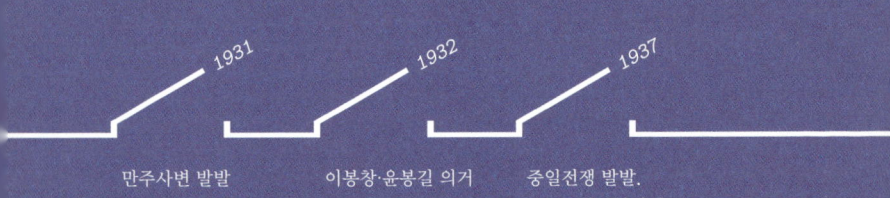

1931 만주사변 발발
1932 이봉창·윤봉길 의거
1937 중일전쟁 발발, 육군특별지원병령 공포

1931년 만주사변 이후
일본은 대륙 침략을 본격화하고
조선의 일상은 전쟁에 물들어 간다.
중일전쟁 발발과 전쟁의 확대로
더욱 거세진 징발과 징용에
저항의 움직임도 커져만 가는데…

1938
1939

국가총동원법 공포   제2차 세계대전 발발(~1945)
국민징용령 공포, 창씨 개명

만보산사건과 윤봉길 의거

윤봉길 의거 직후
장면이 담긴 트레이드 카드,
1930년대.

한 남성이 일본군에 연행되는 장면을 담은 독일의 트레이드 카드다. 뒷면에는 독일어로 "전후시대"라는 제목 아래 "1904년 러일전쟁 이후 일본이 한국을 강제로 점령했고, 한국은 자유를 추구하고 있다. … 일본의 장군과 제독 등이 사망하고 다수 고위 관료가 부상을 입었다"라고 적혀 있다. 이 남성은 윤봉길, 상하이 의거 직후 모습이다.

1932년 상하이사변으로 중국 침략의 거점을 확보한 일제는 상하이 훙커우 공원에서 천황 탄생일과 전승 기념식을 개최했다. 이에 한인애국단은 윤봉길을 보내 식장을 폭파하도록 했다. 4월 29일 윤봉길은 폭탄을 던져 단상 위의 일본 장성과 고관 들을 살상했다. 한인애국단은 1931년 10월 김구 주도하에 대한민국임시정부가 결성한 항일의거 단체다. 1923년 국민대표회의 결렬 이후 침체된 임시정부 활동에 활기를 불어넣고, 1931년 만보산사건 이후 격화된 조선인과 중국인의 갈등 상황을 타개하려는 목적으로 조직되었다.

만보산사건은 1931년 7월 만주의 만보산 지역에서 조선과 중국 농민 사이에 수로 문제로 발생한 충돌이다. 그런데 《조선일보》가 이 사건으로 많은 조선인이 피살되었다고 과장 보도하면서 조선 내 반중 감정이 폭발했다. 그 결과 평양, 부산, 인천, 천안 등 차이나타운이 있는 도시에서 중국인 상점과 가옥이 파괴·방화되고 중국인이 구타·학살당하는 폭력 사태가 이어졌다.* 이에 맞서 중국 내에서도 조선인을 향한 보복이 일어났다. 일본에서는 만주 침략의 여론이 조성되었고, 이 갈등은 결국 만주사변으로 이어졌다.

중국에서 활동하던 독립운동가들은 중국인의 반감을 해소할 필요가 있었다. 이런 상황에서 일어난 윤봉길의 상하이 의거는 조선과 중국 민중 사이의 반감을 완화했을 뿐만 아니라, 중국 정부의 임시정부에 대한 지원을 이끌어 내 임시정부 활동을 다시 활성화하는 데도 기여했다. 특히 장제스(蔣介石)는 임시정부를 공식 승인하지는 않았지만 적극적인 후원자가 되어 한국의 독립을 지지했으며, 카이로 회담에서 한국 독립 문제를 공식 의제로 제안해 선언문에 '한국의 자유와 독립' 조항이 들어가게 하는 등 독립운동에 큰 도움을 주었다.

---

* 정신없고 급박하게 돌아가는 상황 등을 이를 때 흔히 쓰는 "호떡집 불났다"라는 말이 여기에서 유래했다는 설명도 있다. 중국인이 운영하는 호떡집에 몰려든 군중, 날아드는 돌멩이와 불쏘시개, 비명을 지르며 도망가는 사람들 등 아수라장 같은 역사의 한 장면이 이 표현 속에 담겨 있다는 것이다.

오족협화의
낙원을 건설하자

결혼식 기념사진,
1930년대.

이 사진은 *1930년대* 전반의 결혼식 기념사진이다. 신랑 신부와 가족들 뒤편에 일장기와 함께 낯선 깃발이 하나 걸려 있다. 이 깃발은 비슷한 시기 제작된 그림엽서에도 일장기와 나란히 등장한다. 무슨 깃발일까?

이 깃발은 만주사변 이듬해에 일제가 세운 괴뢰국 만주국의 국기다. 일본은 *1931년 9월 18일* 만주사변을 일으켰다. 침략의 구실을 만들기 위해 관동군은 같은 날 밤 *10시 30분*경 류탸오후(柳條湖)에서 만주철도 선로를 스스로 폭파하고, 이를 중국의 장쉐량(張學良) 휘하 동북군 소행이라 발표한 뒤 만주 침략을 개시했다. 일본군은 파죽지세로 중국군을 밀어붙여 *9월 19일* 새벽 펑톈성(奉天省)을 점령한 데 이어 랴오닝성(遼寧省)과 지린성(吉林省)을 제압했으며, *11월*에는 하얼빈과 만주 전역을 점령했다. *1931년* 만주사변은 중일전쟁, 태평양전쟁으로 이어지는 *15년* 침략전쟁의 서막이었다.

만주를 점령한 일본은 청나라의 마지막 황제 푸이(溥儀)를 옹립해 *1932년 3월 1일* 만주국 수립을 선포했다. 만주국은 일본의 중국 침략을 위한 병참 기지였다. 일본은 만주국의 국가 이념으로 '오족협화(五族協和)의 왕도낙토(王道樂土)'를 표방했다. 만주족과 한족, 몽골족, 조선 민족, 야마토

만주국 수립 기념 엽서, 1932년경.
일본이 발행한 엽서로 일장기와 만주국기가 걸린 집 마당에서 일본군의 보호 아래 아이들이 놀고 있다.
만주국 건국 공로자들에게 하사한 훈장, 1930년대.

민족(일본인) 등 다섯 민족의 협력과 화합으로 이루어진 이상 국가라는 뜻으로, 이런 이념이 국기에도 반영되었다.

만주국기는 노란색 바탕에, 왼쪽 위에 빨간색, 파란색, 하얀색, 검은색의 가로줄 무늬가 그려져 있다. 이 다섯 가지 색은 순서대로 만주족, 야마토 민족, 한족, 몽골족, 조선 민족을 상징한다. 이 '오족협화의 왕도낙토 건설'이라는 구호는 이후 일본이 침략 범위를 확장하면서 내세운 '대동아 공영권 건설'로 이어진다.

**남부는 면화 재배
북부는 면양 사육**

'면의 주간(면화 주간)' 깃발,
1930년대.

1932년 9월 '남면북양정책'이 추진되면서 식민지 조선에 면화 재배와 면양 사육의 목소리가 드높았다. '남면북양'이란 남쪽에서는 면화를 재배하고, 북쪽에서는 양을 사육한다는 뜻이다. 1929년 세계 대공황 이후 각국이 보호무역 조치를 강화하는 상황에서 어려움을 겪고 있던 일본 면방직 업자들에게 값싼 원료를 안정적으로 공급하기 위해 시행한 정책이었다. 당시 일본은 면화와 양모를 주로 인도와 오스트레일리아에서 수입했는데, 영국 등이 블록경제를 실시하면서 상황이 달라졌다. 블록경제란 자국과 식민지 또는 우방국을 하나의 경제권(블록)으로 묶어서 그 안에서만 무역과 경제활동을 허용하는 폐쇄적인 경제 체제를 말한다. 블록 외 지역과 교역할 때는 시장 보호를 위해 20퍼센트 이상의 높은 관세를 매기기도 했다. 이로 인해 면화와 양모 수입이 불안정해진 일본은 이를 안정적으로 확보하고자 식민지 조선에서 남면북양정책을 추진한 것이다.

　　먼저 면화를 보자. 면화는 무더운 기후에서 잘 자라기 때문에 조선의 남부 지방은 면화 재배에 적합했다. 그래서 일제 강점 초기부터 꾸준히 면화 재배가 장려되었고, 1930년대 남면북양정책이 추진되면서 면화 증산이 본격화했다. 일본은 향후 20년 동안 경작 면적 50만 정보, 생산량 6억 근을 목표로 계획을 세웠다. 이를 위해 일제는 농민들에

남면북양정책 실시 당시의 모습을 보여 주는 사진과 엽서, 1930년대.
위는 양 사육을 돕는 학생의 사진이고, 아래는 면화 재배와 면양 사육을 홍보하는 엽서다.

게 면화 재배 기술을 보급하고, 집중 면화 재배 계도 기간인 '면화 주간'과 '일제(一齊) 파종 주간'을 지정하는 등 행정 지도를 했다. 이 과정에서 농민의 땅을 강제로 면작지로 지정하는가 하면, 심지어 면화를 심지 않고 보리나 콩을 심은 경우에는 강제로 뽑아 버리기까지 했다.

이 시기 조선의 북부 지방에서는 면양의 대량 사육이 추진되었다. 조선총독부는 매년 20만 원의 예산을 배정해 10년간의 면양 장려징책 계획을 수립했다. 첫 5년 동안은 오스트레일리아에서 매년 양 2,500마리를 수입해 함경도, 평안도, 강원도, 황해도에서 증식용으로 기르고, 그 후 5년 동안 조선 전역에서 10만 마리까지 증식하는 것을 목표로 했다. 이를 위해 개마고원과 강원도 북부 등을 중심으로 대형 목장을 조성했고, 농가에도 가구별로 5마리씩 양을 사육하도록 강제했다.

이러한 남면북양정책으로 1930년대 식민지 조선의 농촌은 남부와 북부를 가리지 않고 눈처럼 하얀 풍경으로 뒤덮여 갔다. 그러나 순백의 풍경 아래에는 일제가 과도히 할당한 생산량을 채우지 못하는 농민들의 한숨과 고통이 켜켜이 쌓여 갔다.

색의를
착용합시다

백의는 불경제이니 반듯이 색의를 착용합시다
상주는 당해 읍면장의 증명서를 휴대하시오
색의를 착용하지 않으면 남 앞에 나올 수 없소

흰옷은 조선인의 상징이었다. 기록을 보면 우리 민족은 삼국시대 이전부터 흰옷을 즐겨 입었다. 구한말 조선을 찾은 외국인들은 남녀노소 모두가 흰옷을 입고 있는 모습에 강렬한 인상을 받았다. 거리를 온통 뒤덮은 흰옷의 물결! 백의민족이라는 표현이 그저 나온 게 아니었다. 그런데 흰옷을 입지 말라니?

1930년대 조선총독부는 '백의 철폐, 색복 착용'이라는 구호를 내세워 '색복장려책'을 실시했다. 백의는 빨리 더러워져 빨래하는 데 비용과 시간이 더 든다며 '비용 절약'과 '생활개선'을 명목으로 내세웠지만, 강제성을 띤 정책으로서 '백의민족'으로 상징되는 조선 민족의 정체성을 파괴하는 것이 목적이었다. 의복을 통제함으로써 조선인들을 그들이 바라는 황국신민으로 만들고자 한 것이다.

늘 입던 평범한 옷조차 마음대로 입을 수 없었으니 참으로 슬픈 민족이었다.

색의 착용을 장려하는 전단지, 1930년대.

배우자, 가르치자, 다 함께 브나로드!

동아일보사의 브나로드운동 포스터, 1934년.

2025년 현재 한국 성인 인구의 문맹률은 약 1퍼센트라고 한다. 대단히 높은 비율이다. 그런데 1920년대 후반, 당시 조선 인구 2,000만 명 중 약 80퍼센트가 문맹자였다. 이런 상황에서 농촌계몽운동이 본격적으로 전개되었다.

우리 남녀가 머리를 맞대고 민중 속으로 뛰어들어 농촌, 어촌, 산촌을 위해 한 몸 희생하지 않으면 우리 민족은 영원히 거듭나지 못합니다.

소설 《상록수》에서 여주인공 영신이 한 말이다. 이 운동에 조선일보사와 동아일보사 등 언론사가 앞장섰다. 조선일보사는 1929년부터 학생들을 모집해 문자보급운동을 벌였고, 동아일보사는 1931년 여름방학부터 "배우자, 가르치자, 다 함께 브나로드"라는 구호 아래 '브나로드 운동'을 시작했다. '브나로드(Vnarod)'는 러시아어로 '민중 속으로'라는 뜻이다. 그런데 1934년 포스터에는 '브나로드' 대신 '계몽운동'이라 쓰여 있다. 동아일보사에서 '브나로드'라는 말이 어렵다는 이유로 1934년부터 '계몽운동'으로 이름을 바꾼 탓이다.

일제는 이런 운동이 민족의식을 고취한다고 판단하여, 1935년부터 강제로 중단시켰다.

고산자 김정호, 일제를 돕다?

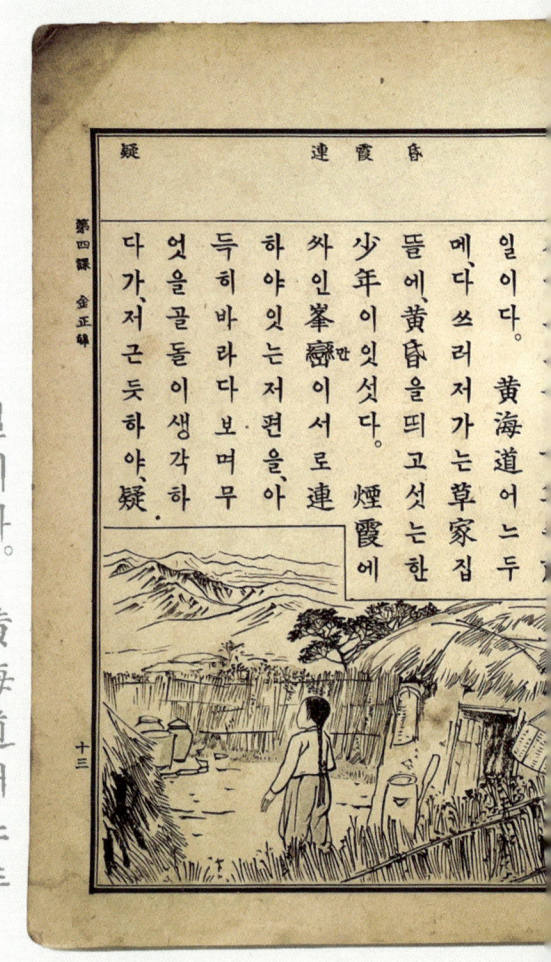

일이다。 黃海道어느두
메,다쓰러저가는草家집
뜰에,黃昏을띠고섯는한
少年이잇섯다。 煙霞에
싸인峯巒이만서로連

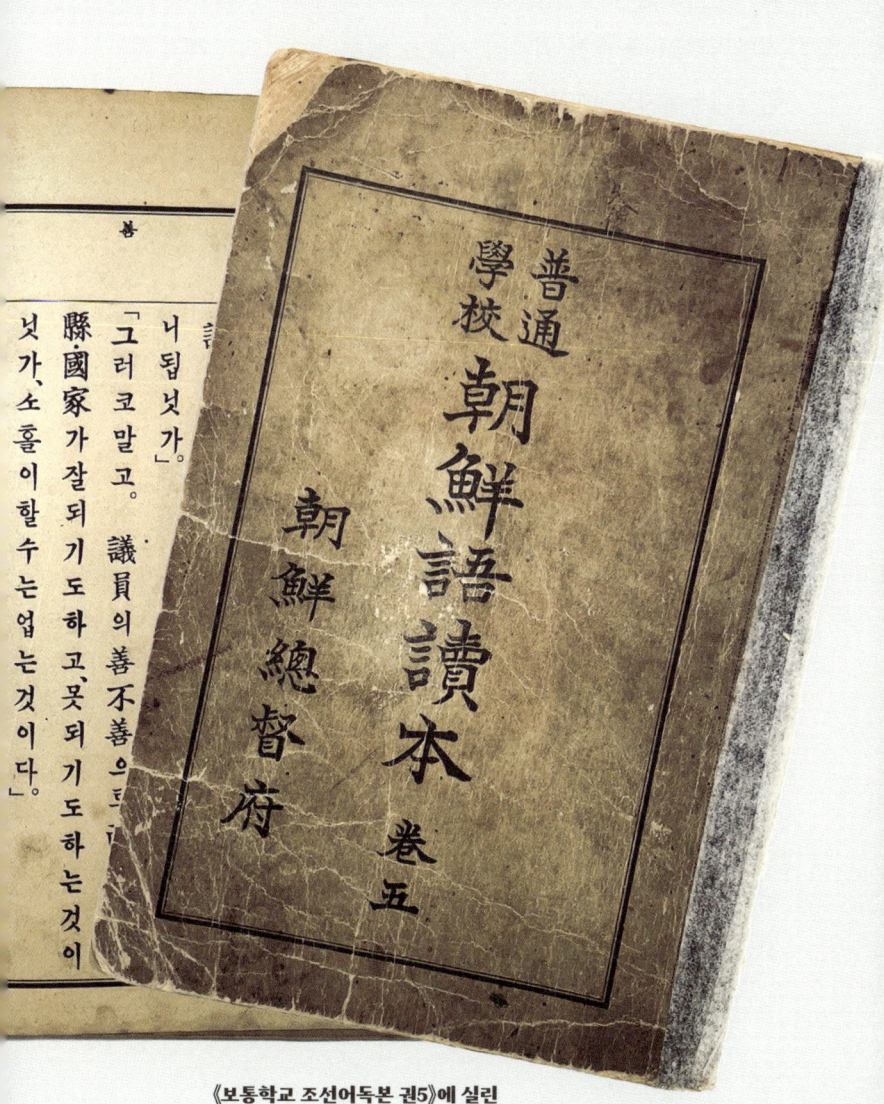

《보통학교 조선어독본 권5》에 실린
김정호 이야기 부분, 1934년.

고독한 선각자, 백두산 일곱 차례 등정, 팔도 산천을 샅샅이 답사, 대원군의 탄압으로 옥사, 대동여지도 목판 소각. 이는 고산자 김정호 신화를 구성하는 주요 서사다. 하지만 김정호에 대한 역사적 기록은 매우 적다. 그가 제작한 《대동여지도》에 대해서는 정밀하다는 평가가 남아 있지만, 그의 일대기를 기록한 자료는 없다. 그렇다면 우리가 아는 김정호 신화는 누구에 의해 만들어졌을까?

김정호 신화의 얼개를 처음 세운 사람은 최남선이었다. 그는 1925년 10월 《동아일보》에 실은 〈고산자를 회(懷)함〉이라는 글에서, 김정호가 팔도 산천을 샅샅이 답사하고 백두산에만 일곱 차례 올랐으며, 수십 년 동안 과객으로 살기를 마다하지 않은 인물이라 서술했다. 그러면서 김정호의 위대함을 몰이해한 관헌이 《대동여지도》의 판목을 압수했고, 결국 김정호는 투옥되어 순교했다고 덧붙였다.

여기에 살을 더 붙여 신화를 완성한 것이 신영철과 최진순이었다. 《어린이》 1929년 3월호에 〈고산자 김정호 선생 이야기〉를 실은 신영철과, 《학생》 1929년 4월호에 〈대동여지도와 김정호 선생의 일생〉을 실은 최진순은 주 독자층이 어린이였던 만큼, 김정호의 어린 시절과 성장 과정, 관헌의 탄압 등을 보다 극적으로 서술했다. 이로써 오늘날 우리가 알고 있는 김정호 신화가 완성되었다.

조선총독부 관리들이 이런 김정호 신화를 놓쳤을 리 없다. 1934년 《보통학교 조선어독본》 5학년 교과서 제4과에 김정호 이야기가 실렸는데, 김정호의 천재성을 알아보지 못한 조선 지배층의 무능을 조롱하는 듯한 어조가 담겼다. 그러나 교과서의 훈화는 거기서 그치지 않고 한 발 더 나갔다. 김정호를 결과적으로 러일전쟁과 토지조사사업에 공헌한 '훌륭한 조선인'으로 찬양한 것이다. 교과서는 다음과 같은 문장으로 김정호 이야기를 마무리하고 있다.

> **일로(러일)전쟁이 시작되자 《대동여지도》는 우리(일본) 군사에게 지대한 공헌이 되었을 뿐 아니라 그 후 총독부에서 토지조사사업에 착수할 때에도 둘도 없는 좋은 자료로, 그 상세하고도 정확함은 보는 사람으로 하여금 경탄케 하였다 한다. 아, 정호의 간고는 비로소 이에 혁혁한 빛을 나타냈다 하리로다.**

'가마니'라는 이름의
애국 비행기

1931년 만주사변 이후 조선 등 식민지에서는 '애국기 헌납운동'이 벌어졌다. 전쟁에 필요한 군용 비행기(애국기) 제작 비용을 강제로 모금하기 위한 것이었다. 이름은 '애국기' 헌납운동이지만, 엄밀히 말하면 육군용은 '애국기(愛國機)', 해군용은 '보국기(報國機)'로 구분되었다.

이 운동은 1932년 4월 17일 여의도 비행장에서 열린 첫 애국기 헌납식을 계기로 시작되었다. 이후 친일파와 지역 유지, 관변 단체, 학교, 종교 단체, 심지어 기생들까지 동참하며 전국적으로 확대되었다. 비행기 한 대를 헌납하려면 당시 돈으로 6만~20만 원(현재 기준 수억 원 상당)이 필요했기 때문에, 부호 몇 명의 힘만으로는 감당하기 어려워 각종 단체와 일반 시민까지 광범위하게 동원할 수밖에 없었다.

1937년 중일전쟁이 발발한 이후에는 '1군(郡) 1기(機) 헌납운동'이 전개되어, 각 지역 단위로 비행기 헌납 경쟁이 벌어졌고, 신문들은 연일 헌금자 명단을 게재하며 경쟁을 부추겼다. 일제는 비행기에 '경북호', '충북호'처럼 헌납한 지역 이름을 붙이거나, '문명기호'처럼 거액을 기부한 사람의 이름을 붙이기도 했다. 광산업으로 큰돈을 번 문명기(文

애국기 '충남호'의 헌금 모집 포스터, 1930년대.

報國第一三七號
第一三八號飛行機命名式次第

日時　十一月十三日（土曜日―時雨ニ不拘）午後二時命名式開始
場所　大邱府大邱飛行場

一、開　式
一、國歌齊唱（一同起立）
一、修　祓（一同起立）
一、降　神（一同起立）
一、獻　饌
一、祝　詞（齋　主）（一同起立）
一、獻納ノ辭（獻納者代表）
一、謝　辭（海軍大臣）
一、命　名（海軍大臣）（一同起立）
一、祝辭及祝電披露（齋主、海軍大臣、獻納者代表、委員長、搭乘者代表、來賓代表）
一、玉串奉奠（代表者體拜ノ陪官該被代表者ハ其場ニテ起立體拜）
一、神符奉安
一、撤　饌
一、昇　神（一同起立）
一、壯途ヲ送ル辭
一、壯途ヲ送ル歌
一、花束贈呈
一、萬歲奉唱（參列者一同）
一、閉　式
一、飛行準備　次テ飛行作業

비행기 헌납식 식순, 1937년.

1937년 11월 13일 대구비행장에서 진행된 비행기 헌납식의 식순이다. 맨 오른쪽에 '보국 제137호, 제138호 비행기 명명식'이라는 행사 이름이 굵은 글씨로 적혀 있다.

明琦)는 1935년 10만 원으로 비행기 두 대를 사서 조선총독부에 헌납했다. 총독부는 이를 대대적으로 보도하고 그가 헌납한 비행기에 '문명기호'라는 이름을 붙였다. 문명기에게는 '애국옹', '헌납병 환자'라는 별명이 붙기도 했다.

헌납한 비행기 중에는 '가마니호'라는 희한한 이름을 단 비행기도 있었다. 그 사연은 1944년 1월 26일자 《매일신보》 기사에 등장한다.

> **평안북도 귀성군 농민 일동은 작년 가을 이래 농사를 짓는 틈틈이 가마니를 짜서 그것을 판 대금 8만 2,000원을 항공기 1대 값으로 (모아) 기무라(木村) 귀성 군수 외 일곱 명이 24일 조선군 애국부로 찾아와서 헌금했다. 헌납할 비행기 이름은 '평북 귀성 가마니호(平北龜歸叺號)'이다.**

이런 경쟁과 열기에도 결국 애국기 헌납운동은 조선인을 일본의 침략 전쟁에 동원하고, 전쟁 비용을 식민지에서 충당하기 위해 벌인 대표적인 강제 모금·동원 운동이었다. 1945년 일본이 패망할 때까지 조선에서 수백 대의 애국기가 헌납되었으며, 이는 식민지 조선인에 대한 강제 수탈의 또 다른 사례다.

경성에 가면
독립문을 꼭 보시오

일제강점기 경성의 관광 명소를 소개하는 엽서에는 '독립문'이 자주 등장했다. 왼쪽의 엽서에는 "독립문은 조선이 독립국이 되었음을 기념하여 건립된 석문"이라는 설명까지 적혀 있다. '독립'이라는 말 자체를 철저히 금기시했던 당시 상황을 생각하면 다소 의아하게 느껴진다.

게다가 독립문은 일제강점기 내내 파괴되거나 수난을 당하지도 않았다. 오히려 독립문이 손상되자 일제는 *1928년 거금 4,100원*을 들여 대대적으로 수리했으며, *1936년*에는 고적 제58호로 지정하기까지 했다. 독립문이 일본으로부터의 독립 열망을 담은 기념물이었다면 이런 일은 절대 일어나지 않았을 것이다.

그렇다면 왜 일제는 독립문을 파괴하지 않고 보존했을까? 또 엽서를 통해 경성 명소로 홍보했을까? 그 이유는 독립문이 청일전쟁을 계기로 조선이 청으로부터 독립한 것을 기념하기 위해 건립되었기 때문이다. 이는 독립문이 세워진 위치를 보면 쉽게 알 수 있는데, 독립문은 청나라 사신을 맞이하던 영은문을 헐고 그 옆에 세운 것이다. 또 *1896년 11월 21일* 독립문 정초식 때 배재학당 학생들이

독립문 사진을 실은 엽서, 일제강점기.

독립문을 경성의 명소로 소개하는 엽서들, 일제강점기.

부른 〈독립가〉 가사에도 "이백여 년 병자지치(丙子之恥, 병자호란의 치욕) 오늘에야 씻는구나"라고 하여 청으로부터의 독립을 기념한 것임을 분명히 알 수 있다.

독립문은 애초에 일본에게 유익한 상징물이었다. 이 문을 통해 일본이 청과 피 흘려 싸우면서 조선의 독립을 도왔다는 메시지를 강조할 수 있을뿐더러, 조선인들에게 일본의 '은혜'를 과시할 수도 있었기 때문이다.

오늘날 시각에서 이해하기 어렵지만, 청으로부터 독립하는 과정에서 도움을 주었으니 일본은 고마운 나라라는 인식은 독립문 건립 당시는 말할 것도 없고 그 이후에도 상당 기간 이어졌다. 하지만 시간이 흐르면서 이런 인식에 점차 균열이 생기기 시작했다. 3·1운동 당시 누군가가 14미터가 넘는 독립문 꼭대기에 태극기를 꽂은 사건은 그 변화를 극적으로 보여주는 장면이다. 이렇게 한국인들은 청으로부터의 독립을 기념하기 위해 만들어진 이 독립문을 일본으로부터의 독립을 희망하는 상징물로 바꿔 버렸다.

왜귀는 철차 타고 몰려든다

〈내지인 집단지 분포도〉라는 제목의 지도는 정확한 제작 시기나 제작자를 알 수 없지만, 철도망이 갖춰진 조선의 주요 도시와 항구에 일본인들의 집단 거주지가 형성되었음을 잘 보여 준다. 범례에 따르면 일본인 1만 명 이상, 5,000명 이상, 1,000명 이상, 500명 이상, 300명 이상, 100명 이상 거주 지역을 구분해 표시했는데, 일본인 1만 명 이상이 거주한 도시로는 경성, 평양, 인천, 부산, 대구가 있고, 5,000명 이상이 모여 산 도시로는 마산, 군산, 목포, 진남포, 신의주, 원산, 청진, 나남 등이 있다.

이러한 분포는 철도망의 확장과 밀접한 관련이 있다. 대한제국기인 1899년 경인선이 최초로 개통된 이후, 1905년 경부선, 1906년 경의선을 비롯해 일제강점기 들어서도 수많은 철도가 부설되면서 1930년경에는 전국에 거미줄처럼 철도가 깔렸다. 철도는 일제 침략과 수탈의 대표적 상징이었다. 일제는 철도 부설 과정에서 토지와 노동력을 수탈했으며, 완공된 철도를 통해 조선의 쌀과 면화 등의 물자를 일본으로 반출했다. 철도는 전시에는 대륙 침략을 위한 통로 역할도 했다.

내지인 집단지 분포도, 일제강점기.

내지인 집단지 분포도 부분 확대, 일제강점기.

철도는 도시의 운명을 바꾸기도 했다. 충주와 상주처럼 철도가 지나지 않는 도시들은 점차 쇠퇴한 반면, 경부선과 호남선이 갈라지는 지점에 위치한 대전은 이름 없는 시골에서 대도시로 성장했다.

조선에 이주해 온 일본인들은 주로 역 주변에 정착했다. 교통이 편리한 것은 물론, 역이 기존 도심 외곽이나 아예 신설 지역에 건설된 경우가 많았기 때문에, 구도심에서 조선인들과 부딪히며 살아가는 것보다 새롭게 형성된 공간에서 정착하는 것이 유리했기 때문이다. 일제 초기에 유행한 "양귀(서양인)는 화륜선(증기선)을 타고 오고, 왜귀(일본인)는 철차(기차)를 타고 몰려든다"라는 말은 이러한 상황을 상징적으로 표현하고 있다.

조선으로 이주한 일본인들은 대체로 일본인들끼리 모여 사는 것을 선호했다. 이로 인해 각 도시마다 크고 작은 일본인촌이 형성되었다. 미국 로스앤젤레스의 '코리아타운'에선 영어를 몰라도 불편함 없이 살 수 있는 것처럼, 일본인촌에만 살면 일상생활에 큰 불편이 없었을 것이다. 그렇게 모여 살던 일본인 중에는 해방 당시 태극기를 흔들며 만세를 외치는 조선인들을 보고 "조선 사람이 저렇게 많았어?"라며 놀라는 사람들도 있었다고 한다.

세말 동정주간과
기생 김진향의 미담

現下大東亞共榮圏建設途上に於ける我國民の責務愈々重大なるに鑑み益々同胞相愛隣保相扶の精神を強調し銃後國民生活の安定保健の向上に資し聖業完遂上其の負荷せる責務の一端を果さしむる爲本週間を設定することと致しました次第でありますから右趣旨御賛同の上進んで御援助を切望致します

期　間　自十二月十八日 至十二月廿四日　一週間

取扱場所　府(郡廳) 邑(面)事務所

◎ 募集袋を御手許に配布致しますから御封入の上最寄の取扱場所に御差出下さい

主催　財團法人忠清南道社會事業協會

後援　忠　清　南　道
　　　國民總力忠清南道聯盟
　　　日本赤十字社忠清南道支部
　　　大日本婦人會忠清南道支部

충청남도 제8회
세말 동정주간 실시 관련
전단지, 1940년대.

第八回歲末同情週間『實施に就て』

一、歲末同情週間は歲末に直面して飢と寒さに戰く不幸な人々に溫き同情の手を差延べ聊か慰問の途を講ずることを目的とするのであります

二、特に本年は旱水害に依る農作物の減收と諸物價騰貴の

'동정(同情)'은 남의 어려운 처지를 자기 일처럼 가엽게 여기고 이해하며, 정신적으로나 물질적으로 도움을 주는 것을 말한다. 원래는 부정적인 의미가 아니었는데, 오늘날에는 그리 긍정적인 표현으로 쓰이지 않는다. "동정하지 마"나 "나를 동정하는 거냐" 같은 말에서 보이듯, 동정은 종종 자신을 무시하는 것으로 받아들여진다.

일제강점기, 특히 1930년대에는 오늘날의 '불우이웃돕기'와 유사한 운동이 연말에 전개되었다. 그 이름은 '세말 동정주간'이었다. '세말(歲末)'은 연말을 뜻하며, '세말 동정주간'은 연말 1주일간 가난한 이들에게 동정을 베풀자는 취지의 운동이었다. 실제로 당시에는 추운 겨울을 견디지 못하고 굶어 죽거나 얼어 죽는 가난한 이들이 많았다. 이들을 '궁민(窮民)' 또는 '세궁민(細窮民)'이라고 불렀다.

세말 동정주간이 되면 사람들은 면사무소 등에서 미리 나눠 준 '동정 봉투(同情袋)'에 돈을 담거나 물품을 준비해 관할 관공서에 납부했다. 이 기간에는 다양한 미담들이 언론에 보도되었다. 1935년 12월 25일자 《조선일보》에 실린 기생 김진향의 이야기도 그중 하나다. 아래 글은 〈일주간 화대 육십 원을 동정주간에 제공, 기특한 기생 김진향〉이라는 기사를 현대어로 정리한 것이다.

추위와 굶주림에 떨고 우는 가엾은 이들에게 다만 한 끼의 밥이라도 나누어 달라고 일주일 동안 받은 행하(行下, 팁)를 경찰서 보안계로 가져온 마음씨 고운 기생이 있다. 부내 조선권번 기생 김진향은 23일 오후 종로경찰서 보안계에 찾아와 "길거리에서 입지도 못하고 먹지도 못하고 요새같이 추운 날에 떨고 있는 사람들을 볼 때마다 마음이 찢어지는 듯합니다. 얼마 되지 않는 것이지만 이 돈은 일주일 동안 밤마다 새벽까지 술자리에 나가 받은 행하입니다. 한 그릇이나마 따뜻한 밥을 그들에게 나누어 주시오" 하고 정성 들여 쓴 편지 한 장과 현금 65원 32전을 내놓고 갔으므로, 이 경찰서에서는 그의 고운 마음을 칭찬하는 한편 적당히 이 돈을 처치하기로 했다 한다.

김동인의 소설
〈고구마〉?

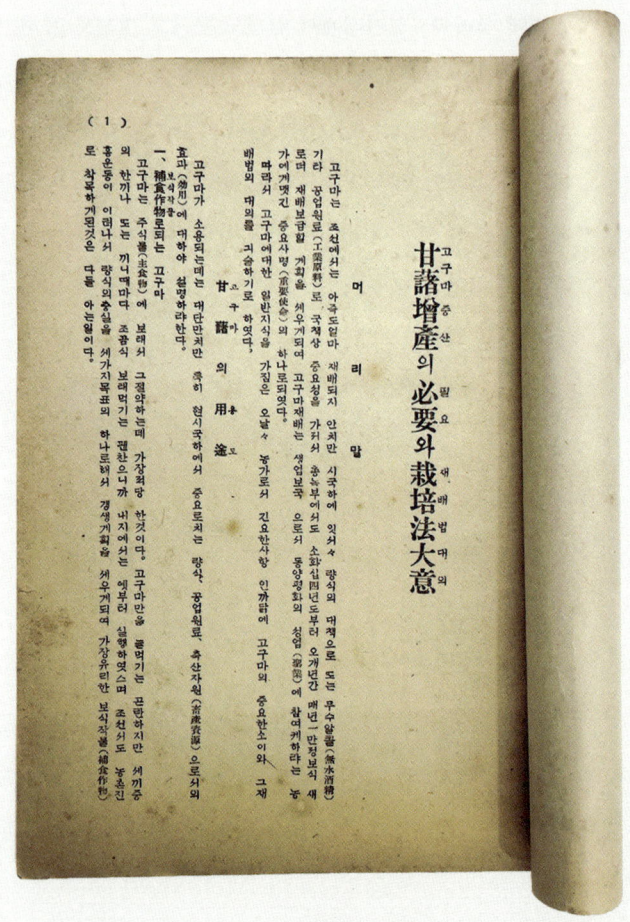

《자력갱생휘보》 감자 특집호 첫 쪽에 실린 〈감자 증산의 필요와 재배법 대의〉, 1939년.
'감저'라는 한자 옆에 한글로 '고구마'라고 쓰여 있다.

가을이 되었다. 칠성문 밖 빈민굴의 여인들은 가을이 되면 칠성문 밖에 있는 지나인(중국인)의 채마밭에 감자며 배추를 도둑질하려 밤에 바구니를 가지고 간다. 복녀도 감자깨나 잘 도둑질하여 왔다.

1925년 《조선문단》에 실린 김동인 소설 〈감자〉는 이렇게 시작한다. 그런데 이상하다. 가을에 감자라니. 보통 감자는 6월경 수확하는 작물이다. 가을에 감자가 등장한 이유는 김동인이 소설을 쓰던 당시에는 흥미롭게도 고구마를 '감자(甘藷, 감저)'라고 불렀기 때문이다. 18세기 후반 일본에서 도입될 때부터 그랬다. 강필리의 《감자보(甘藷譜)》(1766), 김장순의 《감자신보(甘藷新譜)》(1813)도 책 제목과 달리 고구마 재배 안내서다. 감자는 따로 '마령서(馬鈴薯)'로 불렸다. 말 방울처럼 생겼다 해서 붙은 이름이다.

그런데 1930년대 들어 '고구마'라는 말이 이 언어 질서에 균열을 내기 시작했다. 고구마는 1763년 조엄(趙曮)이 쓰시마섬(対馬島)에서 처음 조선에 들여왔을 때 '고귀위마(古貴爲麻)'라는 이름으로 이미 소개되었다.* 그런데 1930년대부터 갑자기 이 말이 생명력을 얻더니 급기야 '감자'의 자리를 차지해 버렸다. 밀려난 '감자'는 '마령서'의 자리로 옮겨갔다. 굴러온 돌이 박힌 돌을 빼낸 셈이다.

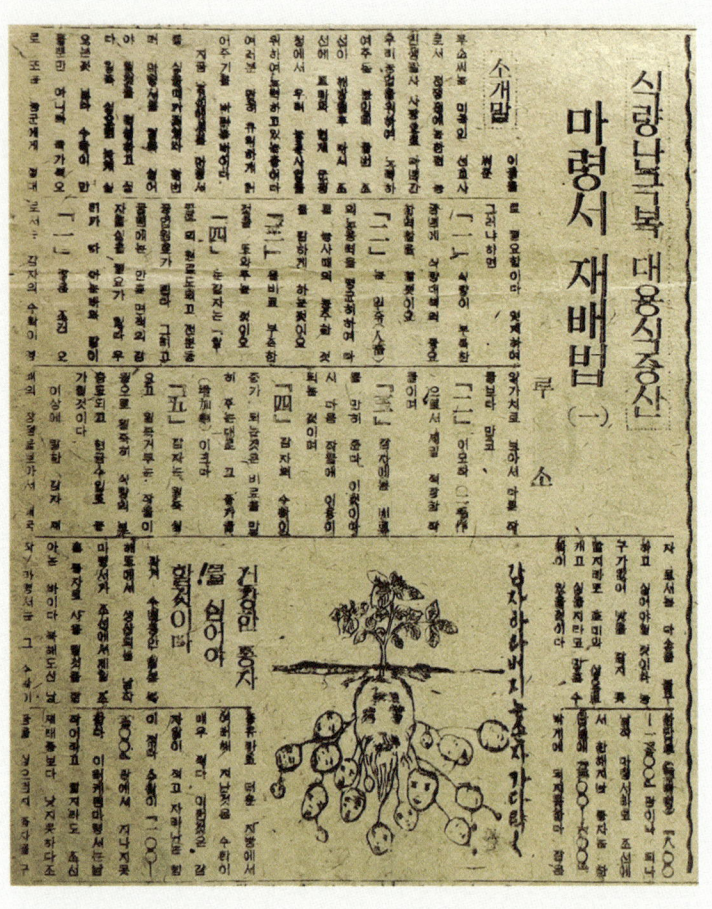

《농민주보》,〈식량난 극복을 위한 마령서 재배법〉, 1946년 3월 26일자.

김동인도 이런 혼란을 눈치챘을 것이다. 1925년 잡지에 실었던 〈감자〉를 1935년 단행본으로 출간할 때, 소설 내용을 약간 수정했다. 이전에 '감자'라고 썼던 것을 '감자(고구마)'로 표기하여 독자들의 혼란을 줄이고자 한 것이다. 미군정기에 나온 1946년 3월 26일자 《농민주보》 3면에 실린 기사도 흥미롭다. 기사 제목은 '식량난 극복을 위한 마령서 재배법'이라고 했는데, 삽화 제목은 '감자 할아버지는 손자가 다락다락'이라고 달았다.

이런 과도기를 거치고 나서야 지금과 같은 언어 질서가 자리 잡았다. 하지만 제주도 등 일부 지역에서는 옛 명칭의 흔적이 남아 있다.[**]

---

[*] 쓰시마섬 사람들은 당시 고구마를 '효도할 수 있게 해주는 작물'이라 하여 '효행우(孝行芋)'라고 불렀다고 한다. 일본어로는 '고코이모'라고 발음하는데, 조엄은 《해사일기》에 이를 '고귀위마'로 기록했다.

[**] 제주도에서는 지금도 고구마를 감자라고 부르고, 감자는 지슬이라는 별도의 이름으로 부른다.

"아니오,
난 개새끼요!"

1921년 주시경의 제자들이 중심이 되어 한글 연구를 목적으로 하는 조선어연구회를 조직했다. 이 단체는 1931년 조선어학회로 개편되었다. 조선어학회는 한글 연구와 더불어 강습회를 통해 한글 보급에 힘썼으며, 한글날의 시초가 된 가갸날을 제정하고, 《한글》이란 잡지를 간행해 연구 성과를 발표하는 등 활발한 활동을 전개했다.

조선어학회의 가장 큰 성과는 '한글 맞춤법 통일안'과 '표준어'의 제정이었다. 1933년 조선어학회는 먼저 '한글 맞춤법 통일안'을 제정·공포했다. 그런데 맞춤법을 적용하려면 그 대상인 말을 먼저 정리해야 했다. 당시 우리말은 지역과 계층에 따라 다양하게 사용되고 있었으므로, 그중 하나를 표준말로 정하지 않고서는 모처럼 제정한 맞춤법 통일안을 적용하기 어려운 상황이었다. 예를 들면 당시 곤충인 잠자리를 부르는 말이 무려 24개가 넘었다. 그래서 조선어학회는 맞춤법 통일안 제정에 이어 바로 표준어 제정 작업에 나섰다.

표준어 제정 당시 웃지 못할 일화들이 많다. '강아지'와 '개새끼' 중 어느 것을 표준어로 삼을지 논의하던 사정 회

《조선어 표준말 모음》, 조선어학회 간행, 1936년.

《조선어 표준말 모음》 50, 51쪽.
오른쪽 페이지 첫 줄의 오른쪽에서 두 번째에 '강아지/강생이/개아지'라고 적혀 있다.

의에서 있었던 일이다. 사정위원 간 의견이 팽팽하자 다수결로 정하기로 했다. 의장이 "먼저 강아지부터 손을 드십시오"라고 하자 몇몇이 손을 들었다. 이어 의장이 "다음은 개새끼 손 드세요"라고 하자 나머지 사람들이 손을 들었다. 이때 어느 쪽이었는지 명확하지 않은 '이 선생'에게 의장이 다시 물었다. "이 선생은 강아지죠?" 그러자 이 선생은 "아니오, 난 개새끼요!"라고 대답했고, 그 순간 회의장은 한바탕 폭소가 쏟아졌다. 결국 이 논란은 '강아지'가 최종 표준어로 채택되며 마무리되었다. 이 일화는 1936년 8월 4일자 《동아일보》에 실린 실화다.

표준어 제정 당시 '엉덩이'와 '궁둥이'의 차이를 구분하기 위해 바지를 내려가며 실험을 했다는 일화도 잘 알려져 있다. 많은 사람이 궁둥이를 엉덩이의 방언쯤으로 알고 있지만, 궁둥이와 엉덩이 모두 표준어다. 조선어학회가 1936년에 간행한 《조선어 표준말 모음》 75쪽에는 '궁둥이'와 '엉덩이'가 나란히 수록되어 있다. 설명을 보면 '궁둥이'는 볼기를 뜻하는 '둔(臀)'으로 표기했고, '엉덩이'는 따로 '둔 상부'라고 구분했다. 이 책을 한 장 한 장 넘기다 보면 표준어 제정을 위해 치열한 논쟁을 벌인 조선어학회 학자들의 땀과 노력이 고스란히 전해 온다.

조선어와 일본어,
무엇이 국어인가?

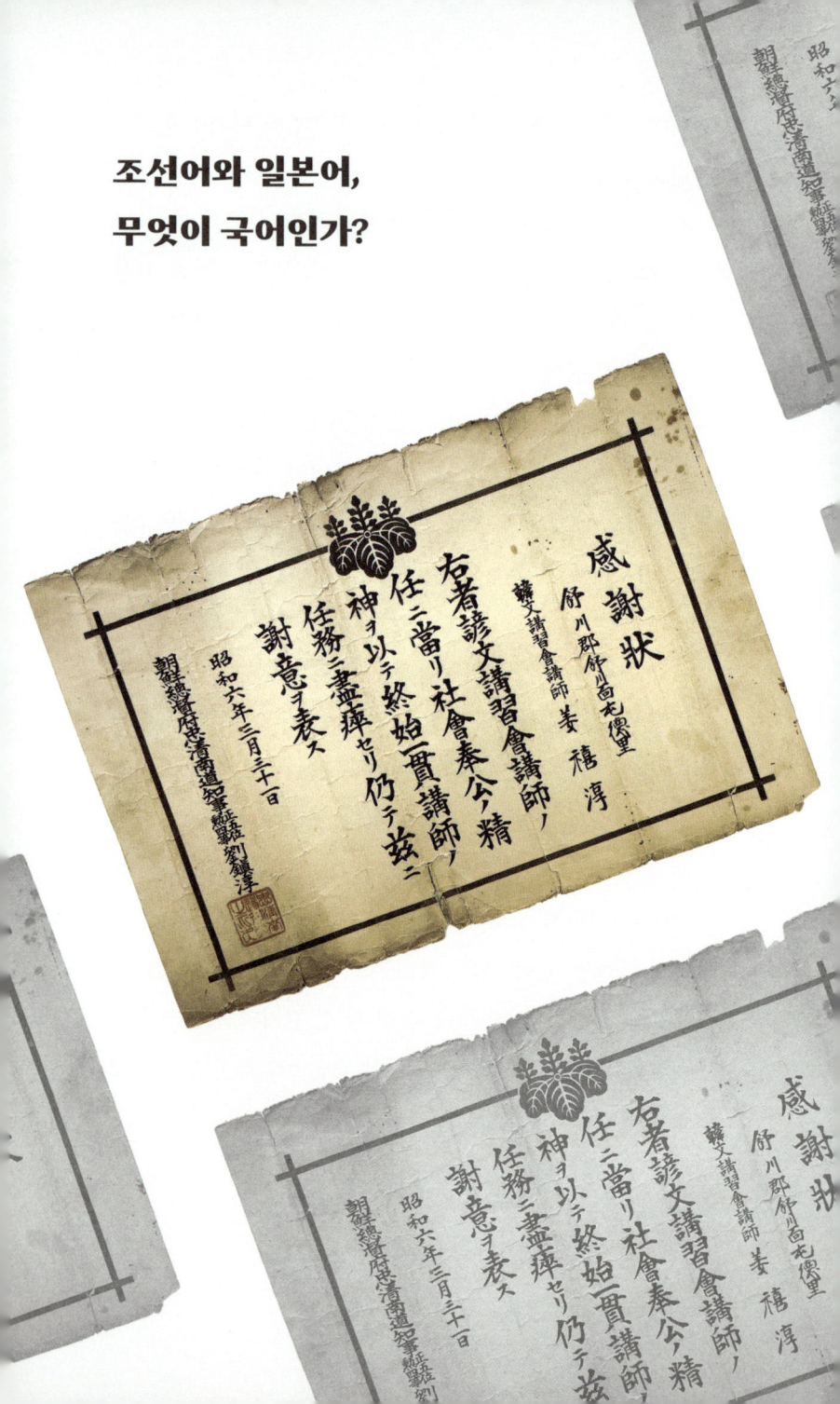

일제강점기 조선어 사용이 금지되었을까? 반은 맞고 반은 틀린 말이다. 식민 통치 초기 일제는 조선어와 일본어 병용정책을 추진했다. 즉 일본어를 공용어로 삼되, 가정 등 일상생활에서 쓰는 생활어로 조선어 사용을 허용했다. 학교에서도 조선어를 가르쳤다.

1910년대에는 제1차 조선교육령에 따라 '조선어 및 한문(朝鮮語及漢文)'이라는 과목에서 조선어와 한문을 통합해 가르쳤고, 1922년 제2차 조선교육령에서는 '조선어'를 독립 과목으로 분리해 필수 과목으로 가르쳤다. 이처럼 조선어는 교육과 사회 전반에서 일정 부분 인정되었으며, 이는 조선어연구회(조선어학회)가 한글을 연구하고 보급할 수 있었던 배경이기도 하다. 1931년 충남 도지사가 언문강습회 강사 강희순에게 감사장을 수여한 사실도, 당시 조선어 교육이 제도권 안에서 운영되고 있었음을 보여 준다.

하지만 1937년 중일전쟁이 발발하자 상황은 급변했다. 일본은 내선일체라는 구호 아래 기존의 조선어·일본어 병용정책을 폐기하고, '국어(일본어)' 상용 정책으로 전환했

**충청남도 도지사가 언문강습회 활동에 대해
강희순에게 수여한 감사장, 1931년.**

 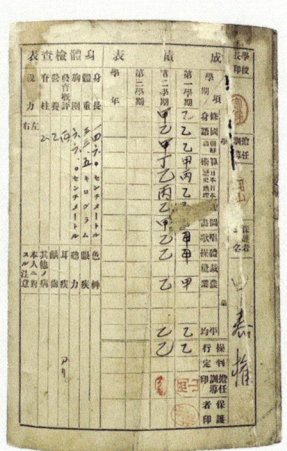 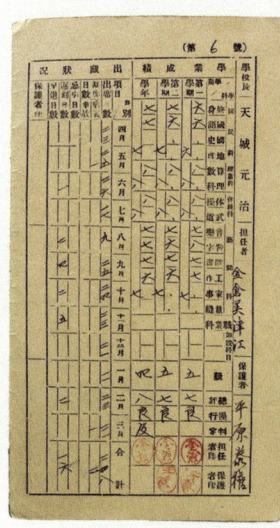

조선어 교과목의 변천을 보여 주는 통지표.
왼쪽은 진천공립보통학교를 다닌 신태권의 1916년 통신표로 〈국어(일본어)〉와 〈조(선)어 급(及) 한문〉이 보인다. 가운데는 신태권의 아들 신익균의 1932년 진천공립보통학교 성적표로 〈국어(일본어)〉와 함께 〈조선어〉 과목이 있다. 오른쪽은 신태권의 딸 평원청자(창씨명)의 1942년 진천공립국민학교 성적표로 조선어 과목은 사라졌고, 〈국어(일본어)〉만 남았다.

다. 국어인 일본어를 일상적 공용어로 정착시키겠다는 것이었다. 이에 따라 1938년 제3차 조선교육령에서 '조선어'를 필수과목에서 수의(隨意, 선택) 과목으로 바꾸더니, 1943년 제4차 조선교육령에서는 아예 '조선어' 과목을 폐지해 버렸다.

또 조선어학회가 주관하던 한글 강습회 등 대중 교육 사업을 전면 금지하고, 일본어의 일상적 사용을 강제하기 위해 국어전해운동(國語全解運動), 국어상용운동(國語常用運動)을 본격화했다. 이 운동에 따라, 일본어를 쓰지 않고 조선어를 사용할 경우 벌금을 물게 했다. 은행, 우체국, 학교, 대형 상점 등 주요 공공시설에서는 일본어 사용이 의무화되었으며, 전국 각지에는 '국어(일본어) 강습소'가 설치되었다. 이런 폭압적인 '국어상용정책'은 해방 후 진짜 '국어(한국어)' 교육에 커다란 문제를 불러오게 된다(5장의 '기억니은 배워서 새 나라를 세우자' 참조).

일본어만 쓰라 할 땐
언제고…

고-고쿠심민노세이시

一. 와레라와. 고-고쿠、심민나리.
쥬세이이. 못데、궁고쿠니. 호쟁

二. 와레라. 고-고쿠. 심밍와
다가이니、싱아이、교료쿠시
못데. 당게쓰오、가다쿠셍

三. 와레라. 고-고쿠심밍와. 닝쿠안렝、지가라오. 야시나이
못데. 고-도오. 셍요셍

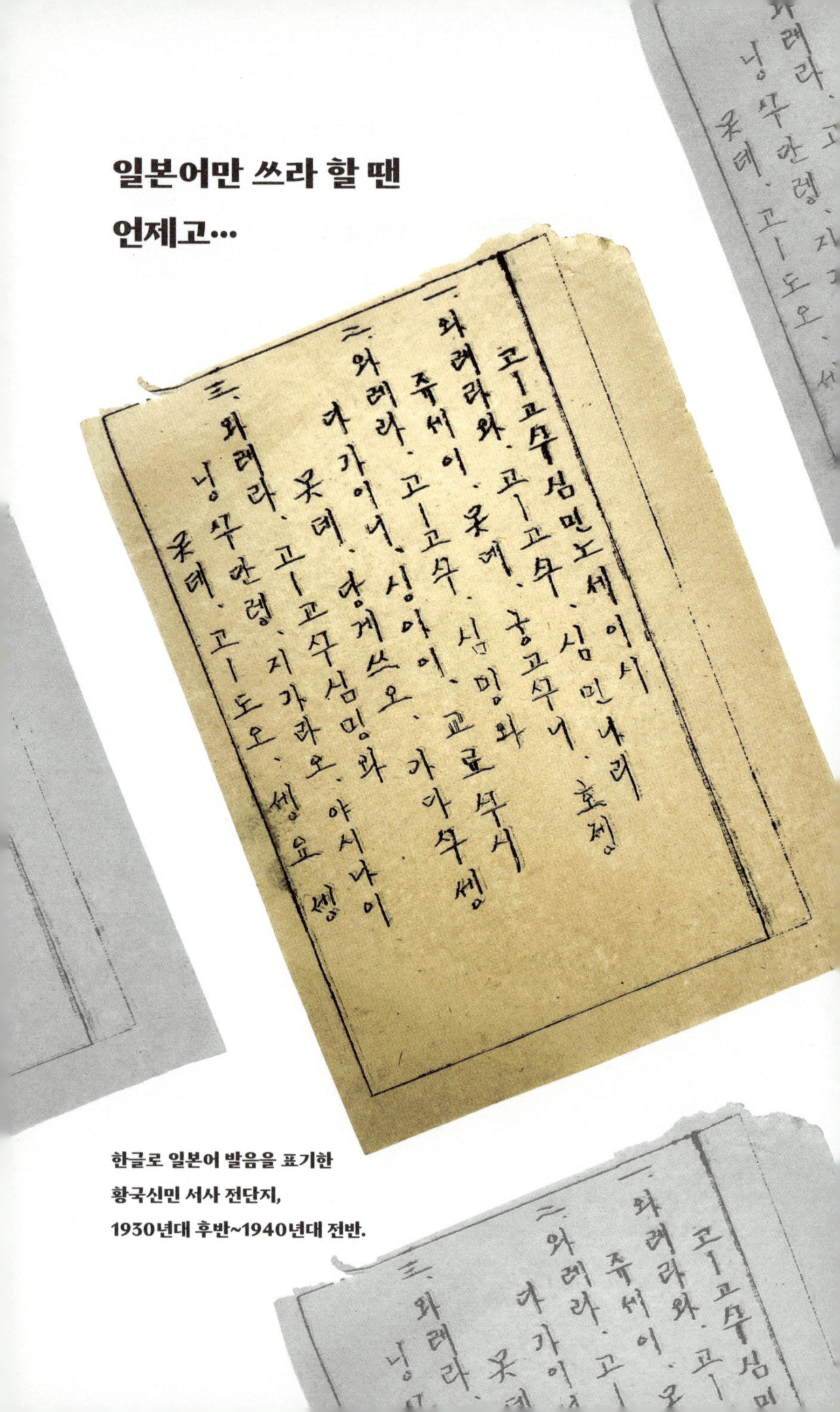

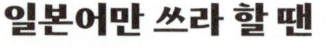

한글로 일본어 발음을 표기한
황국신민 서사 전단지,
1930년대 후반~1940년대 전반.

1937년 중일전쟁 발발 이후 일제는 조선에서 민족 말살 통치를 본격화했다. 그 일환으로 조선어 사용을 금지하고, '국어 상용'이라는 구호 아래 관공서와 학교는 물론 가정에서도 일본어 사용을 강제했다. 학교에서 조선어를 사용하면 체벌이나 정학 등의 징계를 받았고, 일반인도 조선어를 사용하면 불온분자로 몰려 경찰에 잡혀가기까지 했다.

이와 함께 일제는 모든 조선인에게 '황국신민 서사(皇國臣民誓詞)'의 암송을 강요했다. 이는 1937년 10월 제정된 천황과 일본 제국에 대한 충성맹세문이다. 국민총력조선연맹의 한 지부에서는 '황국신민 서사' 전단지를 만들어 배포했는데, 흥미롭게도 일본어가 아니라 일본어 발음을 한글로 적어 놓았다.

'국어 상용'을 외치며 조선어 사용을 금지하고 억압하던 시대 상황과 맞지 않는다. 조선인들에게 황국신민 서사를 암송하게는 해야 하는데, 일본어를 모르는 조선인이 여전히 존재하고 있으니, 뜻은 몰라도 발음만이라도 따라 외울 수 있도록 한글로 적어 둔 것이다. 사용하지 말라고 한 조선어를 빌려 황국신민 서사를 암송하게 했다니, 세상은 참으로 모순되고 부조리한 일투성이다.

건국 체조에서 황국신민 체조까지

황국신민 체조 장면을 담은 엽서, 조선교육회 발행, 1930년대 후반~1940년대 전반.

1931년 만주사변 이후 수립된 만주국은 국민 동원 체제를 확립하기 위해 '건국 체조'를 만들어 보급했다. 이 체조는 국민의 신체를 단련하고 국가에 대한 충성심을 함양한다는 명분 아래 시행되었으며, 이후 대한민국의 '재건 체조'로 계승된다. 1961년 쿠데타로 집권한 박정희는 만주군관학교 시절 경험했던 건국 체조를 그대로 수용해 재건 체조로 재탄생시켰다. 그는 국가주의 프로젝트의 일환으로 재건국민운동을 추진하면서 전국 학교와 직장 등에 재건 체조를 보급했다. 재건 체조는 이후 '새마을 체조', '국민 체조', '새천년 체조' 등으로 변용되면서 지금까지 이어지고 있다.

한편, 일제강점기에는 '황국신민 체조'(이하 황국 체조)라는 것도 있었다. 중일전쟁이 발발한 1937년 이후 조선총독부는 조선인의 몸과 마음을 모두 일본 천황에 복속시키기 위한 정책을 추진하며 황국신민 서사 암송과 함께 황국 체조를 강제로 시행했다. 일본 무사도 정신을 본떠 심신을 단련하고 황국신민다운 신념을 체득하기 위한 것이라는 취지를 내세웠다. 체조의 내용은 전시 체제하에서 전쟁을 수행할 수 있는 검술의 기본동작으로 구성되어 있었다. 조선총독부는 황국 체조를 전국에 확산하기 위해 '황국 체조의 날'을 지정하고, 학교, 관청, 공장, 광산 등에서 강습회를 개최했다.

그동안 황국신민 서사 암송 장면으로 알려진 사진.
실제는 황국신민 체조 행사 중 '진혼의 정신통일' 장면이다.

흥미로운 사실은 현재 거의 모든 역사 교과서에 '황국신민 서사 암송 장면'으로 수록된 사진이 실제로는 황국 체조 장면이라는 점이다. 일장기 머리띠를 두르고, 눈을 감고 두 손을 모아 선 학생들의 경건한 모습이 담긴 이 사진은 '황국신민 서사' 하면 떠오를 정도로 널리 알려져 있다.

2023년 역사학자 최규진이 발굴한 《매신 사진순보》 제280호(1942년 3월 21일자)에 따르면, 해당 사진은 '황국 체조'의 한 장면을 포착한 것이다. 보도에 따르면 황국 체조는 매일 아침 이뤄지는 수양 행사로, 단순한 체조에 그치지 않고 다음과 같은 순서로 진행되었다.

> **북을 쳐서 모이라고 신호하기**
> **일장기 게양하기**
> **황국 체조 실시**
> **'일상정신 10개조' 낭독 및 전원 제창**
> **진혼(鎭魂)의 정신통일**
> **천황폐하 만세 삼창**

해당 사진 아래에는 '진혼의 정신통일'이라는 설명이 붙어 있다. 옛 자료를 수집하고 살피는 것이 얼마나 중요한 일인지 새삼스레 깨닫게 하는 사례다.

국기 밑에서
나는 죽으리

조선교육회 편, 《예의범절의 책(お行儀の本)》 제3학년, 1941년.

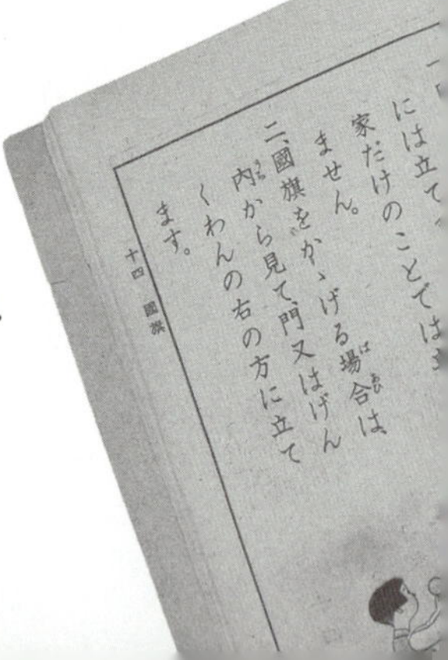

일제강점기 학교에서 신성하게 여긴 장소는 봉안전과 국기 게양대였다. 봉안전(奉安殿)은 일본 천황의 초상과 교육칙어(教育勅語)*를 보관한 공간으로, 학생들은 그 앞을 지날 때마다 세 번 손바닥을 치며 절하며 예를 표해야 했다. 천황 숭배와 일본에 대한 충성심을 내면화하기 위한 것이었다.

국기 게양대 역시 마찬가지였다. 일제는 일본의 상징 '히노마루(日の丸)'에 예를 올리게 함으로써 학생들을 충성스러운 일본 신민으로 양성하고자 했다. 당시 초등학교 수신(修身) 교과서의 첫 번째 단원이 국기에 대한 내용이었을 만큼 국기에 대한 교육을 중요시했다.

국기 게양대가 지닌 상징성을 보여 주는 극적인 사례가 있다. 1939년 충청북도 청주에서 마을 구장(里長)으로 일하던 70대 노인 이원하. 중병으로 병석에 누워 있던 그가 어느 날 밤 갑자기 사라졌다. 다음 날 새벽, 그는 집에서 200미터 떨어진 국기 게양대 아래에서 싸늘한 주검으로 발견되었다. 놀랍게도 그는 일본 천황이 있는 동쪽을 향해 엎드린 채 절을 올리는 자세로 숨져 있었다. 일각에서는 가정불화로 인분통을 터뜨리다 밤중에 집을 나가 공터에서 쓰러져 죽은 거라는 주장도 있었지만, '천황이 있는 곳을 향해

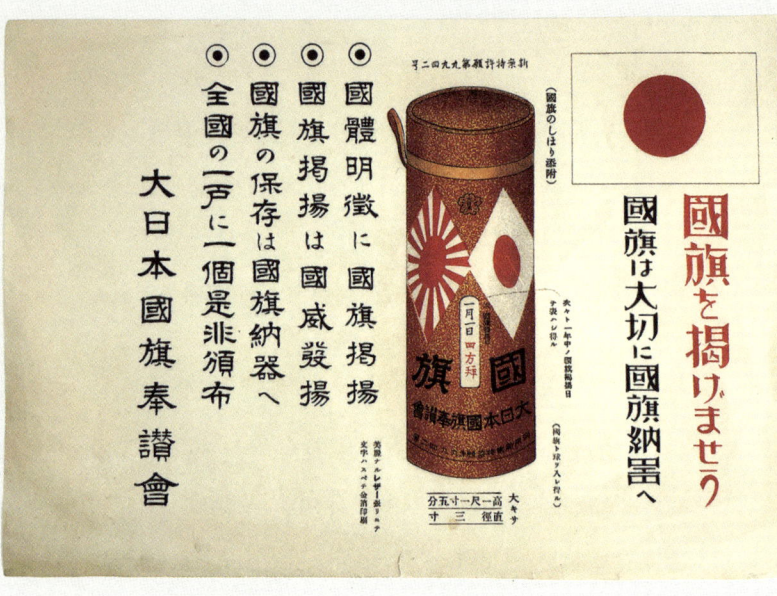

대일본국기봉찬회에서 제작한 전단, 일제강점기.
국기게양일에 반드시 국기를 게양할 것과 규격에 맞는 용기에 국기를 잘 보관할 것을 강조하고 있다.

엎드려 숨진 노인'이라는 죽음의 상징성은, 다른 가능성이나 해석을 허용하지 않았다.

이원하는 곧바로 조선총독부의 주목을 받았고, '내선일체'를 구현한 이상적인 '애국 노인'으로 미화되었다. 이후 그의 죽음을 찬양하는 신문 기사들이 연일 보도되었으며, 교과서에도 수록되었다. 그가 숨진 국기 게양대는 '성지'처럼 숭배되었고, 학생들이 참배하러 오기도 했으며, 기념비까지 세워졌다. 이원하의 이야기는 선전영화로도 제작되었는데, 제목은 다름 아닌 '국기 밑에서 나는 죽으리'였다.

식민지 조선에는 서로 다른 두 명의 '애국 노인'이 존재했다. *1919년 9월*, 새로 부임하는 사이토 총독을 향해 폭탄을 던지고 순국한 *65세 강우규*와 *1939년 국기 게양대 아래서 천황을 향해 절한 채 숨진 74세 이원하*. 한 사람은 조선의 독립을 위해 목숨을 바쳤고, 다른 한 사람은 제국에 대한 충성을 죽음으로 증명했다.

---

* 일본 국가 교육의 기본 이념을 담은 훈시문으로, 1890년 메이지 천황이 발표했다. 부모에 대한 효도, 국가에 대한 충성, 형제간 우애, 법률 준수 등 도덕과 충군애국(忠君愛國)을 강조하며, 천황과 국가에 절대적 충성을 요구하는 내용이다. 일제강점기 조선의 학교에서도 교육칙어를 암송하게 했다.

육군특별지원병 지원 열풍

육군특별지원병으로 출전하는 청년을 환송하는 사진, 1930년대 후반.

사진 속 청년은 '지원병'이라고 쓴 어깨띠를 두르고 있다. 그가 든 일장기에는 '국민총력대산연맹'이라는 글씨가 쓰여 있다. '대산'은 당시 전국에 워낙 흔한 지명이어서 정확한 지역은 알 수 없지만, 사진이 육군특별지원병으로 출전하는 청년을 환송하는 장면이라는 점은 확실하다.

1937년 중일전쟁이 발발하자 일제는 식민지 조선인들을 전쟁에 동원하고자 했다. 일본인만으로는 확대되는 전선을 감당하기 어려웠기 때문이다. 이에 따라 1938년 2월 22일 조선총독부는 칙령 제95호로 '육군특별지원병령'을 공포했고, 같은 해 3월 칙령 제156호로 '조선총독부 육군병지원자훈련소 관제'를 제정했다. 당시 총독부가 제시한 지원병 자격 조건은 다음과 같았다.

만 17세 이상, 키 155센티미터 이상, 소학교 졸업 혹은 그 이상의 학력에 사상이 견고하고 강건하며, 금고 이상의 형을 받지 않은 자로, 입대해도 일가 생계에 지장이 없는 자

지원병 모집 소식이 알려지자 친일 인사들은 "조선인이 일본인과 동등하게 천황을 위해 총을 들고 싸울 수 있는 기회"라고 열광하면서 조선 청년들의 지원병 지원을 독려했다. 이는 예상할 수 있는 반응이었다. 하지만 당혹스러운 사

특별지원병 청년들의 사진, 1944년.

실은 실제로 수많은 식민지 조선 청년이 지원병 모집에 호응하며 입대했다는 점이다. 조선총독부의 통계에 따르면, 해를 거듭할수록 경쟁률이 높아졌고, 지원병 모집은 열풍이 되어 식민지 조선을 휩쓸었다. 시행 첫해인 *1938년*에 *400명* 모집에 *2,900명*이 지원하여 *7.3:1*의 경쟁률을 보이더니, *1939년 20.5:1, 1940년 28.1:1, 1941년 48.2:1, 1942년 56.5:1, 1943년 56.9:1*로 해마다 경쟁률이 급증했다.

그렇다면 왜 이토록 많은 청년이 자원입대하려 했을까? 지원병으로 얻을 수 있는 경제적·사회적 혜택이 컸기 때문이다. 먼저 지원병 가족에게 경제적 혜택과 자금 융통 기회가 제공되어 생계가 어려운 청년들이 지원했다. 또 복무를 마친 이들에게 경찰서나 소방서 등 관공서에 채용될 기회가 주어져 사회적 신분 상승의 기회로도 받아들여졌다.

당대 조선인들이 모두 친일파이거나 독립운동가였던 것은 아니다. 대다수가 그 중간에서 때로는 시국을 활용하고 때로는 한탄하면서 살아갔다. 지금과 마찬가지로 그때도 세상을 선악의 이분법으로만 볼 수 없는 측면이 있다. 그런 점에서 지원병으로 나선 조선 청년들도 마찬가지다. 그들이 독립운동가는 아니었지만, 그렇다고 모두를 친일파라고 단정 지을 수도 없는 이유다.

10년 후에
다시 만날 동무

아홉 청년이 비장한 표정으로 사진을 찍었다. '10년 후 다시 만날 동무'라는 문구와 함께 '1951. 1. 5.'이라는 날짜가 적혀 있다. 그러나 이 날짜는 사진을 찍은 날이 아니었다. 그들이 다시 만나기로 약속한 10년 후의 날짜였다.

사진을 찍은 그날은 1941년 1월 5일, 지원병으로 전선에 나가는 조선 청년들이었다. 출발 전 그들은 경성역 군인 대합실에서 마지막 기념사진을 찍고, 각자 한 장씩 나누어 가졌다. 살아서 돌아올 수 있을지 모르는 상황에서 불안감을 감춘 채, 꼭 10년 뒤 다시 만나자는 다짐을 사진에 새겨 넣었다.

당시는 중일전쟁이 발발한 지 4년째 되는 해였으므로, 이들은 중국이나 동남아 전선으로 파병되었을 가능성이 크다. 이들의 입대 동기를 알 수 없듯 행방 역시 알 수 없고, 생사조차 확인할 길이 없다. 다만 사진 뒷면에 적힌 이름들 가운데 '김국현'이란 이름 위에만 '16년 순직'이라는 메모가 남아 있다. 김국현은 쇼와 16년, 즉 1941년에 어딘가에서 전사한 것이다. 친구들과의 약속을 끝내 지키지 못한 채로.

'10년 후에 다시 만날 동무' 사진, 1941년.

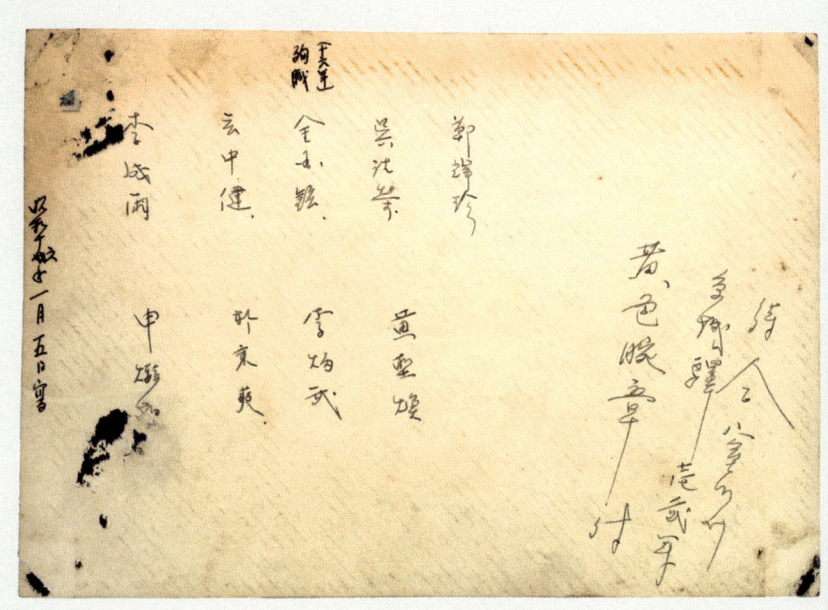

청년들의 이름과 날짜, 촬영 장소가 적힌 사진 뒷면, 1941년.
윗줄 왼쪽부터 정휘진, 오우영, 김국현, 현중건, 이성우이고, 아랫줄 왼쪽부터 황성환, 이병무, 박병석, 신혁○이다. '경성역 1·2군 대합실(京城驛 壹貳軍 待合室)'이라는 장소와 '쇼와 16년(1941) 1월 5일'이라는 날짜를 써 놓았다.

중일전쟁, 민족말살통치, 지원병, 죽음에 대한 두려움, 그리고 전우애. 이 작은 사진 한 장에 담긴 어두운 역사의 장면들이다. 그 시대의 무게가 청년들의 앳된 얼굴과 대비되어 더욱 슬프고 애처롭다.

김국현을 제외한 다른 청년들은 이후 어떻게 되었을까? 과연 10년 뒤인 1951년 1월 5일에 재회했을까? 그들이 그날 다시 만났을 가능성은 적어 보인다. 태평양전쟁으로 확전된 전쟁 속에서 목숨을 부지한다고 장담할 수 없는 시절이었다. 설령 살아남았다 하더라도 그들이 만나기로 한 1951년 1월 5일은 한국전쟁의 격전이 벌어지던 때였다. 어쩌면 그들은 남한군과 북한군으로 나뉘어 서로에게 총부리를 겨누었을지도 모른다. 1941년이나 10년 후인 1951년이나 달라진 건 없었다. 시대는 그들에게 그토록 가혹했다.

반상회의 탄생

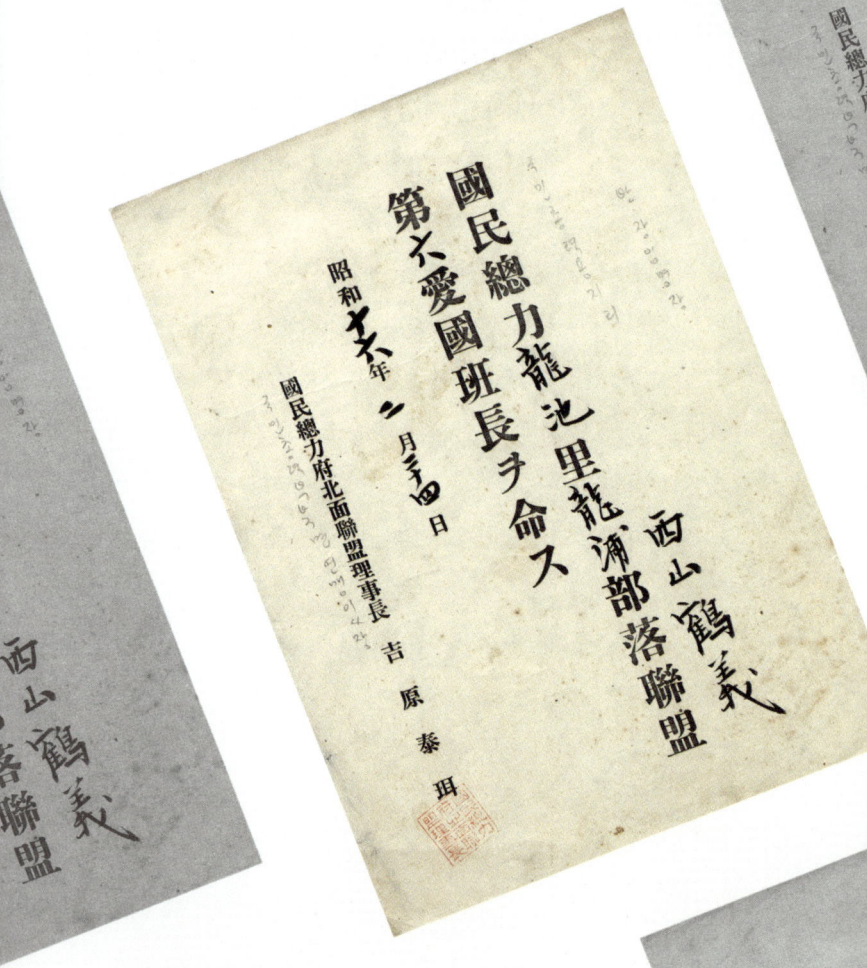

경상남도 밀양의 '서산학의'(창씨명)의 국민총력 용지리
용포부락연맹 제6 애국반장 임명장, 1941년.

중일전쟁 발발 이듬해인 *1938년*, 일제는 국민정신총동원조선연맹이라는 친일 단체를 결성하고, 말단 조직으로 10호(戶) 단위의 애국반을 두어 조선인의 생활 전반을 통제했다. 총독부 학무국장 시오바라 도키사부로(鹽原時三郎)의 표현처럼, 애국반은 "커다란 그물을 쳐서 미개한 조선인들을 일정한 방향으로 지도하기 위한 조직"이었다. 애국반은 사상 통제, 내핍 강요, 배급 통제, 지원병 모집 등 각종 행정업무를 수행했다.

책임자로 임명된 '애국반장'은 매달 1일 '애국일'에 정기 모임인 '애국반상회'를 열어 총독부의 시책을 전달했다. 이 외에도 애국반장은 일제 말단 행정을 실질적으로 수행하는 주체였다. 반상회는 사실상 주민 통제를 위한 의무 집회로, 불참하면 불이익을 당해 생활이 힘들어졌다. 이것이 오늘날까지 이어지는 '반상회'의 기원이다.

해방 후 애국반은 사라졌지만, 이승만 정부는 이를 '국민반'으로 부활시켰다. 반장은 경찰이 임명했으며 반상회도 경찰 입회하에 진행됐다. 5·16군사정변 이후에도 이름만 '재건반'으로 바뀌었을 뿐 기능은 유지되었다. 반상회가 관의 관여 없이 주민 자율 모임이 된 것은, *1980년대* 후반 민주화 이후의 일이다.

납세는 국민의 의무,
체납은 문명 국민의 치욕

납세는 국민의 의무라.

납세는 안녕 질서와 복리 증진의 자원이라.

체납은 문명 국민의 수치라.

전라북도 김제군에서 제작한 납세 홍보물에 적힌 문구들이다. '국민의 의무', '복리 증진의 자원'이라고 쓰여 있지만, 일제가 식민지 조선에서 걷은 세금이 정말 '국민'들을 위해 쓰였을까? 실제 조선에서 거둬들인 세금은 대부분 일본의 식민 통치 비용과 전쟁 수행 자금으로 사용되었다. 그럼 일제강점기 어떤 세금들이 있었을까?

1910년 강제 병합 직후부터 조선총독부는 토지조사사업을 바탕으로 토지세(지세), 가옥세(호세) 등 기존 조세체계를 정비하고, 주세(酒稅), 연초세(煙草稅), 교통세, 잡종세(금고, 선풍기, 피아노 등 사치품이나 잡다한 물건에 부과된 지방세) 등 다양한 직접세와 간접세를 신설하고 확대했다. 세금 항목은 10개에서 35개로 대폭 늘어났으며, 세율도 지속적으로 인상되었다.

특이한 세금도 많았다. 개를 기르는 사람에게 부과된 지

전라북도 김제군의 납세 홍보물, 일제강점기.

충청남도의 납세 독려 전단지, 1933년.
월별로 납부할 세목을 표로 정리했다. 전단지 좌우에 큰 글씨로 "자력갱생은 근면에 있고, 국난타파는 납세에 있다"라고 적혀 있다. 이 전단지는 농촌진흥운동이 시작되던 1932년 이듬해에 제작된 것이라 '자력갱생'이라는 구호를 강조했다.

방세인 축견세, 리어카(손수레)나 인력거를 소유하거나 사용할 때 부과된 리어카세, 기생들에게 별도로 부과된 기생세, 입정세(入亭稅)라 하여 요정(料亭)과 같은 유흥음식점에 출입하는 손님에게 부과된 세금도 있었다.

1937년 중일전쟁 발발 이후에는 전시경제체제에 맞춰 세금 제도가 대대적으로 개편되었다. 조세 수입이 급증했고, 조선인들의 세금 부담이 크게 늘었다. 조선총독부는 저항이 심한 직접세보다 소비세 같은 간접세 비중을 높여 서민들의 생활 전반에 세금 부담을 지웠다. 세금을 내지 못하면 집이나 재산을 압류하는 등 강압적인 징수도 이루어졌다. 하지만 식민지 조선인들에게는 세금 정책에 대해 의견을 제시할 권리조차 없었다.

이 시기 세금 납부와 관련한 대표적 구호가 '납세보국(納稅報國)'이다. '세금을 성실히 납부하여 나라(일본)에 보답하자'는 의미로, 조선총독부는 이를 통해 조선인들에게 세금 납부를 애국적 의무로 여기게 했다. 일제강점기 '납세'는 단순한 경제 행위가 아니라 황국신민으로서의 충성과 국가에 대한 보은이라는 명분 아래 강요되었다.

조선 한우
수난기

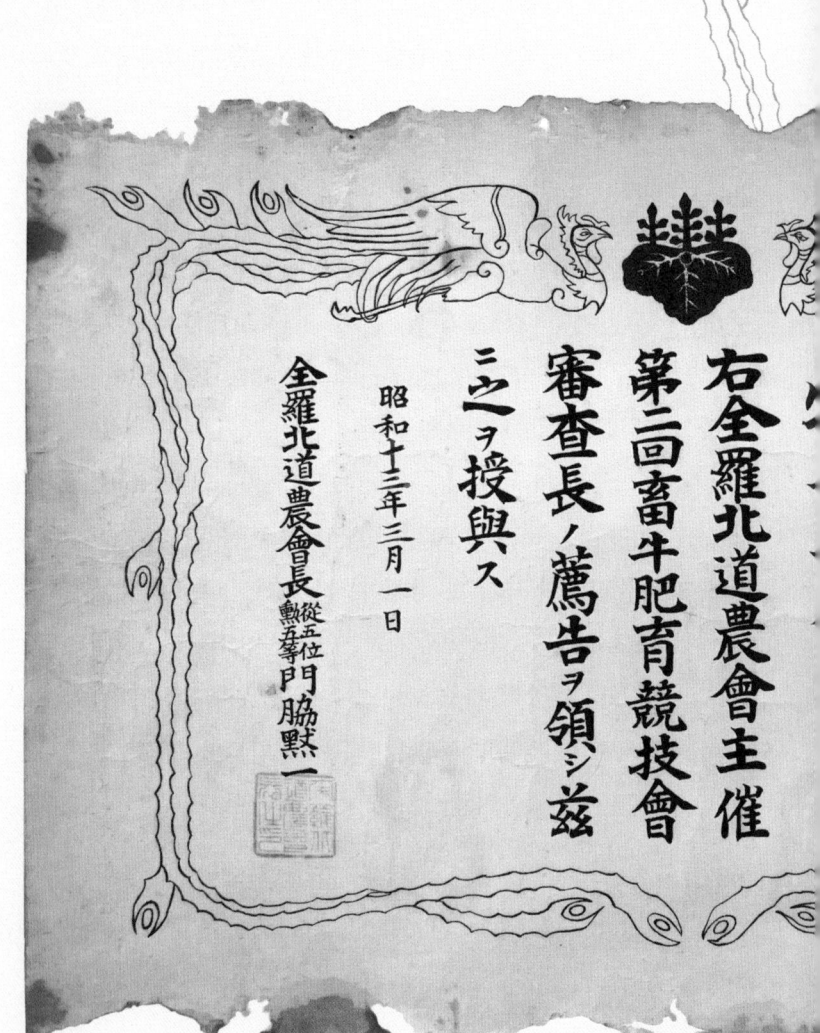

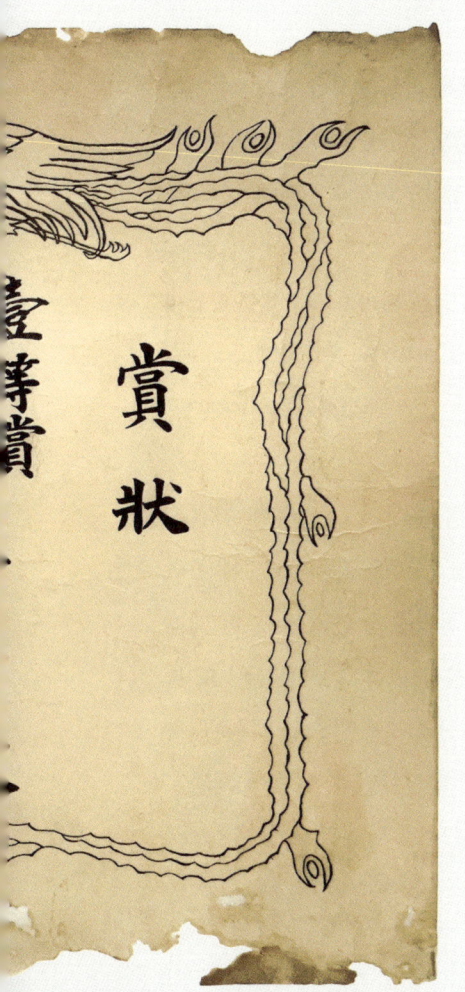

賞狀

壹等賞 姜錫敏

'축우(畜牛) 비육(肥肉) 경기대회'에서
7년 된 암소가 1등으로 뽑혀
그 주인 강석민에게 수여한 상장,
1938년.

식민지 치하에서 사람들만 고달팠던 건 아니었다. 가축도 마찬가지였다. 식민지 경영을 위해 일본은 조선의 농업 및 축산 자원도 조사했는데, 닭과 돼지는 열등한 품종으로 본 반면, 소는 우수한 품종으로 평가했다. 당시 일제 당국에서 발간한 보고서에서는 한우를 긍정적으로 평가하며 수탈의 대상으로 삼았다.

> **한우는 왜소한 일본 재래종에 비해 골격이 크고 온순하며 영리해, 일하는 소로는 최상의 조건을 갖추고 있다.**
> ―《권업모범장 성적요람(勸業模範場 成績要覽)》

> **한우는 지방 침착이 좋고, 일본 재래종보다 육질이 섬세하고 치밀하며, 상강도(霜降度, 마블링)도 우수하다.**
> ―《조선지산우(朝鮮之産牛)》

조선총독부는 우수한 품종은 증식하고 열등한 자원은 도태시키는 방식으로 축우 개량 사업을 전개했다. 이 사업에 따라 지역별로 축산조합을 설립하게 하고, 우수한 재래종을 종모우로 삼아 지역 축우를 개량하고, 사육 두수도 늘리고자 했다. 각지의 농회나 축산조합 주관으로 개최된 '축우 비육 경기대회'도 이 사업의 일환이었다. 이렇게 개량된 소들은 꾸준히 일본으로 보내졌는데, 일제강점기 일본으로 보내진 소는 대략 150만~160만 마리로 추산된다. 반출된 소들은 일본군의 피복, 군화, 배낭, 혁대 등 군수물자 생산과 식량 조달에 이용되거나 일본 소를 개량하기 위한 유전자원으로 활용되었다.

이러한 품종 개량 과정에서 한우는 하나의 표준 품종으로 단일화되고 말았다. 원래 한우의 털 색은 적황색, 황갈색, 흑갈색, 흑색, 백색 등 다양했고, 얼룩무늬를 가진 칡소도 있었다. 칡소는 호랑이처럼 몸 전체에 얼룩무늬가 있어 '호랑이소', '호반우'로도 불린 재래종이었다. 일제강점기 박목월 작사의 동요 "송아지 송아지 얼룩송아지, 엄마 소도 얼룩소 엄마 닮았네"의 얼룩송아지와 얼룩소, 정지용의 시 〈향수〉 중 "얼룩백이 황소가 해설피 금빛 게으른 울음을 우는 곳"의 얼룩백이 황소가 바로 이 칡소를 가리킨다.

그러나 1938년 일제가 제정한 '조선우 심사표준'에서는 일본의 검은 소 품종인 화우(和牛, 와규)와 구별하기 위해 황갈색 한우만을 순종으로 인정하고, 나머지 소들은 도태를 유도해 사실상 멸종시켜 버렸다. 일제강점기는 이처럼 소들에게도 수난의 시기였다.

보통학교에서 심상소학교, 그리고 국민학교로

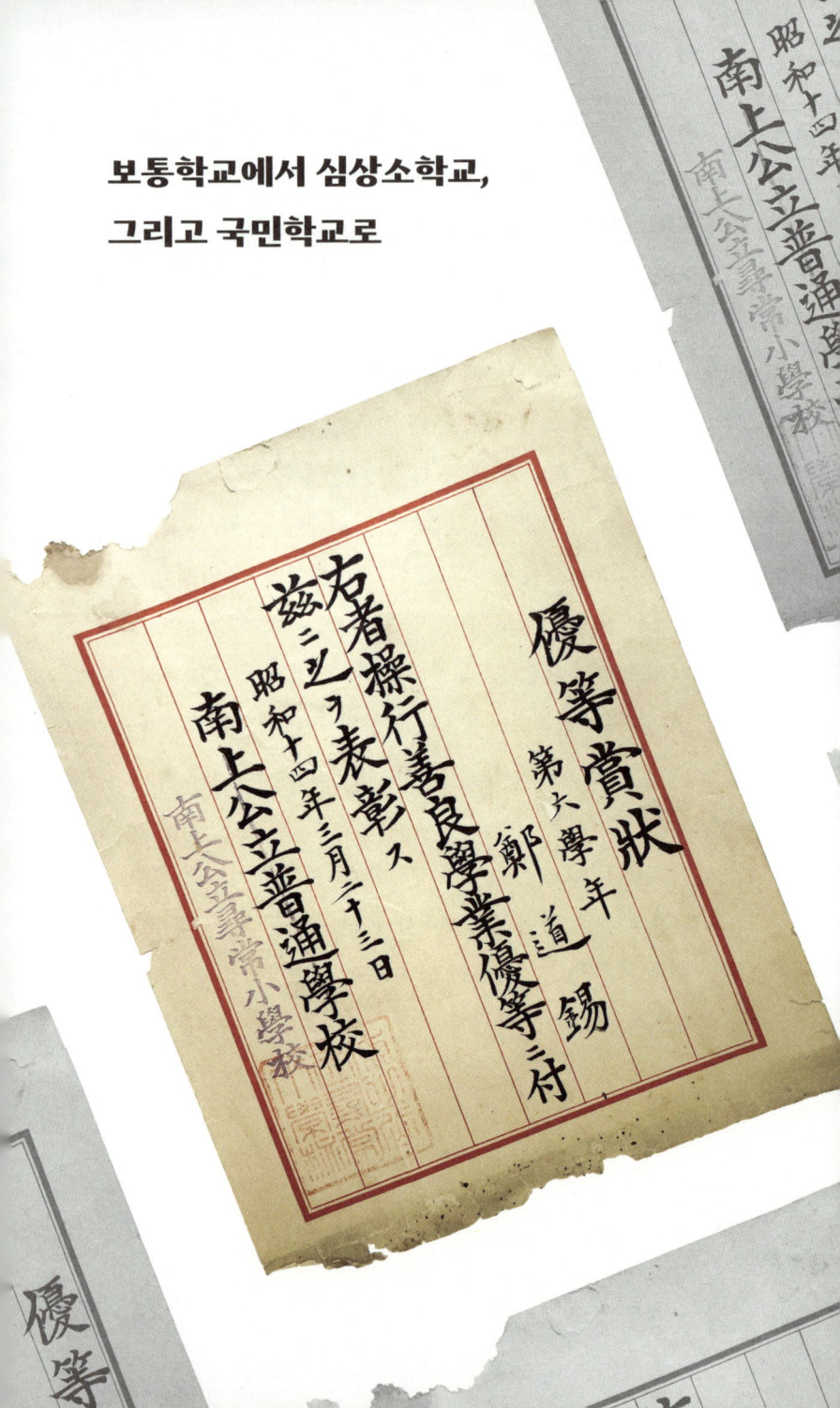

1939년 정도석은 초등학교를 졸업하면서 우등상장을 받았다. 그런데 상장 맨 왼쪽에 이상한 점이 있다. '남상공립보통학교'라는 글자에 세로줄이 그어져 있고, 그 옆에는 '남상공립심상소학교'라는 도장이 찍혀 있다. 이는 단순히 학교 이름이 바뀐 것을 넘어 일제 교육정책 변화의 단면을 고스란히 드러낸다.

일제강점기 식민지 조선에서 초등학교 이름은 세 차례나 바뀌었다. 먼저 1911년 제1차 조선교육령이 시행되었는데, 이때는 대한제국 때부터 써 왔던 '보통학교'라는 명칭을 그대로 사용했다. 바로 위 상급 학교는 '고등보통학교'라고 했다. 당시 조선인 학교의 수업연한은 각각 4년이었다. 그런데 일본인 학교는 달랐다. 학교 이름부터 '심상소학교'와 '중학교'였고, 수업연한도 각 6년, 5년으로 조선인 학교보다 더 길었다.

조선과 일본 학생을 구분하는 방식은 3·1운동 이후 조금 달라졌다. 1922년 제2차 조선교육령에서는 여전히 조선인과 일본인 학교를 이름으로 구분했지만, 수업연한은 6년(보통학교·심상소학교), 5년(고등보통학교·중학교)으로 통일했다.

정도석의 우등상장, 1939년.

금촌민자(창씨명)의 개정국민학교 졸업 증서, 1943년.

그 이름마저 하나로 통일된 건 중일전쟁이 발발한 직후인 1938년 제3차 조선교육령에서였다. 이때 '내선일체'라는 구호 아래 '심상소학교'와 '중학교'라는 이름으로 통일되었다. 정도석의 상장에서 학교 이름이 바뀐 것도 이 조치의 결과였다. 그런데 그 후 또 한 번 이름이 바뀐다. 1941년 일제는 칙령 제148호를 발령해 심상소학교를 '국민학교'로 변경했다. 국민학교는 '황국신민을 기르는 학교'라는 의미를 담고 있었다. 다만 중학교는 이름을 유지했다.

해방 이후에도 '국민학교'라는 이름은 계속 쓰였다. 군사정권을 거치고 민주화 이후까지도 바뀌지 않던 그 이름은, 1995년 김영삼 정부의 '역사 바로 세우기' 정책에 따라 드디어 바뀐다. 국민학교를 대신할 이름으로 초등학교, 소학교, 새싹학교, 으뜸학교 등 여러 제안이 나왔는데, 여론조사 결과 45.6퍼센트로 가장 많은 지지를 받은 '초등학교'가 선택되었다. 그리하여 1996년 3월 1일부터 대한민국의 '국민학생'은 '초등학생'이 되었다.

학교의 이름은 식민지 조선의 학생들이 어떤 체제 속에서 자라고 있었는지를 보여 주는 하나의 역사 기록이다. 평범한 상장처럼 보이지만, 작은 이름 하나에서도 시대의 흔적을 읽을 수 있다.

4 황국의 그늘 아래

1940~1945

1940 임시정부, 한국광복군 창설
1941 태평양전쟁 발발
1943 학도지원병제 실시

독일, 이탈리아 파시스트 정권과 손잡은
일제의 팽창 야욕은 극단으로 치닫고,
1941년 태평양전쟁이 시작되며
전쟁 동원이 본격화한다.
황국과 전쟁의 어둠에서
과연 벗어날 수 있을까?

1944
1945

조선건국동맹 결성

미국, 히로시마·나가사키 원폭 투하.
일본 패전. 한국 해방

대동아공영권 건설과
팔굉일우

일본 내각 정보국에서 제작한 대동아공영권 지도, 1941년.
붉은색으로 표시된 구역이 일본이 설정한 '대동아공영권'이다.

중일전쟁이 교착상태에 빠지고 전쟁 물자 부족에 시달리던 1940년 7월, 일본 내각은 국책 요강으로 '대동아 신질서 건설'을 결정하고, 9월에 프랑스령 인도차이나를 침공했다. 1941년 12월 7일에는 진주만을 기습 공격하여 미국과도 전쟁을 시작했다. 일본은 1941년 12월 10일 이 전쟁을 '대동아전쟁'이라 부르기로 하고, 이틀 뒤 전쟁의 목적이 '대동아 신질서 건설'에 있다고 주장했다. 이 '대동아 신질서 건설'을 달리 표현한 말이 '대동아공영권 건설'이다.

이는 식민 지배를 받고 있는 아시아 민족의 해방과 번영을 위해 일본을 중심으로 아시아 전체가 단결하여 '대동아공영권'을 결성하고 서양 제국주의 국가를 몰아내야 한다는 주장이었다. 이와 함께 온 세상을 천황 아래 하나의 집으로 만든다는 뜻의 '팔굉일우(八紘一宇)'라는 구호가 등장했다.

일본군이 이런 구호를 내세우며 동남아시아를 침략했을 당시, 영국·프랑스·네덜란드 등 서구 열강의 식민 지배를 받던 동남아시아 국가들은 일본군을 해방자로 환영했으나, 일본이 새로운 지배자에 불과하다는 사실을 깨닫는 데는 긴 시간이 필요하지 않았다. 결국 대동아공영권 건설은 일본이 서구 열강을 대신해 동남아시아를 침략·지배하려는 속셈을 감추기 위한 기만적인 구호에 불과했다.

여자의 무장은
몸뻬다!

군사훈련을 받는
동덕여자고등보통학교
학생들 사진, 1940년대.

몸뻬 바지는 원래 일본 홋카이도와 도호쿠 지방 여성들이 밭일할 때 입던 작업복으로, '몸뻬(もんぺ)'라는 일본말이 그대로 들어왔다. 지금은 '왜바지' 혹은 '일바지'로 바꿔 부른다.

일제는 1940년대부터 전시체제 복장으로 몸뻬 착용을 강요했다. 작업복이었던 몸뻬는 방공훈련을 위한 최적의 옷이었기 때문이다. 몸뻬를 입지 않은 여성의 대중교통 이용이나 관공서, 극장 출입을 금지했다. 또한 몸뻬 입기를 거부하거나 파마와 화장을 하는 여성들을 "창부와 같은 분위기를 보여, 같은 공간에서 일하는 남성을 유혹하므로 사회 안정에 위협이 된다", "퇴폐적인 서구 여성을 흉내 내는 타락한 의식을 가진 이"라고 비난했다(관보 《국민총력》). 반대로 전시 체제하의 노동에 알맞은 몸뻬는 '검소', '애국'의 표상으로 선전하고 장려했다.

그런데 일제의 몸뻬 보급 정책에 예상치 못한 장애물이 버티고 있었다. 그것은 조선의 고유한 복식 문화였다. 여성용 한복에서 바지는 다름 아닌 속옷이었기 때문이다. 조선 여성들에게 몸뻬 차림으로 다닌다는 것은 '가래바지(속옷)'만 입고 밖을 나다니는 것이나 다름없었다. 게다가 여전히 남녀를 구별하는 내외법이 남아 있을 때라, 외출할 때 가랑이 사이를 벌리면서 걸어 다닌다는 것은 수치스럽고 흉측한 행동이었다.

> **세상에, 왜놈 훈도시(일본의 전통 남성 속옷)만 망측한 줄 알았더니 여자 가랭이 드러나는 꼴은 더 못 봐 주겠네. 더 살면 무슨 꼴을 볼꼬.**

박완서의 소설 《그 많던 싱아는 누가 다 먹었을까》(1992)에서, 학교에서 하라는 걸 어기면 큰일 나는 줄 아는 주인공 '나'의 엄마는 검정 물을 들인 광목을 끊어다가 몸뻬를 만들어 주면서도 이런 한탄을 내뱉는다.

관습과 정책이 정면으로 충돌하는 와중에도 몸뻬는 점차 식민지 조선 사회에 확산해 갔다. 특히 총독부 시책에 따라 여학교 대부분이 몸뻬를 교복으로 채택함으로써 몸뻬 확산은 가속화했다.

금속이라면 놋그릇까지
모두 내놓으시오

어느 지역의
공출 기념사진,
1940년대.

중일전쟁 이후 전선이 확대되면서 일제는 부족해진 군수물자 조달을 위해 1941년 10월 이른바 '금속류 회수령(金屬類回收令)'*을 실행했다.

"구리나 철을 남기는 것은 부끄러움을 남긴다."
"결전 아래 금속류 공출을 앞장서서 실행하자."

이런 구호 아래 금속 공출이 시작되었다. 철제 광고판과 가로등, 건물의 쇠 난간, 우체통 등 각종 금속물이 공출 대상이었다. 공공장소에 서 있던 동상은 물론 교회의 종, 사찰의 불상과 범종도 공출해야 했다.

철로 만든 대문들도 이 광풍을 피할 수 없었다. "쇠 문짝을 탄환으로"라는 구호 아래 조선총독부 청사의 쇠창살이 먼저 떼 내어지고 청사 외곽을 둘러싸고 있던 철책도 철거되어 돌담으로 대체되었다. 3·1운동을 말없이 지켜봤던 탑골공원의 철 대문도 속절없이 사라졌다. 조선 후기 선정(善政)을 펼친 지방관들을 표창하고 기리기 위해 세운 철제 선정비**도 이때 대부분 철거됐다. 심지어 조선총독부박물관이 소장하고 있던 조선시대 병기(兵器)류 유물 1,600여 점도 공출되어 새로운 무기 제작에 사용되었을 정도였으니, 금속류 회수령은 그야말로 쇠붙이를 먹어 치우는 거대한

결전 식기, 1940년대.
'결전(決戰)'이라는 큰 글씨 아래 '식기(食器)'라는 작은 글씨가 적혀 있고, 일장기를 배경으로 어뢰로 보이는 무기가 그려져 있다. 1940년대 일제의 금속제 그릇 수탈을 증언하는 흥미로운 자료가 아닐 수 없다.

불가사리였다.

금속 공출은 가정의 식탁 위 풍경도 바꿔 놓았다. "가정광산(家庭鑛山)을 파내자", "가정광맥(家庭鑛脈)을 발굴하자"라는 구호 아래 가정에서 쓰는 놋그릇, 수저, 촛대, 요강, 화로, 재떨이, 파손 농기구 등도 모두 걷어 갔다. 그릇과 수저까지 빼앗아 가서 나무 그릇과 수저를 만들어 사용하거나 조개껍데기로 밥을 먹는 지경에 이르자 사람들의 불만이 커졌다. 일제도 이런 조선인의 불만을 헤아렸는지 놋그릇을 공출하면 사기그릇을 대용품으로 지급했다. 그 그릇에 '공출보국(供出報國, 공출에 적극 참여해 나라에 보답하자)', '결전' 등 호전적 구호를 새기는 것도 잊지 않았다. 놋그릇을 빼앗기고 그런 사기그릇에 밥을 먹어야 했던 조선인들은 어떤 심정이었을까?

---

* 1941년 제정된 금속류회수령은 주로 공장 등의 유휴 금속과 일부 금속을 우선 회수했기 때문에 생필품은 회수 대상이 아니었다. 그러나 태평양전쟁의 격화로 1943년 금속류회수령이 개정되면서 관공서뿐 아니라 민가에 이르기까지 가정용 금속류 전체로 강제 회수 범위가 확대되었다.
** 조선 후기 철은 부의 상징이었고, 나무나 돌에 비해 강하고 영원하다는 믿음이 있어 철로 된 공덕비를 많이 세웠다. 현재 전국에 돌로 만든 선정비는 많이 남아 있지만, 조선시대 철제비는 전국에 50여 개만 남아 있다.

가마니 짜는 일도 애국입니다

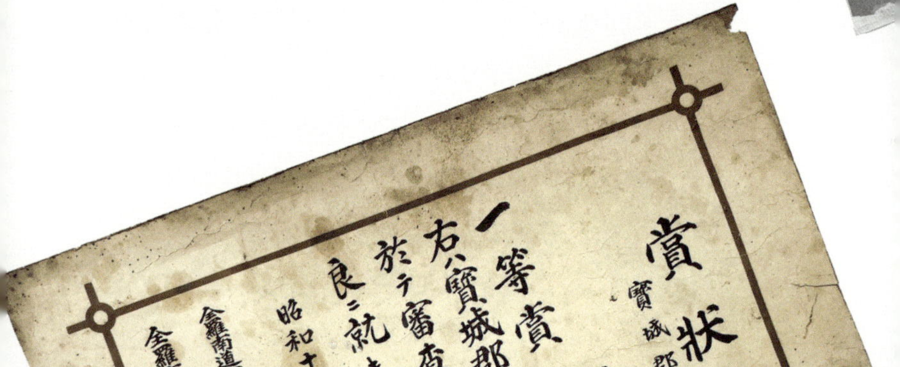
賞状

寶城郡兼白面水南里

李伯来

金錦川

一等賞

右ハ寶城郡叺織競技會ニ於テ審査ノ結果成績優良ニ就キ金一封ヲ授與ス

昭和十二年三月十一日

全羅南道寶城郡福内金融組合長李昶来

全羅南道寶城郡農會長朴道淳

전라남도 보성군 가마니 짜기 경연대회에서 이백래와 김금천이 받은 1등 상장, 1937년.

"내가 가만히 있으니 가마니로 보이냐?" 아무 말도 하지 않고 조용히 있으니, 존재감 없는 사람으로 여긴다는 불만을 표현할 때 쓰는 말이다. 그런데 이 말은 언제부터 쓰였을까? 임진왜란 이후인 17세기 초에 담배가 처음 전래되었으니 '호랑이 담배 피우던 시절'이란 말이 400년을 넘어설 수 없는 것처럼, '가마니로 보이냐'는 말 역시 가마니가 우리나라에 처음 도입된 시기 이후에나 생겨났을 것이다.

가마니는 1908~1909년경 일본에서 '가마니틀'이라는 제작 도구가 도입되면서 우리나라에 처음 소개되었다. 도구뿐 아니라 '가마니'라는 말 자체도 이때 함께 들어왔다. '가마니'라는 말이 워낙 익숙해 순우리말처럼 느껴지지만, 사실은 곡식 등을 담는 자루를 뜻하는 일본어 '가마스(かます)'에서 유래한 것이다.

조선에서는 그 이전까지 곡식을 저장할 때 '섬'(약 180리터)이라는 보관 용기를 사용했다. 그러나 섬은 조직이 성기고 무거워서 운반하기가 불편했다. 반면 일본식 가마니는 더 가볍고 촘촘해 다양한 곡물을 담고 운반하기에 적합했고, 한 가마니에 쌀 80킬로그램 정도를 담을 수 있어 더 효율적이었다.

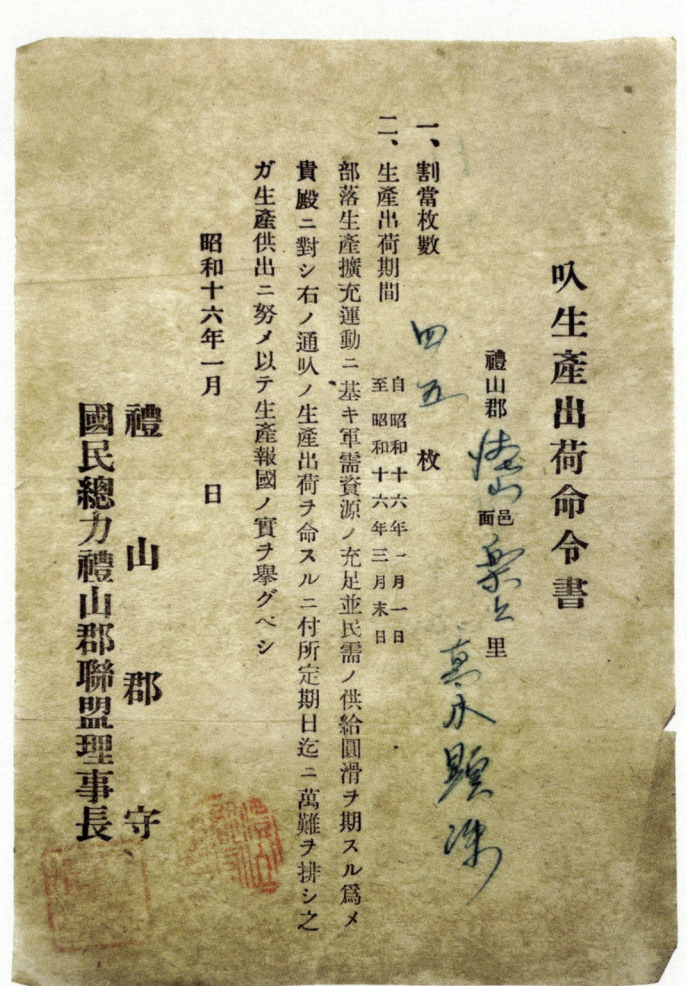

충청남도 예산군 한 농민에게 할당된 가마니 생산 출하 명령서, 1941년.
1월부터 3월까지 3개월 동안 가마니 45매가 할당되었다.

일제는 조선을 쌀 공급지로 삼고 곡물 수탈을 체계적으로 추진했다. 이 과정에서 쌀과 같은 곡물을 대량으로 운반·반출하기 위해 가마니를 적극 보급했다. 이에 따라 곡식 거래 단위도 '섬'에서 '가마니'로 바뀌었고, '가마니'를 줄인 '가마'라는 단위가 자리 잡았다. 가마니는 한자로는 '叺(입)'으로 표기했다.

일제강점기 가마니는 단순한 농기구가 아니라 식민지 농민 수탈 정책을 상징하는 물건이었다. 가마니 생산량 증가는 곧 일제의 곡물 수탈 효율성 증가와 직결되었기 때문이다. 일제는 가마니 생산을 장려하고자 각종 경진대회와 강습회를 열었고, 1~3월 농한기에는 농민은 물론 어린 학생들까지 가마니 짜는 일에 동원했다. 특히 중일전쟁 이후 전시 체제하에서는 가마니도 중요한 공출 대상이었다. 전쟁이 본격화하면서는 가마니 공출이 강조되어, '애국 가마니', '가마니 보국' 같은 말도 등장했다.

이렇게 일제강점기 조선인들은 '가마니'를 짜느라, 한시도 '가만히' 쉴 수 없었다. '가만히 있으니 가마니로 보이냐'는 말은 어쩌면, 동원과 통제의 시대를 살던 이들의 무언의 항변처럼 들리기도 한다.

하루 두 번
머리 숙이는 사람들

이슬람교 신자는 하루 다섯 번, 정해진 시간에 메카를 향해 이마를 땅에 대고 기도한다. 신에 대한 경건한 복종과 믿음을 드러내는 이 종교적 행위는 삶의 리듬이기도 하다. 그런데 약간은 다른 의미로, 1937년 중일전쟁 이후 식민지 조선인들도 하루에 두 번 머리를 숙여야 했다. 오전 7시 사이렌이 울리면 궁성요배(宮城遙拜)를, 정오 12시 사이렌에는 정오 묵도(默禱)를 해야 했다. 일제는 조선인들을 이런 제의에 참여시켜 '충량한 황국신민'으로 만들고자 했다.

궁성요배(宮城遙拜)는 천황이 거주하는 도쿄의 궁성을 향해 90도로 허리 숙여 절하는 의식이다. 궁성 방향이 동쪽이어서 동방요배(東方遙拜)라고도 불렀다. 특히 학생들에게는 매일 조례 때마다 강제했다. 정오 묵도는 매일 정오에 모든 활동을 멈추고 약 1분간 눈을 감고 조용히 마음속으로 기도하는 의식인데, 출정한 황군의 승리를 기원하고 전몰장병들의 영령에 감사하는 것이었다.

궁성요배와 정오 묵도는 명절 풍경마저 바꿔 놓았다. 두 의식이 강요되던 1940년대 추석 풍경을 보여 주는 흥미로운 자료가 있다. 1943년 9월 3일, 추석을 맞아 경상북도 상

궁성요배와 정오 묵도를 강요하는 전단지, 1940년대.

궁성요배하는 사람들, 일제강점기.

주군 유도회와 군청, 경찰서, 국민총력상주군연맹 등 기관이 공동 작성한 전시 생활 지침으로, 다섯 가지 항목이 적혀 있다.

> **1. 매일 아침 궁성요배와 정오 묵도를 할 것**
> **2. 추석 제사에는 절대로 떡을 장만하지 말 것**
> **3. 비용을 극도로 절약하고 관혼상제 시 새 옷을 만들거나 떡을 절대 만들지 말 것**
> **4. 추석, 기타 명절에는 새 옷을 절대로 만들어 입지 말 것**
> **5. 국민개로운동(國民皆勞運動)에 순응하여 부녀자의 옥외 운동을 힘쓸 것**(단, 몸뻬를 착용할 것)

전시 조선인들은 추석보다 궁성요배와 정오 묵도를 더 중요하게 챙겨야 했다. 추석날 조상에 대한 제사는 소홀히 하더라도 천황을 위해 절하고 전몰장병을 위해 묵도하는 것은 결코 빠뜨려서는 안 되는 일이었다. 또한, 소비 절약을 이유로 조상께 올릴 떡도 만들 수 없었다. 그래서 추석날 떡방아 찧는 소리는 한동안 자취를 감추고 말았다.

좋은 창씨명
지어 드립니다

조선중앙창씨명상담소
홍보 전단지, 1940년.

一柳先生選 名士の創氏

朝鮮總督府
中樞院參議
同民會長
ヒラバヤシリンシラウ
平林麟四朗 成就多大
申錫麟閣下ヲ 輝き從つて清徹

元中樞院參議
財團法人一新女
子教育財團理事長
カナザワタカマサ
金琪邰氏ヲ

1939년 11월 10일, 조선총독부 관보를 통해 조선인의 창씨개명을 위해 조선민사령 개정을 공포했다. 이에 따라 1940년 2월부터 8월까지, 모든 식민지 조선인을 대상으로 창씨개명 신청이 이루어졌다.

한국 사회에서는 지금도 극단적인 결심이나 자신의 진실함을 강조할 때 "내가 성을 갈겠다"라는 표현을 쓴다. 한국인들에게 '성(姓)'은 과거부터 한 사람의 정체성과 가문, 뿌리를 상징하는 것이다. 그런 의미에서 일제의 창씨 강요는 단순한 행정 조치가 아니라, 자신의 존재 자체를 부정하는 것이나 마찬가지였다. 이로 인해 조선인들의 크고 작은 반발과 저항이 이어졌다.

유건영, 설진영처럼 자결로 저항한 이들이 있었는가 하면, 어떤 이들은 바꾸는 이름에 일부러 조롱의 의미를 담았다. 누구는 '개자식이 된 단군의 자손'이라 하여 '이누코 구마소(犬子熊孫)'라는 이름을 신고했다가 퇴짜를 맞았고, 누구는 '개 같은 놈 똥이나 처먹어라'라는 뜻의 '이누쿠소 구라에(犬糞食衛)'를 써 냈다가 경찰로부터 문책을 당했다. 부산에서는 조선인은 성을 바꾸면 짐승 취급을 당하므로 '개새끼'를 뜻하는 '이누노코(犬の子)'로 신고서를 제출했다가 거절당한 사람이 이 경험을 말하고 다녀 징역 6개월형을 선고받기도 했다.

 하지만 모두가 저항한 것은 아니었다. 자발적으로 나선 사람도 있었지만, 대다수는 일제의 강압에 순응할 수밖에 없었다. 그러다 보니 이 시기 갑자기 바빠진 곳들이 생겼다. 신고 업무를 담당하는 관공서는 말할 것도 없고, 기존의 성을 어떻게 바꿀지 논의하기 위해 양반집에서는 연일 통문을 돌려 문중 회의를 열었다. 호황을 맞은 작명소들도 즐거운 비명을 지르며 새 이름을 만들어 냈다.

 홍보 전단지에 등장하는 조선중앙창씨명상담소도 그런 곳이었다. 이 상담소는 '일류(一柳)선생'이 좋은 이름을 지어 준다고 광고한다. 《매일신보》에 여러 차례 실린 이 상담소 광고에 따르면, 그의 이름은 '일류성남(一柳誠男)'이다. 상담소는 일류선생이 조선총독부 중추원 참의 신석린(申錫麟, 창씨명 平林麟四郞)과 김기태(金琪邰, 창씨명 金澤孝昌), 의학박사 윤치왕(尹致旺, 창씨명 伊東生晴) 등 유명 인사들의 창씨명을 지어 준 사례를 소개하며 적극적인 명사 마케팅을 펼치고 있다. 새 이름에 어떤 좋은 의미를 담았는지도 써 놓았다. 이후 그들은 일류선생이 이름에 담아 준 의미 그대로 '성취다대(成就多大)'하고 '발전무한(發展無限)'한 삶을 살았을까?

조선의 진정한
국기에 '만세'를

1940년 셔우드 홀이 발행한 크리스마스실, 1940년.
엘리자베스 키스의 그림으로, 왼쪽이 초판이고 오른쪽이 수정판이다.

미국 감리교 의료 선교사 셔우드 홀(Sherwood Hall)은 1928년 황해도 해주에 구세요양원을 세운 뒤 결핵 퇴치 기금을 마련하기 위해 1932년부터 크리스마스실을 발행했다. 그는 처음에 거북선 도안을 구상했지만, 임진왜란을 연상시킨다는 이유로 일제 당국의 반대로 무산되었고, 대신 '결핵을 방어하는 성루'를 상징하는 남대문 도안으로 첫 실을 찍어 냈다. 이것이 우리나라 최초의 크리스마스 실이다. 당시 조선인들은 실의 개념을 몰라 "이걸 붙여도 기침이 낫지 않는다"라며 돈을 돌려 달라는 편지를 보내기도 했다.

실의 도안에는 영국 화가 엘리자베스 키스(Elizabeth Keith)*를 비롯해 김기창, 에스몬드 W. 뉴(Esmond W. New) 등 여러 사람이 참여했다. 그중 키스는 1934년 〈아기 업은 여인〉, 1936년 〈연날리기〉, 1940년 〈한국의 두 아이〉 등 세 점을 디자인했는데, 모두 조선인의 복장과 풍습을 담은 인상적인 작품이다.

그런데 1940년 일제는 실의 디자인을 문제 삼아 제작을 중단시켰다. 아이들이 조선 옷을 입고 있고, 뒷배경의 산이 너무 높아 보안 규정을 위반했으며, 일본 연호가 아닌 서기를 사용했다는 것이 이유였다. 실은 전량 압수·폐기되었고, 셔우드 홀은 키스를 겨우 설득해 수정판을 발행했다. 산 앞

서우드 홀이 1932년부터 1940년까지 발행한 크리스마스실.

에 대문을 그려 산을 작아 보이게 하고, '1940년' 대신 아홉 번째 발행한다는 뜻으로 'NINTH YEAR'라고 표기했다. 이런 수정에 반발한 키스가 자신의 이니셜 'E. K'를 빼달라고 해서 새 실에서는 키스의 서명이 빠졌다. 이로 인해 1940년 실은 '대문 없는' 실과 '대문 있는' 실 두 종류가 존재하게 됐다. 대문 있는 실은 몇만 원이면 구할 수 있을 정도로 꽤 남아 있지만, 대문 없는 실은 일제의 압수를 피한 55매 정도만 전해지고 있다.

실에 대한 탄압을 겪은 직후인 1940년 11월 셔우드 홀은 스파이 혐의로 조선에서 강제 추방되었다. 그는 부산항에서 태극기를 나뭇가지에 걸고 가족과 함께 만세를 외치며 조선의 진정한 국기에 마지막 작별을 고했다.

---

* 엘리자베스 키스는 일본에서 판화를 공부하며 조선을 자주 방문했다. 그때마다 많은 그림을 그렸는데, 조선에서 1921년과 1934년에 전시회를 열기도 했다. 조선인과 조선 풍경을 그린 약 80여 점의 작품을 남겼다. 1946년에 출판된 《올드 코리아(Old Korea: the Land of Morning Calm)》에는 조선을 소재로 한 그림뿐 아니라 일본의 식민지 정책을 규탄하고 한국 사람들의 고통을 동정하는 글도 실려 있다.

미국 우표에 그려진 태극기

1943년, 제2차 세계대전이 한창일 때 미국 우정국은 나치 독일에 점령당해 신음하는 유럽 국가들에 연대와 위로의 뜻을 전하기 위해 '피침국 시리즈(Overrun Countries Series)' 우표를 발행했다. 벨기에, 노르웨이, 체코 등 12개 나라의 국기를 도안으로 한 5센트 우표였다.

그리고 이듬해인 1944년 11월 2일, 미국 우정국은 열세 번째 우표로 태극기를 그린 한국 우표를 발행했다. 해외에서 발행된 우표로는 최초로 태극기가 도안된 것이었다. 중앙에는 태극기가, 왼쪽에는 불사조(또는 독수리), 오른쪽에는 자유를 갈구하는 여성상이 도안되어 있고, 태극기 아래에는 영문 국호 '*KOREA*'도 선명하게 인쇄되었다.

이 우표는 당시 프랭크 워커(Frank C. Walker) 연방 우정장관이 프랭클린 루스벨트 대통령에게 건의해 발행한 것으로만 알려져 있었다. 하지만 1944년 6월 30일 전경무가 미국 한족연합위원회 호놀룰루 사무소와 로스앤젤레스 사무소에 보낸 편지 내용을 보면, 당시 미국에 거주하던 한인들의 요청과 활동이 있었음을 알 수 있다.

미국 우정국에서 발행한 '피침국 시리즈' 중 한국 우표, 1944년.

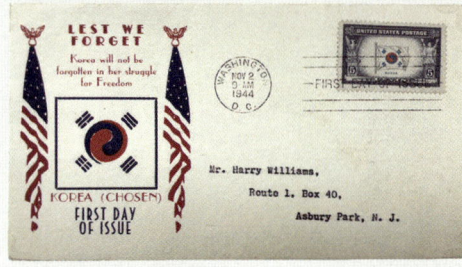

**미국에서 발행된 태극기 우표가 붙어 있는 다양한 디자인의 초일봉피,
1944년.**

얼마 동안 미연방 우정국에서는 한국인들의 기나긴 대일본 투쟁을 기념하기 위한 한국 우표 발행을 검토해 왔습니다. … 한길수 씨가 어제 우리에게 전해 오기를, 우정국에서 마침내 한국 국기 모양의 한국 우표를 인쇄하기로 확정했다고 합니다. 그리고 그 발행 시기는 8월 중이 될 것이라고 합니다. 우리는 8월 29일에 공식 발매를 했으면 좋겠다고 제안했습니다. 이날은 한국이 합병된 역사적인 날입니다. 그러니 우표 발행을 통해 인식시키는 것도 의미가 있으리라 봅니다.

비록 작은 우표 한 장에 불과했지만, 태극기가 그려진 이 우표는 나라를 잃은 채 타국에서 살아가는 이들에게 우표 그 이상의 의미였다. 그래서 우표가 발행된 날, 많은 미주 한인들이 태극기 아래 'KOREA'라는 글자가 선명히 새겨진 이 우표를 손에 들고 눈시울을 붉혔다.

이 태극기가 그려진 한국 우표는 실제로도 뜨거운 반응을 얻었다. 1945년 1월 20일 기준으로 총 402만 장이 판매되었는데, 피침국 시리즈 우표 중 가장 높은 판매량이었다. 작은 우표 한 장이, 식민지 조선의 존재와 강렬한 자유 의지를 세계에 알리는 상징이 된 순간이었다.

조선의 전통술, 밀주가 되다

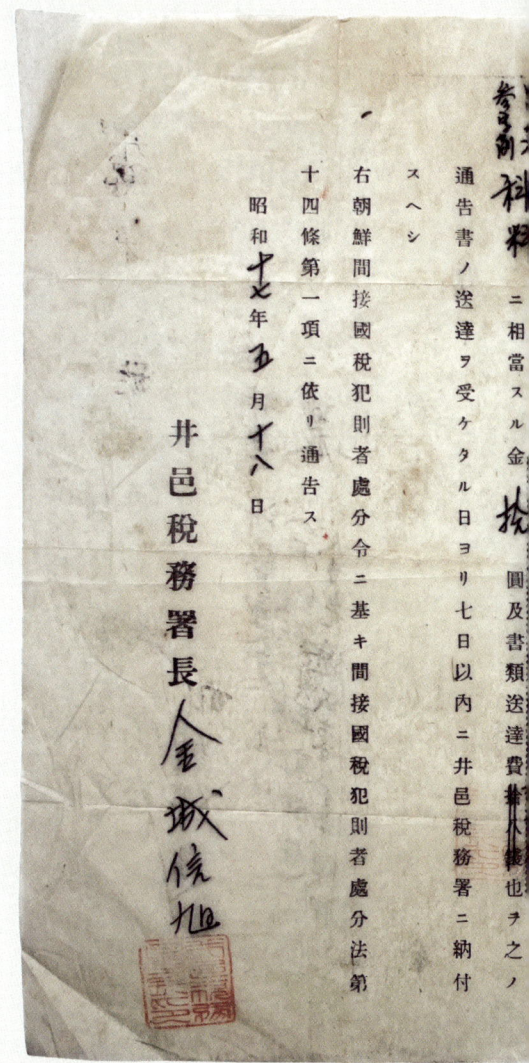

주세령 위반으로 인한
과태료 통고서, 1942년.

井税(間) 第四貳號

通告書

井邑郡所聲面艾濤里九〇番地
農業 (旧金堤郡眞暴面朴順伊)
金光順伊通稱妻金光順伊
當年令三十八歲

酒税令違反嫌疑事件當該官吏ノ報告ニ依リ調査スルニ右金
光順伊ハ免許ヲ受ケズシテ前記自宅ニ於テ自家用ノ爲メ
昭和十七年四月九日白米壹升五合麹子壹斤
汲水壹升五合ヲ以テ混和仕込ヲ爲シ朝鮮酒醪參升
ヲ造リ昭和十七年四月十三日後水壹升ヲ汲入レ朝鮮酒
タル濁酒參升ヲ製成シタルモノナリ

右ノ行爲ハ酒税令第五條ニ違反シ同令第三十一條ニ「免許ヲ受

일제강점기는 조선의 술 문화마저 억압받던 시대였다. 1916년 일본은 조선에 '주세령'을 선포하고 밀주를 전면 금지했다. 이 법령의 주된 목적은 술에 세금을 매겨 식민지 통치에 필요한 재정을 확보하려는 것이었다.

조선총독부는 술을 빚으려면 반드시 면허를 받도록 규정했다. 집에서 전통 방식으로 술을 빚던 가양주(家釀酒)는 면허가 없으면 모두 '밀주'로 간주하여 엄격히 단속했다. 면허 취득에는 큰 비용이 들었기 때문에, 대다수 서민은 면허를 받을 수 없었다. 집집마다 전해 내려오던 술 빚는 전통은 하루아침에 불법 행위로 전락하고 말았다.

1934년에는 아예 가양주 면허 제도 자체가 폐지되어, 이후부터는 조선총독부가 허가한 양조장에서만 술을 만들고 팔 수 있었다. 총독부는 세무 직원들을 동원해 마을마다 밀주 단속을 실시했고, 밀주를 빚다가 적발되면 벌금 등의 처벌이 뒤따랐다. 이로 인해 전통적으로 이어져 오던 조선 고유의 술 문화는 크게 위축되었다.

1937년 중일전쟁 이후 밀주 단속은 더욱 강화되었다. 일본은 전쟁 물자와 식량을 확보하기 위해 쌀을 포함한 곡물의 생산·유통·소비 전반을 철저히 통제했다. 쌀로 술을 빚는 일은 식량 낭비로 간주되어 밀주 단속은 더욱 엄격해졌다. 이 시기 밀주 단속에 적발된 사람 중에는 박순이도 있었다.

1942년, 전라북도 정읍에 살던 농부 김기진의 아내 박순이(창씨명 김광순이, 당시 37세)는 집에서 탁주를 빚다가 단속에 걸렸다. 정읍세무서에서 보낸 통지서에는 과태료 10원과 서류 발송비 22전을 납부하라는 내용이 담겨 있었다. 그녀가 만든 술은 판매용이 아닌 자가용 술이었고, 사용한 재료는 쌀 한 되, 보리 다섯 홉, 누룩 한 되였다. 제사에 올릴 용도로 보이는 고작 세 되 분량의 탁주를 빚다가 '주세령 위반'으로 적발된 것이었다.

결국 일제의 밀주 단속은 단순한 법 집행이 아니라, 조선의 전통 술 문화를 억압하고 식민지 재정을 확보하기 위한 수탈 정책의 일환이었다. 그 결과 가양주 문화는 큰 위기를 맞았고, 밀주 단속은 해방 이후에도 상당 기간 지속되었다. 밀주로 규제되었던 전통주는 한참 시간이 흐른 뒤인 1980년대 이후에 이르러서야 조금씩 완화되어 겨우 복원될 수 있었다.

쌀을 아껴
나라에 보답하자

일제 말기 중일전쟁과 태평양전쟁이 본격화하면서 전시체제의 영향으로 쌀이 부족해졌다. 일제는 먼저 전장에 보낼 식량을 확보하기 위해 산미증식계획을 재개했고, 농민들에게 더 많은 곡물을 생산하라며 증산을 독려했다. 그러나 생산을 늘리는 것만으로는 부족하다고 판단한 일제는 쌀 소비를 줄이기 위한 정책도 동시에 추진했는데, 바로 식량 배급제와 절미운동이다.

식량 배급제는 민간인들의 자유로운 쌀 소비를 금지하고, 국가가 소비를 통제한 제도였다. 이때 사용된 것이 식량 구매표(매출표)와 식량 배급 통장이었다. 이 문서는 가구 단위로 발급되었고, 가정에서 언제 어떤 식량을 얼마나 배급받을 수 있는지를 기록한 것이었다.

이 식량 구매표를 지참하고 정해진 요일에 배급소를 찾아 이름을 확인받은 뒤, 정해진 양만큼 쌀을 살 수 있었다. 배급소 직원은 통장에 날짜와 수량을 기입하거나 도장을 찍어 배급 내역을 관리했다. 그러나 전쟁이 길어질수록 배급량은 점점 줄어들었고, 실제로는 구매표나 통장에 기재

경상북도에서 제작한 절미보국 표어, 1940년대.
좌우에 적혀 있는 '전선을 생각해 잡곡을 먹자', '1억 1심 보리밥'이라는 구호가 인상적이다.

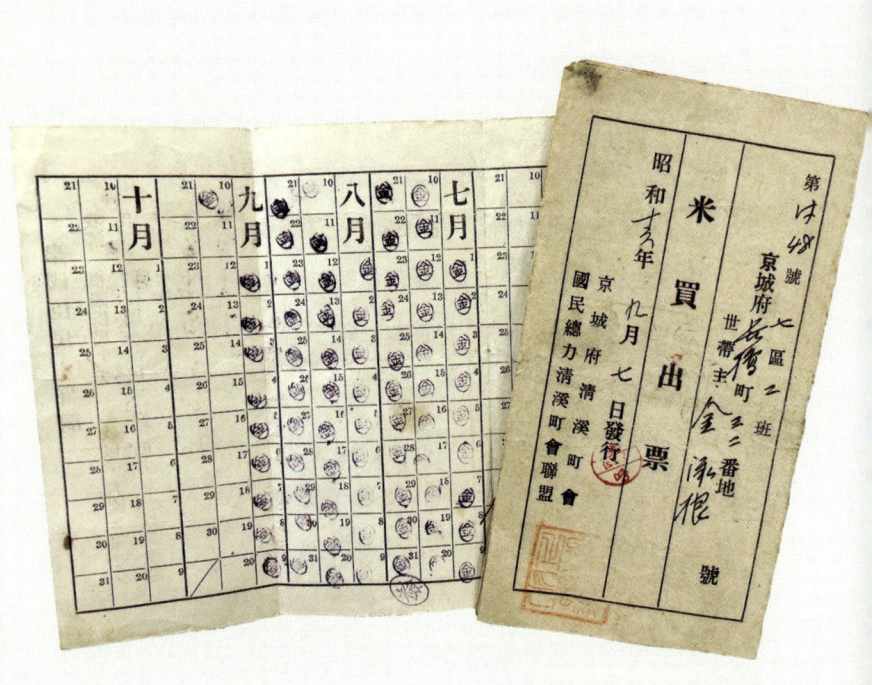

식량 배급 제도 실시 때 사용된 매출표, 1940년대.
안쪽 면에 배급소의 확인 도장이 찍혀 있다.

된 양보다 적게 배급하는 일도 흔했다.

쌀 소비를 억제하기 위한 절미운동도 전개되었다. 일제는 미곡 도정 제한, 혼식 장려, 대용식 활용 등을 통해 쌀밥을 먹지 않도록 강요했다. 군수, 경찰서장, 면장 등 행정조직이 이를 감시·관리했고, 학교에서는 학생들의 도시락을 검사해 쌀 대신 보리밥이나 잡곡밥을 먹도록 했다.

이 과정에서 '절미식'과 '절미일'이라는 개념도 등장했다. 절미식은 쌀을 아껴 먹는 식사 방식이고, 절미일은 쌀밥을 먹지 않는 날이었다. 당시 절미운동을 대표하는 구호가 '쌀을 아껴 나라에 보답하자'라는 뜻의 '절미보국(節米報國)'이었다.

일제강점기는 수많은 '보국'의 시대였다. '보국'이라는 표현은 일제가 조선인을 전쟁과 식민지 통치에 동원하기 위해 다양한 생활 영역에서 사용한 대표적 선전 구호였다. 납세보국, 헌금보국, 근로보국, 저축보국, 자원보국, 방화(防火)보국, 언론보국, 총후(銃後)보국, 그리고 이제는 절미보국까지. 조선인들은 굶으면서도 일제에 대한 애국을 강요받았다.

세노야 세노야
바다에 우리가 사네

'갑빠', '단도리', '자바라', '뻥끼', '빠루', '와꾸', '함바' ….
지금도 건설 현장에서 흔히 쓰이는 이 말들은 모두 일본어에서 유래했다. 그런데 일본어가 스며든 건 건설업만이 아니었다. 어업 분야 역시 마찬가지였다.

1912년 조선총독부는 어업령을 제정했다. 이 법은 조선의 어업을 총독의 허가와 면허 아래 두고 통제하기 위한 것이었다. 총독은 어업을 허가할 권한은 물론, 특정 지역을 보호구역으로 지정하거나 허가 건수를 제한하는 등의 강력한 권한을 가졌다. 이 법을 통해 조선총독부는 조선의 어업을 마음대로 지휘·관리할 수 있었고, 일본 어민들은 상대적으로 우월한 지위를 차지했다. 그 결과, 대형 어선을 보유한 일본 어민들이 조선 연근해의 주요 어장을 장악했다. 이와 함께 어업 현장에서 자주 쓰이던 일본식 구호가 점차 자리를 잡아 갔다.

대표적인 예가 '세노(せえの)'다. 이 말은 일본에서 힘을 모아 동시에 어떤 행동을 시작할 때 쓰는 구호로, 우리말로 치면 '영차' 정도에 해당한다. 시인 고은이 남해에서 멸치잡이 어부들이 힘을 맞춰 그물을 당기며 외치던 소리를 듣

전라남도 완도 고금면 농상리 김금연(창씨명 金海錦演)이 받은 어업허가장, 1945년.

〈세노야 세노야〉가 두 번째 수록곡으로 실린 양희은의 음반, 1976년.
〈세노야 세노야〉는 양희은의 노래로 알려져 있지만, 이 노래는 1971년 가수 최
양숙이 처음 불렀다. 비슷한 시기 음반을 통해 양희은(1971), 윤희정(1972)도 이
노래를 발표하면서 인기곡이 되었다.

고 그 어감에 이끌려 시를 한 편 썼고, 1970년 서울음대 작곡과 여대생 김광희가 이 시에 곡을 붙여 만든 노래가 바로 〈세노야 세노야〉다. 이 노래는 이후 가수 양희은, 김민기, 최백호, 나윤선 등이 불러 한국인의 애창곡이 되었다. 그럼에도 제목이자 후렴으로 반복되는 '세노야'가 일본에서 유래한 표현이라는 사실을 아는 이는 별로 없다.

이뿐 아니다. 일본 어부들의 뱃노래 후렴구인 '에야노 야노(えやのやの)'도 일제강점기 신민요에 들어가며 널리 퍼졌고, 해방 후에는 학교 응원가나 운동회 구호로 많이 쓰였다. 원래 우리 뱃노래는 고유의 후렴구가 따로 있었다. 경상도 민요 〈뱃노래〉에 나오는 "어기야 디여차, 어기야 디여, 어기여차"가 대표적이다. 조선 후기 윤선도가 지은 〈어부사시사(漁父四時詞)〉에는 "지국총(至匊悤) 지국총(至匊悤) 어사와(於思臥)"라는 후렴구도 나온다. 현대어로 옮기면 '찌그덩 찌그덩 어여차!' 정도 되는 표현이다.

일제의 식민 통치 아래 우리 말들도 점차 변질되었다. 그 유산은 해방 이후에도 사라지지 않고, 우리 일상에 아직도 남아 있다.

참으로 인간적인
퇴사 인사

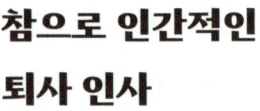

여공 유임순의 퇴사 소식을 알리는 통지서, 1941년.

이 문서는 중일전쟁이 한창이던 *1941*년, 여공 유임순이 회사를 그만두고 고향으로 돌아갈 때 회사가 그녀의 보호자 유치곤에게 보낸 편지다. 이 회사가 방직공장인지 고무신 공장인지는 알 수 없지만, 편지의 내용을 보아 유임순이 나이가 어려서, 회사에서 보호자에게 계약종료 사실과 급여 수령 내용을 알리는 편지를 보낸 것으로 보인다. 정해진 양식을 바탕으로 이름이나 퇴사 사유 등을 기입했다. 통지서의 내용은 대략 이렇다.

> **… 유임순 씨는 입사 이래로 업무에 근면하게 힘쓰다가 금번 가정형편으로 퇴사하야 4월 7일 출발 귀향하는데, 도중 별 탈 없이 안착하심을 축원합니다. 귀 가정의 사정이 허용되는 대로 곧 다시 회사에 돌아오시기를 일반 동료와 같이 고대하는 바입니다. 급료와 저금 등은 출발 시 본인에게 지불하였습니다. 쇼와 16년(1941년) 4월 8일**

비록 정해진 양식에 따라 형식적으로 작성된 퇴사 통지서일지라도, 퇴사하는 직원을 정중히 배웅하는 말이 참 따뜻하다. 문자 한 통으로 해고와 퇴사를 통보하는 이 시대에, 여공 유임순의 보호자에게 보낸 이 짧은 편지는 잔잔한 여운을 남긴다. 과연 옛날이 지금보다 더 미개하고 야만스러운 시대였다고 쉽게 말할 수 있을까?

먼 길 떠나는
아버지의 슬픔

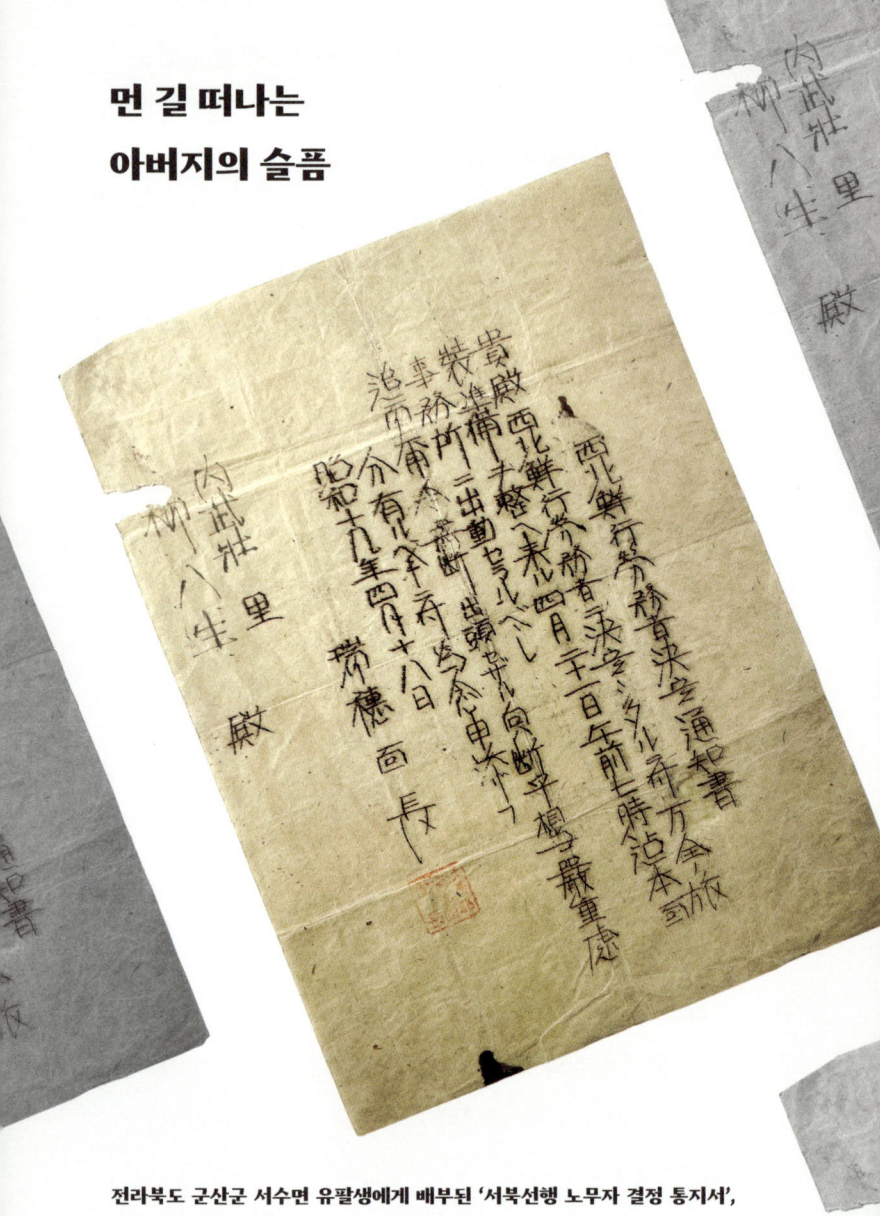

전라북도 군산군 서수면 유팔생에게 배부된 '서북선행 노무자 결정 통지서',
1944년. 정해진 일시에 출두하지 않으면 엄중처분할 것임을 경고하고 있다.

전시 체제하에서 인력을 각종 작업장에 동원하는 것을 '징용'이라 한다. 일제강점기 징용은 넓게는 모집, 관 알선, 강제징용을 포함하고, 좁게는 1939년 국민징용령에 의한 강제징용만을 의미한다. 어떤 방식이든 일본 정부와 조선총독부가 깊숙이 개입했고, 납치나 인신매매가 자행되기도 했다. 징용된 이들은 일본 본토나 사할린, 남양군도 등지로 끌려가 탄광, 건설 현장, 군수 공장 등에서 혹사당했다. 작업 환경이 열악해 사고와 사망이 잦았고, 임금은 강제로 저축되었다.

아기가 잠드는 걸 보고 가려고/아빠는 머리맡에 앉아 계시고,
아빠가 가시는 걸 보고 자려고/아기는 말똥말똥 잠을 안 자고.

윤석중의 시 〈먼 길〉이다. 평온한 느낌이 들지만, 실은 일제강점기의 아픈 현실을 담고 있다. 시인은 1939년 큰아들이 두 살이던 해 징용 통지를 받았다. 훗날 시인은 "보따리를 싸 놓고 아들 얼굴을 들여다봤지요. 잠을 안 자고 자꾸 내 얼굴을 보더군요"라고 회고했다. 이 시는 단순한 서정시가 아니라, 징용 떠나는 아버지와 아기의 가슴 아픈 이별을 그린 것이다. 아버지와 아기의 애틋한 이별 장면은 가장 사적이면서 공적인 이야기이며, 가장 미시적이면서 거시적인 역사가 되었다.

이겼다 이겼다
일본이 이겼다

어느 여학교의 졸업사진이다. 국민복 입은 교사와 스무 명 정도 되는 졸업생들 뒤로 일장기와 태평양전쟁 시기 구호가 적힌 간판이 보인다. 사진 왼쪽에 아래가 일부 가려졌으나 '미영격멸(米英擊滅)'이라는 문구가 뚜렷하다. 태평양전쟁 당시 미국과 영국을 향한 적개심이 잘 드러난다.

당시 일본은 미국과 영국을 '미영귀축(米英鬼畜)'이라 부르며 철저히 악마화했다. 귀축은 불교 용어인 '아귀축생(餓鬼畜生)'의 줄임말로, 일본에서는 잔인하고 비인간적인 짓을 하는 자를 귀신과 짐승에 빗대어 이르는 말이었다. 이는 국민의 적개심을 자극해 결속을 다지고, 투쟁 의지를 고양해 전쟁 동원을 정당화하기 위한 선전 전략이었다. 심지어 운동회나 결혼식장에 내걸린 만국기에서도 연합국 국기, 특히 미국과 영국 국기는 떼어 내거나 훼손했고, 학교에서는 적국의 언어라는 이유로 영어 수업도 사라졌다.

이 시기 일본이 대중에게 보급한 노래 중에 〈이겼다, 이겼다, 일본이 이겼다(勝った勝ったよ日本は勝った)〉라는 노래도 있었다. '미영격멸의 노래'라는 부제를 달고 있다. 이 노래는 일본군이 *1942*년 싱가포르를 함락한 직후에 유행했

어느 여학교 졸업사진, 1940년대.

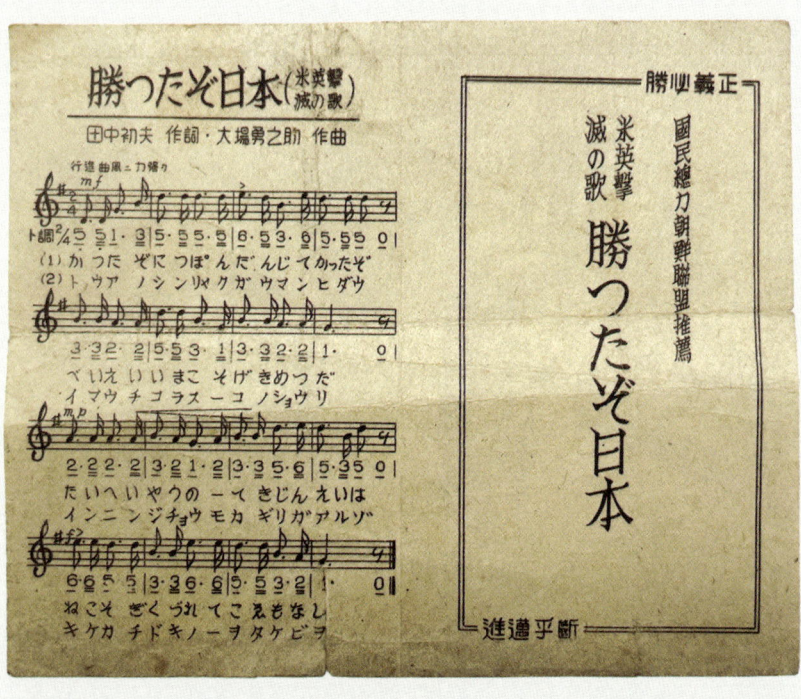

미영격멸의 노래 〈이겼다, 이겼다, 일본이 이겼다〉 악보, 1940년대.

다. 일본군은 *1941년 12월 8일* 말레이반도 침공을 시작으로, *1942년 2월* 중순 싱가포르에서 연합군 약 *8만* 명을 항복시키는 대승을 거두었다. 당시 윈스턴 처칠 영국 수상은 영국 역사상 최악의 군사적 치욕"이라 말했다. 〈이겼다, 이겼다, 일본이 이겼다〉는 그 당시 일본의 자신감과 미국과 영국에 대한 적개심을 고스란히 담은 곡이다. 다음은 가사 일부다.

이겼다 일본, 확실히 이겼다. 미·영은 이제 격멸이다. 태평양의 적 진영은 뿌리째 무너져 소리도 없다.
동아를 침략한 오만무도를 응징한 이 승리, 참는 데도 한계가 있다. 들어라, 이 외침을.
무적의 황군, 정의의 전진, 우리를 가로막는 적들을 단호히 격파하고 태평양을 제압하리라.
이기자, 이겨야 한다, 반드시 이긴다. 미영을 도륙 낸 이 기세로, 세계의 역사를 다시 쓴다, 새로운 시대를 연다. 만세.

적 비행기가 나타나면

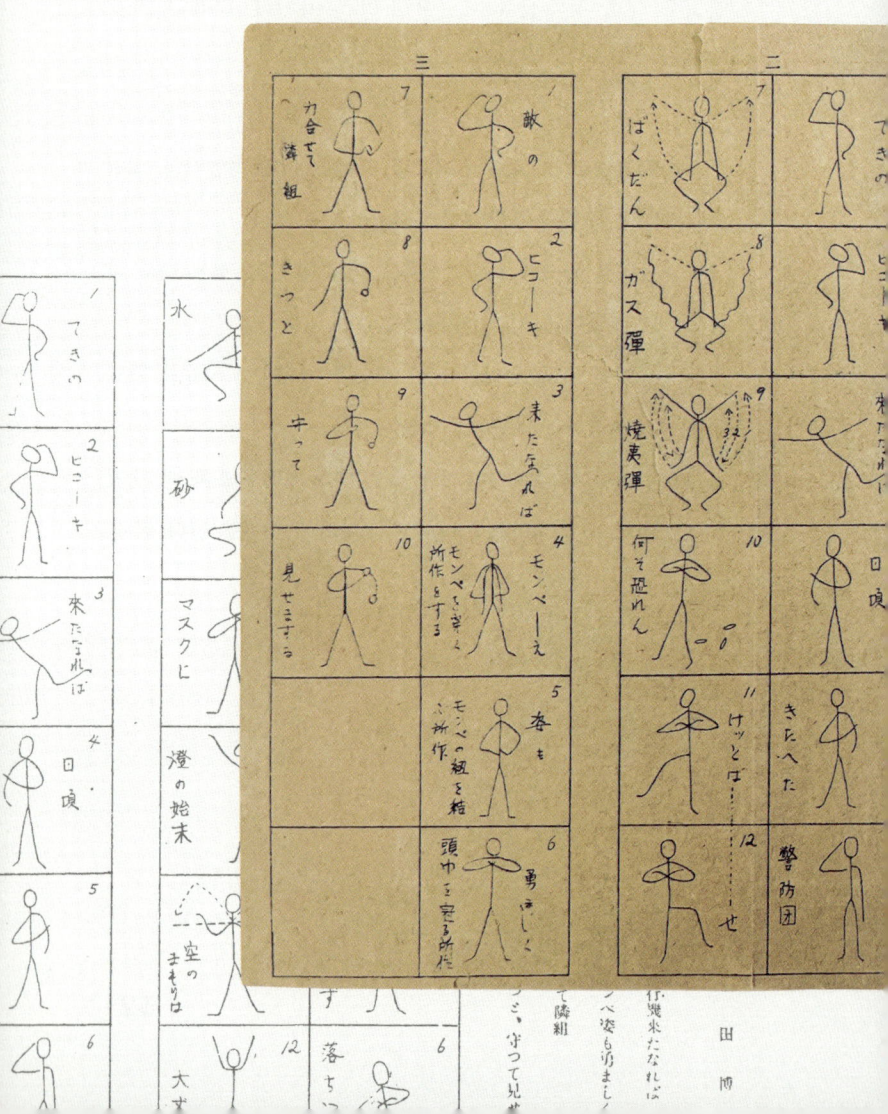

〈방공의 노래와 춤—적의 비행기 나타나면〉 전단지, 1940년대.

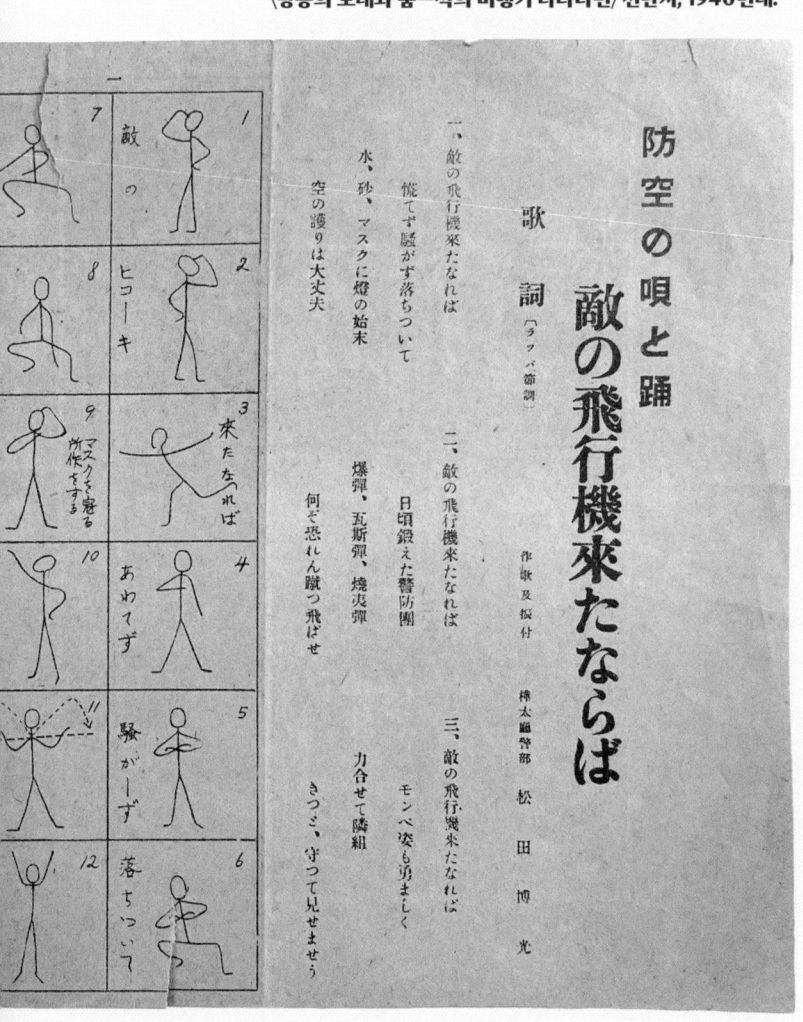

흥미로운 자료가 있다. 학생들에게 적의 비행기가 나타났을 때 행동 요령을 알리기 위해 보급된 〈적의 비행기 나타나면〉이라는 노래 전단지인데, 가사와 함께 율동을 그림으로 넣어 쉽게 따라 할 수 있게 했다. 노래 가사는 이렇다.

1. 적 비행기가 나타나면 / 당황하지 말고 소란 피우지 말고 침착하게 / 물, 모래, 마스크에 등불 정리 / 하늘 수비는 문제없지
2. 적 비행기가 나타나면 / 평상시 단련한 경방단(警防團) / 폭탄, 가스탄, 소이탄 / 무서워 말고 발로 차 날려 버려라
3. 적 비행기가 나타나면 / 몸뻬 차림으로도 용감하게 / 힘을 합쳐 도나리구미* / 꼭꼭 지켜냅시다

1942년 4월 18일 둘리틀 공습**을 시작으로 미국의 일본 본토 공습이 시작됐다. 이후 1945년까지 도쿄, 오사카, 고베, 나고야 등 일본의 주요 도시들을 대상으로 미군의 대규모 폭격이 이어졌다. 대표적으로 1945년 3월 10일 도쿄 대공습에서는 미군 B-29 폭격기 344대가 소이탄 38만여 발을 투하해, 약 8만여 명이 사망하고 100만 명이 넘는 이재민이 발생하는 등 피해가 막대했다. 이 공습은 원자폭탄을 투하한 히로시마와 나가사키에 못지않은 인명 피해를 남겼다. 1945년 5월경 식민지 조선에도 미군 폭격기가 출현하기 시작했다. 제주도는 일본군의 군사기지였으므로 주요 폭격 대상이었다. 1945년 5월 제주항을 출항한 민간인 여객선이 미군기의 공습을 받아 침몰했고, 7월에는 한림항의 일본군 무기고가 폭격을 받았다. 7월 20일부터는 부산 등 한반도 남부에도 미군의 폭격이 시작됐다. 미군은 일본 본토 상륙작전을 계획하는 한편, 한반도 내 일본군 주요 거점, 특히 용산 등 군사시설과 철도, 화물기지 등을 폭격 대상으로 삼았다. 1945년 8월 일본이 항복하면서 대규모 공습이 실행되지는 않았지만, 미군은 한반도 내에 최소 210개의 폭격 대상을 선정해 두고 있었다.

이러한 미군의 공습에 대비해 일본과 조선에서는 방공호를 설치하고, 방공 교육과 훈련을 강화했다. 앞 페이지 전단지는 이런 급박한 전시 상황을 잘 보여 주고 있다.

---

* 도나리구미(隣組)는 태평양전쟁 시기 일본의 마을 자치조직을 말한다.
** 미국 육군 항공대의 지미 둘리틀(*James H. Doolittle*) 중령이 지휘했기 때문에, 그의 이름을 따 "둘리틀 공습"이라 명명했다.

천 명의 정성을 모으다

1,000명의 힘이라면 하늘도 감동하게 할 수 있을까? 일제강점기 말기 전운이 짙어지면서 징병제가 실시되었다. 많은 식민지 조선인이 전쟁에 동원되는 가운데 온 나라가 '천인침(千人針, 센닌바리)'을 만드느라 부산했다.

천인침은 태평양전쟁 중 일본에서 먼저 시작되어 식민지 조선에 들어왔다. 부인이나 어머니가 전쟁에 나가는 남편이나 아들의 무사 귀환을 기원하며 1,000명의 여인에게 한 땀씩 바느질을 받아 만드는 일종의 부적 같은 것이었다. 1미터 정도의 흰 천에 붉은 실로 '무운장구(武運長久)'라는 글자를 수놓는 것이 일반적이었다. 욱일기나 호랑이 같은 그림을 수놓은 것도 있고, 조끼나 어깨띠, 머리띠 등에 수놓아 가지고 다니기 편하게 만든 것도 있다.

천인침을 가지고 있으면 총알이 비껴간다고 해서 참전 군인들은 이것을 배에 두르거나 모자에 꿰매어 항상 소지했다. 이렇게 근거 없는 믿음까지 생긴 것은, 가는 사람이든 보내는 사람이든 그만큼 전쟁에서 무사히 살아 돌아오기를 바라는 마음이 컸기 때문일 것이다.

천인침을 만드는 장면을 담은 사진엽서, 1940년대.
왼쪽 아래에 '거리에서 모으는 천인의 힘'이라는 문구가 적혀 있다.

결코 아름답지 않은
가미카제의 죽음

가미카제 특공대원들이 출격 전 받은 기념 접시, 1944년.

일장기와 욱일기 아래 '가미카제(神風) 특별공격대'*라 적혀 있고, '제로식 전투기(零式戰鬪機)'** 주변에 흐드러지게 핀 벚꽃이 그려진 접시. 1944년 일제가 곧 출격할 가미카제 특공대원들에게 기념품으로 준 것이다.

일제는 지원병이나 징병으로 전쟁터에 나가는 젊은이들을 독려하며 "일제히 떨어지는 벚꽃처럼 나라를 위해 목숨을 바치자"라는 구호를 사용했다. 그런데 이 구호는 외침으로만 끝나지 않았다. 태평양전쟁 말기 일제는 가미카제 특별공격대를 조직해 자폭 공격을 실행한 것이다. 가슴과 어깨에 벚꽃 가지를 꽂은 특공대원들은 벚꽃을 흔드는 여학생들의 환송을 받으며 제로식 전투기를 몰고 출격해 미 항공모함을 향해 떨어졌다. 아무리 아름다운 꽃으로 꾸미더라도 젊은이들의 죽음은 결코 미화될 수 없다.

---

* 특별공격대의 준말인 특공대를 일본어로 '독고타이'라고 한다. 이 말은 한반도에서 '독고다이'로 남았다. 한국에서는 어떤 일을 고집스럽게 혼자 결정하고 처리하는 사람을 속되게 이르는 말로 지금도 쓰이고 있다.
** 태평양전쟁 당시 일본 해군의 경량급 전투기로, 일본 해군이 요구해 미쓰비시중공업이 1940년에 개발했다. 정식 명칭은 영식함상전투기(零式艦上戰鬪機)인데, 보통 줄여서 제로전투기(零戰鬪機) 혹은 제로센(零戰)이라고 부른다.

스러지는 젊은 벚꽃의 유언장

김태봉(창씨명 金剛泰奉)의 유언장, 1945년.

遺言状

残シタ明子ヲ大事ニ育テヽ國民學校ニハ是非
卒業サセテクレヨ次ニ頼ミタイコトハ御兩親樣ノ
コトダ老タル父母ニ出来得ル限リ孝行シテクレ
命令ヲ良ク守ツテ家中ニ不平ヲ起ラナイヨウニス
レバ九段ノ私コソ喜ンデヤルゾ
弟ノ泰圭ヲモ國民學校ニ入學サセルタダ輒川沼
デハ子供達ノ教育ニ甚ダ不便デアルカラオ父サン
ニ頼ンデ通學便利ナ地點ニ移舎スルヨウニシテ
クレヨ
祖先カラ傳ツタ土地ハ如何ナル困難ガアッテモ賣
渡シナイヨウニシテクレ家中ニ下更ノ

1944년과 1945년 두 해에 걸쳐 식민지 조선에서 징병제가 실시되었다. 그해 만 20세가 되는 조선인 청년은 모두 징집 대상자였다. 그래서 1944년에는 갑자생(甲子生)이, 1945년에는 을축생(乙丑生)이 전선으로 내몰렸다.

1945년 안동에 살던 김태봉도 징병 통지서를 받았다. 1945년 2~5월에 실시된 신체검사와 그 후의 훈련소 생활을 마치고 1945년 7월 전선으로 떠났다. 지금 떠나면 살아 돌아온다는 보장이 없었다.

이제 모든 것이 마지막이 될 수 있었다. 소중한 일상과 이별하기 직전, 태봉은 아내에게 편지 형식의 유언장을 남겼다. 일본이 패망하기 대략 한 달 전이었다. 전쟁터에 나갔던 그가 이후 살아 돌아왔는지, 아니면 어느 전쟁터에서 전사하여 불귀의 혼으로 남았는지는 알 수 없다. 식민지 조선의 스무 살 청년들은 모두 비슷한 처지였다.

태봉이 남긴 유언장 전문을 보자. "일제히 스러져 보람 있는 젊은 벚꽃, 대일본제국 만만세"로 끝맺은 그의 유언장에 마음이 씁쓸하기만 하다.

유언장

남기고 가는 아키코(明子)를 잘 길러서 국민학교는 꼭 졸업시켜 주시오. 다음으로 부탁하고 싶은 것은 부모님 일이오. 나이 드신 부모님께 되도록 효도하기 바라오. 명령을 잘 지키고 집안에 분란이 일어나지 않게 해준다면 나도 구단(九段, 야스쿠니신사가 있는 곳)에서나마 기쁘겠소. 동생 태규도 국민학교에 입학했는데, 망천동에서는 아이들 교육이 심히 불편할 거요. 아버지께 부탁해서 통학이 편리한 곳에 이사를 해주도록 하시오.

조상님으로부터 전해지는 토지는 어떠한 곤란함이 있더라도 팔지 않도록 하고, 집안에 불편한 일이 있으면 때때로 사촌 형과 의논하시오. 내 옷들은 깨끗하게 세탁하고 햇빛에 소독하여 동생 태규에게 주시오.

그리고 안동금융조합에 약간 저금한 것이 있으니 찾아서 국방헌금으로 내 주시오. 저금 통장은 책상 서랍에 들어 있소.

마지막으로 부모님의 장수와 오랜 행복을 기원합니다.

일제히 스러져 보람 있는 젊은 벚꽃,

대일본제국 만만세

원자폭탄이 전쟁을 끝내다

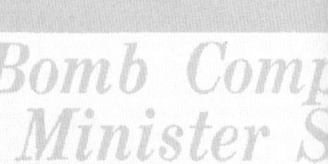

종전을 알리는 《마이애미 헤럴드(The Miami Herald)》와 《시애틀 포스트-인텔리젠서(The Seattle Post-Inteligencer)》 기사, 1945년 8월 15일자.

"전쟁이 끝났다" "평화; 히로히토는 원자폭탄이 항복을 하게 했다고 말했다"라는 신문기사의 헤드라인은 1945년 8월의 상황을 압축적으로 보여 준다.

1945년 8월, 인류 역사상 가장 파괴적인 무기가 사용되었다. 미국은 1945년 8월 6일 일본 히로시마에 원자폭탄 '리틀 보이(Little Boy)'를 투하했고, 이어서 8월 9일에는 나가사키에 원자폭탄 '팻 맨(Fat Man)'을 투하했다. 원자폭탄은 미국이 1942년부터 추진한 극비 핵무기 개발 계획인 '맨해튼 프로젝트'를 통해 만들어진 무기였다. 1945년 7월 16일 미국 뉴멕시코 사막에서 첫 실험을 한 지 고작 한 달도 지나지 않아 실전에 사용된 것이다.

당시 태평양전쟁은 언제 끝날지 모르는 상황이었다. 특히 미국의 대규모 공습과 동맹국 독일의 패망에도 일본은 항복할 의사가 없었다. 되레 "야마토 정신*으로 무장해 1억 국민 모두 죽음을 각오하고 싸우자"라는 '1억 옥쇄론(玉碎論)'을 외치며 미군의 상륙에 대비했다. 이렇게 일본의 결사항전으로 미군의 피해가 커지는 상황에서 미국이 선택한 마지막 카드가 핵무기였던 것이다. 두 차례의 원폭 투하로 히로시마에서 약 14만 명, 나가사키에서 약 7만 명이 사망했을 정도로 일본은 치명적인 피해를 입었다. 일본은 결국

일본 항복 다음 날 《요미우리호치(讀賣報知)》 신문 보도, 1945년 8월 16일자.
내각 총사퇴를 알리는 기사 옆에 황거 앞에서 엎드려 있는 일본인들의 모습을 담은 사진이 실렸다. 사진의 제목은 '땅에 엎드려 숙연히 성은에 흐느껴 울다. 궁성 앞의 적자(赤子, 백성)들'이다.

1945년 8월 15일 무조건 항복을 선언했다.

그런데 일본의 항복에 결정적인 영향을 미친 것은 원폭 투하만이 아니었다. 소련의 대일전 참전 역시 또 하나의 중요한 원인이었다. 나가사키에 두 번째 원자폭탄이 떨어지기 전날 소련은 일본에 선전포고하고, 곧바로 만주에 있는 일본 관동군에 대한 전면적인 공세를 시작했다. 독일과 전쟁을 거듭하며 강군으로 변모한 소련군은, 더는 40년 전 러일전쟁에서 패한 그 무기력한 군대가 아니었다. 소련군은 진격 며칠 만에 관동군 주력을 궤멸했고, 한반도 북쪽으로 진입하기 시작했다. 일본 정부는 큰 충격을 받았다. 소련군이 일본 본토까지 들이닥치는 것은 시간문제라고 여기고, 저항보다 항복을 택한 것이었다.

이로써 1945년 8월 15일 전쟁은 끝났고, 평화가 왔다. 이와 함께 식민지 조선인들도 35년 식민 지배의 속박에서 벗어나 해방을 맞이했다.

---

* 야마토 정신은 일본어로 야마토다미시(大和魂) 또는 야마토고코로(大和心)라고 하며, 원래는 일본 고유의 정신을 의미했다. 하지만 일본 군국주의의 영향으로 죽음을 불사하며 항복하지 않는 정신으로 그 의미가 변모했다.

5 해방의 빛,
다가오는 어둠

1945~1950

1945

1946

조선건국준비위원회 출범, 38도선 분할,
모스크바 3국 외상 회의

좌우합작위원회 출범

1945년 8월 15일 정오,
일본의 무조건 항복 소식이
라디오를 통해 흘러나왔다.
그토록 염원하던 해방을 맞았다.
하지만 벅찬 기쁨을
만끽할 새도 없이
혼란과 분열의 그림자가
다가오는데…

1948

제주 4·3 사건, 남한 5·10총선거 실시.
대한민국 정부 수립.
조선민주주의인민공화국 정부 수립

1950

한국전쟁 발발(~1953)

해방,
그날의 감격과 환희

괘를 먹으로 대충 그렸고, 태극은 빨간색뿐이다. 그런데 자세히 들여다보면 빨간색 위에 파란색을 덧칠한 흔적이 있다. 그렇다, 이것은 일장기를 가지고 손수 꾸며 만든 태극기다.

> **누가 나오라고 한 것도 아닌데, 전부 길거리로 나왔어요. 그리고 제대로 된 태극기는 아니었지만 어떻게 그리도 급히 만들었는지 형형색색 태극기를 들고 만세를 불렀어요.**
> (문제안, 〈이제부터 한국말로 방송한다〉, 《8·15의 기억》(문제안 외), 한길사, 2005, 21쪽)

1945년 8월 15일 한국인들은 느닷없이 해방을 맞았다. 사람들은 그 기쁨에 겨워 태극기를 흔들고 싶었을 것이다. 그래서 일장기에 태극 문양과 사괘를 그려 구하기 어려운 태극기를 대신했을 것이다.

일장기를 재활용해 만든 이 볼품없는 태극기에서 35년 일제 강점의 세월을 감내하고 해방을 맞이했던 당시 한국인들의 감격과 환희를 느낀다.

일장기를 재활용한 태극기, 1945년.

조선 동포여!
절대 자중하라

조선건국준비위원회 포고문, 1945년.

국내에서 해방을 가장 주도적으로 맞이한 세력은 여운형이 이끄는 조선건국동맹이었다. 조선총독부는 본국의 항복 사실을 미리 알고, 약 100만에 이르는 조선 거주 일본인의 안전을 걱정했다. 그래서 조선에서 가장 영향력 있는 여운형을 만나 미리 이 문제를 협의했다. 여운형은 '수감 중인 애국자 전원 석방', '3개월분의 식량 확보', '치안의 장악' 등을 요구했고, 다급했던 총독부는 곧바로 이를 받아들였다.

여운형은 8월 15일 저녁 조선건국준비위원회(이하 '건준')를 조직하고, 8월 16일에 건준 명의로 포고문을 발표했다.

> **조선 동포여! 중대한 현 단계에 있어 절대의 자중과 안정을 요청한다. 우리들의 장래에 광명이 있으니 경거망동은 절대 금물이다. 제위(諸位, 여러분)의 일어일동(一語一動)이 민족의 휴척(休戚, 편안함과 근심)에 지대한 영향 있는 것을 맹성(猛省, 깊이 반성)하라.**

이날 서울 휘문중학교 운동장에서 열린 건준 집회에는 해방을 기뻐하는 사람들이 구름처럼 몰려들었다. 여운형은 이 자리에서 "민족의 모든 역량을 한데 모으자!"라고 호소했다. 모든 일이 순조로울 것 같았고, 민족의 장래에 오로지 광명만 있을 것 같았다.

'귀축미제'와의
첫 만남

해방 직후 미군이
한국인들과 함께 찍은
사진, 1945년.

당장 새 세상이 열릴 줄 알았건만, 1945년 8월 15일 해방이 되고도 한동안 조선총독부의 행정권은 그대로였고, 일본군도 무장한 상태로 한국의 치안과 질서를 담당하고 있었다. 미군이 일본군의 무장해제를 위해 한반도에 상륙한 것은 3주나 지난 9월 8일이었다.

이날 존 하지 중장이 이끄는 미군 병력이 인천에 도착했고, 당일로 서울에 입성했다. 다음날 《매일신보》 1면에는 행진하는 미군 사진과 함께 "삼천리 강산에 새봄은 왔다"라는 큰 제목의 기사가 실렸다. 서울에 이어 부산과 목포를 통해서도 미군 사단이 차례로 들어와 남한 전역을 점령했다. 무장해제된 일본군은 인천항, 부산항, 제주항을 통해 일본으로 돌아갔다.

사진은 순찰차에 탄 미군들이 한국인들과 만나는 장면을 담고 있다. 차량 위에는 미군 세 명과 한국인 통역관 한 명이 타고 있다. 제일 뒤쪽에 서 있는 한국인 노인은 태극기를 들고 있다. 한국인들은 대부분 한복을 입었지만, 순찰차 바로 옆에 서 있는 젊은이는 드물게 양복을, 가운데 소년은 국민복을 입고 있다. 짚신을 신고 있는 서너 명의 모습도 신기하다. 1945년 9월에 찍은 것으로 추정되는 이 사진의 뒷면에는 영어로 "일본인 무장해제를 위한 외곽 지역 순찰 중에 한국인들로부터 환영을 받았다"라고 적혀 있다. 그래서 인지 미군들과 통역관은 여유롭게 웃고 있다. 그런데 그들을 환영하는 한국인들의 표정은 왜인지 경직돼 보인다.

일제강점기 말기 일본은 적국인 미국과 영국을 '미영귀축'이라고 부르며 철저히 악마화했다. 미국만 따로 '귀축미제(鬼畜米帝)'라 부르기도 했다. 귀에 못이 박히도록 '미영귀축'을 들어온 식민지 조선인들이 해방 후 미군을 처음 대면했을 때, 과연 어떤 마음이었을까? 최근 수집한 익산에 살던 최봉현의 자서전에서 그 심경의 일단을 읽을 수 있다.

> **처음으로 미군을 보았다. 일제시대 대동아전쟁으로 적국 서양인에 대한 악선전 때문에 나쁘게만 여겨 오던 터라 미국인을 처음 보는 순간, 키가 크고 몸집이 크고 눈이 파랗고 머리칼이 노란색이고, 흑인을 보면 식인종같이 느껴졌으며, 외계에서 온 외계인같이 느껴졌다. 이렇게 처음 느꼈던 것은 일본인들이 아동교육을 하는 데 서양인에 대한 적개심을 심었기 때문이다.**

사진 속 활짝 웃는 양복 입은 청년을 제외하고는 무표정하거나 어쩌면 두려움까지 묻어 있는 다른 이들의 표정에서 '귀축미제'를 읽어 낸다면 지나친 억측일까?

인공이냐? 임정이냐?

건준은 중도 좌파 여운형이 위원장을, 중도 우파 안재홍이 부위원장을 맡으며 좌우합작 단체로 창립했으나, 점차 좌익들이 주도권을 장악해 갔다. 그러던 중 1945년 9월 8일에 미군이 들어온다는 소식을 들은 건준 지도부는 9월 6일 서둘러 '조선인민공화국'(이하 인공)을 선포하고 미군 진주에 대비했다. 지방 건준 지부는 지방 인민위원회로 개편되었다. 인공은 해방 후 국내에 들어선 최초의 정부였다.

그런데 인공 말고 또 하나의 정부가 귀국을 준비하고 있었다. 김구 주석이 이끌던 대한민국임시정부(이하 임정)였다. 상하이에서 수립된 후 풍찬노숙을 겪은 임정은 1940년부터는 충칭에서 독립운동을 해온 터였다. 인공과 임정, 두 정부 중 어느 쪽을 지지할지 사람들은 혼란스러웠다. 1946년 김송이 쓴 소설 《무기 없는 민족》에는 이런 대목이 나온다.

> **신행이가 근무하는 합동인쇄소 내에도 두 파가 생겼다. 하나는 임정파요 하나는 인공파다. 인공파의 주장은 인민공화국은 인민을 대표한 정부이니 그를 지지한다는 것이고, 임정파는 인민공화국은 해방 이후에 새로 생겼으니**

1946년 달력, 해양출판사, 1946년.
달력 위 좌우에 '조선인민', '공화국만세'라고 적혀 있다.

대한민국임시정부 특파사무국에서 발행한 〈독립 첫인사〉 전단, 1945년.
임시정부 환국 전, 국내에 설치된 특파사무국에서 1945년 10월 27일 배포한 것으로, 일제 치하 임시정부 수립과 항일투쟁의 의의를 밝히고 향후 자유 독립을 위해 민족의 일치단결을 호소하는 내용이 담겨 있다.

아무 업적도 없고 임시정부는 조선 민족의 오천 년 역사와 문화를 고수하기 위해 이십 년간이나 해외에서 싸웠으니 우리 정부로 모셔도 좋다는 것이었다.

그러나 사람들의 희망이나 걱정, 고민은 모두 헛된 꿈이 되고 말았다. 9월 8일 인천을 통해 들어온 미군은 미군정을 선포하며 "미군정만이 38도선 이남의 유일한 합법 정부"라고 발표했다. 미군정은 건준을 사회주의 단체로 간주하고, 건준이 주도한 인공을 부인했다. 불똥은 임정으로 튀었다. 미군정은 임정 역시 정부로 인정하지 않았고, 김구에게 개인 자격 입국이라는 각서를 받고 입국을 허용했다.

미군정은 우리 민족의 독립 의지나 항일 투쟁 전통을 모두 인정하지 않았다. 그들은 일제를 대신하는 점령군이나 다름없었다.

**해방과 함께
되찾은 이름**

고씨 집안의 문패, 해방 전후.

자기 이름조차 온전히 쓸 수 없는 시절을 보냈으니, 이름을 되찾은 순간이 얼마나 기뻤을까? 해방 후 한국인들은 재빨리 일본식 이름을 버리고, 숨겼던 원래 이름을 다시 사용했다.

이런 시대상을 잘 보여 주는 것이 고씨 집안 문패다. 전라북도 익산에서 수집한 반질반질 잘 다듬어진 문패 앞면에는 '高本國吉(고본국길)'이라고 쓰여 있다. 창씨 과정에서 고씨들이 선택한 씨명 중 하나가 '다카모토(高本)'였다. 해방 후 새 문패가 필요했지만, 이왕이면 예전에 쓰던 문패 뒷면을 재활용하기로 했다. 뒷면은 다소 거칠게 마무리되어 있지만, 문패로 쓰기에 부족함이 없어 보인다. 이렇게 해서 '高夏相(고하상)'이라고 쓴 새 문패가 완성되었다.

다만 아쉽게도 이 문패만으로는 '고본국길'과 '고하상'이 동일인인지는 알 수 없다. 창씨는 의무였지만 개명은 선택 사항이었기 때문이다. 그래서 창씨만 한 경우에는 구별이 쉽지만, 창씨와 개명을 모두 한 경우에는 이름만 가지고서는 동일인인지 구별하기가 어렵다.

해방 직후 만들어진 족보 중에는 창씨에 관한 역사를 담은 흥미로운 족보도 있다. '경주이씨 세보'라는 제목을 달

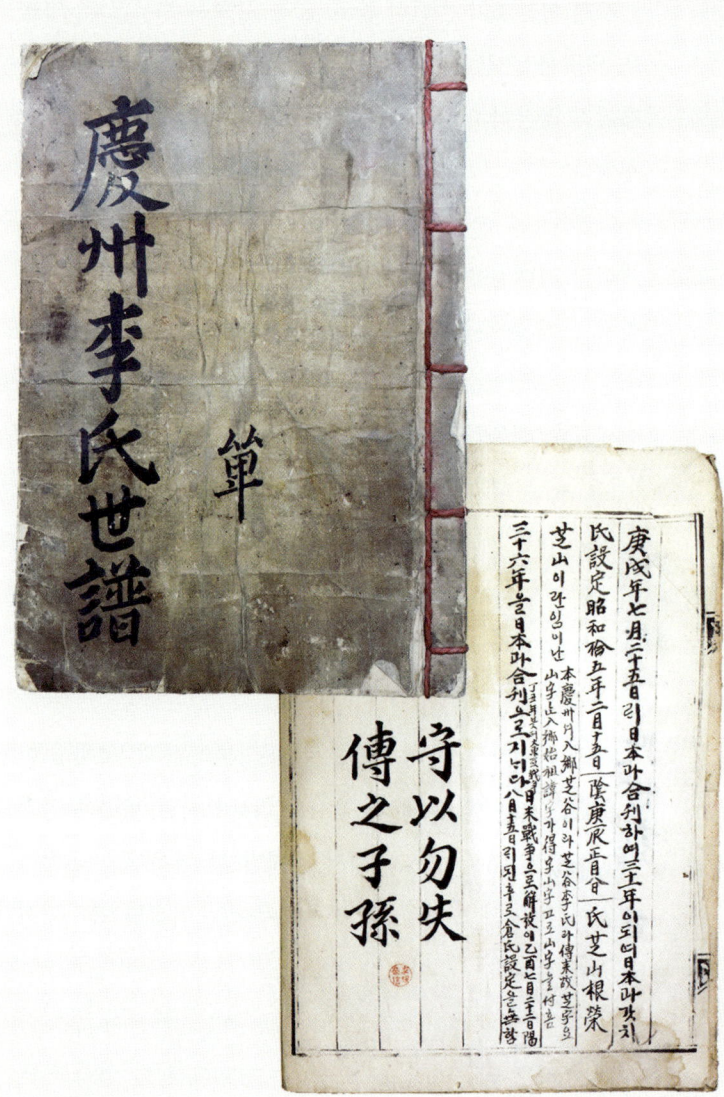

《경주이씨 세보》, 해방 직후.
오른쪽은 족보의 첫 쪽 내용이다.

고 있는 한 권짜리 필사본으로 이근영(李根榮)이라는 인물이 해방 직후 제작한 것이다. 이근영은 1878년 무인년 출생으로 대한제국 때 궁내부 주사를 지낸 인물이었다. 해방 당시 그의 나이는 67세였다. 이 족보가 특이한 것은 해방 이후에 만들었음에도, 첫 쪽에 1940년 일제의 정책에 따라 '지산(芝山)'으로 창씨한 내력을 기록했다는 점이다. 그러고는 해방이 되어 이제 그 씨명이 무효가 되었음을 밝혔다.

36년을 일본과 합방해 지내다 일미전쟁(日米戰爭, 태평양전쟁)으로 해방이 을유년 8월 15일에 된 후로 창씨 설정을 무효로 함.

이근영은 '지산'이라는 씨명을 채 5년도 쓰지 않았음에도, 흑역사라면 흑역사라고 할 수도 있는 사실을 왜 굳이 족보에 밝혀 놓았던 것일까? 혹독한 일제강점기를 거치면서도 결국 지켜 낸 자랑스러운 성씨니 그 소중함을 후손들이 잊지 말라는 뜻이었을까? 정확한 의도야 알 수 없지만, 이근영은 가문의 역사를 적은 다음 그 옆에 큰 글씨로 여덟 자 당부의 말을 덧붙여 놓았다. "수이물실 전지자손(守以勿失 傳之子孫)." 잘 지켜서 잃어버리지 말고, 자손들에게 잘 전하라는 뜻이다.

기역니은 배워서
새 나라를 세우자

해방 후 학교에 큰 변화가 생겼다. 가장 먼저 교과목들 이름이 바뀌었다. '창가'가 '음악'으로 바뀐 것을 비롯해 '수신'이 '공민', '도화'가 '미술', '체조'가 '체육', '직업'이 '실업'으로 바뀌었다. 더러 바뀌지 않은 과목도 있었는데, 그중에 '국어'가 있었다. 하지만 국어는 이제 '일본어'가 아니라 '한국어'를 의미했다.

그런데 문제가 있었다. 해방 당시 학생들의 모국어는 사실상 일본어였기 때문에 한국어를 모르는 학생이 대다수였다. 또 9월 신학기부터 당장 학교에서 한국어를 가르쳐야 하는데, 교사도 부족했다. 미군정청에서는 "선생님! 어서 돌아오십시오, 일본 글을 알아도 우리 글은 몰라요"라고 소리치는 어린 학생을 소재로 한 포스터를 제작해 교사들을 모집할 정도였다.

이런 상황이다 보니 초기의 한글 수업은 국민학교 저학년만이 아니라 중학교(오늘날의 중·고등학교 통합과정) 학생들도 모두 '가갸거겨'부터 배우느라 법석이었다. 당시 한글 수업을 위해 '가갸 가다가 거겨 거랑에서 / 고교 고기 잡아

조선교학도서주식회사가 간행한 국문 학습서, 1946년 9월.
표지에 한반도를 배경으로 '국문개학운동'이라는 글과 함께 "배우자 우리 국문, 가르치자 우리 한글"이라는 구호를 넣었다.

미군정기 국어 교사 모집 포스트, 해방 직후.
'선생님, 어서 돌아오십시오'라는 말과 더불어 '교원은 당신의 학교로 돌아가시오'라는 문구가 적혀 있다. 국립중앙박물관 소장.

구규 구워서 / 나냐 나하고 너녀 너하고 / 노뇨 노나 먹자' 하는 식의 동요도 보급했다.

이 시기 아이들 사이에서는 '돈이 때굴때굴 굴러가네(かね, 돈)', '곰이 어슬렁어슬렁 걸어오는 구마(くま, 곰)' 같이 우리 말과 일본 말을 합성해서 뜻이 통하게 하는 일종의 언어 유희가 유행하기도 했다.

제대로 인쇄된 교과서는 꿈도 꿀 수 없었다. 해방 직후 학교에서 사용된 《우리말본》, 《신생국어독본》도 겨우 등사본을 사용했다. 1945년 9월 제작된 《신생국어독본》은 해방 후 최초의 국어 교과서라는 점에서 의의가 있다.* 경상북도 지정 국어 교과서였던 《신생국어독본》은 대구의 김상문이 창업한 동아프린트사출판부에서 제작한 것이다. 이 회사는 1956년에 동아출판사로 이름을 바꾸는데, 《완전정복》과 《동아전과》 등 참고서로 큰 성공을 거둔 바로 그 회사다.

---

* 해방 후 최초의 국정 국어 교과서는 《바둑이와 철수(국어 1-1)》로, 1948년 10월 5일 문교부에서 발행했다.

오냐!!!
싸호자!!

신탁통치 반대 우익 전단지, 1946년.

> 오늘부터 결사동맹 아니 자살동맹을 결성하자. 그리하야 정히 그대들이 독립을 허용치 아니하거든 우리 손으로 모두 무찔러서 이 땅을 황무지로 … 만들고 우리도 모두 죽어 버리자꾸나. 길이길이 노예가 되어 버리느니보다는.

일제도 물러간 해방 정국에 도대체 무엇에 반대하기에 결사니 자살이니 노예니 하는 단어들이 튀어나온 걸까? "오냐! 싸호자(싸우자)!"로 시작하는 이 전단은 바로 신탁통치에 반대하는 전단이다.

해방 후 넉 달이 지난 1945년 12월 28일 모스크바에서 열린 미국·영국·소련 3국 외상회의의 합의 내용이 국내에 전해지면서 정국은 크게 요동쳤다. 이른바 모스크바 삼상회의의 결정 요지는 다음과 같다.

> 미소공동위원회를 개최하고 여기에 조선(한국)의 여러 정당과 단체 대표들을 참여시켜 협의를 통해 '조선민주주의 임시정부'를 수립한다. 그리고 이 정부에 대해 연합국 4개국(미국·영국·중국·소련)이 최고 5년간 신탁통치를 하고, 이 신탁통치를 끝낸 후 한국인들의 완전한 자주독립 국가를 수립한다.

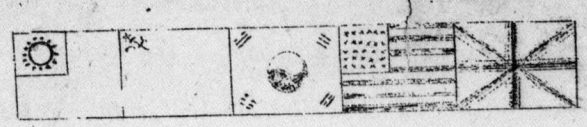

신탁통치 찬성 좌익 전단지, 1946년.

이런 결정에 *1946*년 새해는 좌우익의 격렬한 찬반 대립으로 시작되었다.

우익, 즉 민족주의 세력은 신탁통치를 결사반대했다. 강대국에 의한 신탁통치는 즉각적인 독립을 부정하므로 제2의 망국이고, 새로운 식민 지배와 다름없기에 반탁운동은 제2의 독립운동이라 주장했다. 이에 반해 좌익, 즉 사회주의 세력은 한국인의 정부를 우선 수립하는 것이 급선무라고 보았다. 어느 한 나라의 식민지가 되는 것이 아니라 4개국 연합 신탁통치이고, 늦어도 5년 안에 독립이 이루어질 수 있기에 신탁통치는 오히려 독립을 촉진하고 보장하는 방안이라며 '모스크바 결정 절대 지지'를 내세웠다.

이처럼 모스크바 결정을 좌익과 우익은 전혀 다르게 받아들였고, 서로를 맹렬히 비판했다. 우익은 좌익을 '민족반역자'이자 '매국노'이고, "신탁통치를 배격하고 즉각 독립을 주장하는 우리야말로 진정한 애국자"라는 이분법적 논리로 좌익을 공격했다. 좌익은 우익의 반탁운동을 "국제 정세의 무지에서 나온 민족 자멸책"이라면서 비난했다. 모스크바 삼상회의 결정은 이렇게 해방 직후 우리 민족 내부의 '민족 대 반민족' 대립 구도를 '좌익 대 우익'의 대립 구도로 바꿔 놓고 말았다.

일제 경찰,
컴백하다

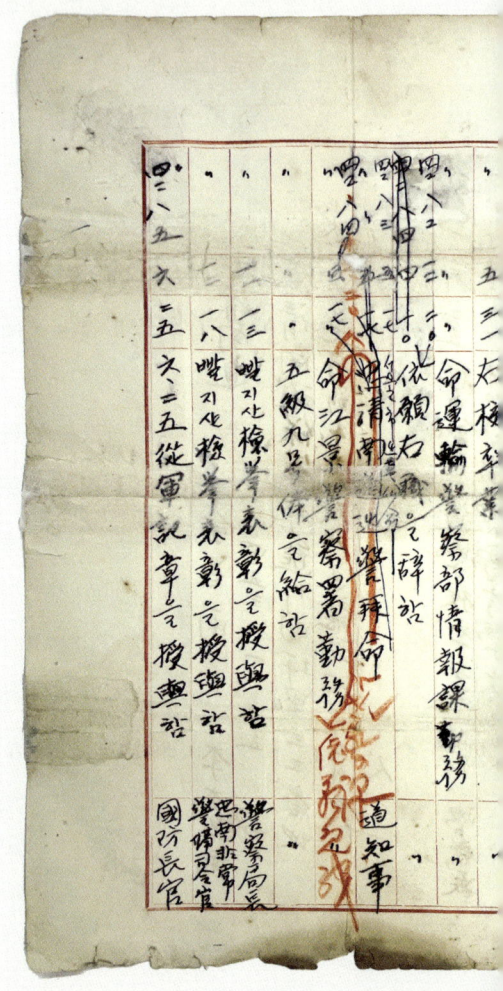

일제강점기 경찰을 지냈던
사람의 이력서, 해방 직후.

履歷書

出身道名	忠淸南道		姓名	李昌雨 (李) 舊姓名 李本昌雨
本籍	忠淸南道保寧郡熊川面坪里三三番地		生年月日	檀紀四二五三年一月二五日生(當四〇歲)
現住所	서울特別市東大門區龍頭洞一九二의三八			
戶籍關係 戶主와의關係			戶主姓名	本人

年號月日	學歷及經歷事項	發令廳
檀紀四二七一 三 二五	熊川公立普通學校卒業	學校長
〃 四 一	珠山公立農業實修學校入學	〃
〃 四二七三 三 二五	右校卒業	〃
〃 四二七四 二 一	朝鮮總督府平安南道巡査教習所入所	道知事
〃 四二七四 五 三一	平安南道巡査教習所修了	〃
〃 〃 〃	右教習을修了	〃
〃 〃 〃	命平安南道龍岡警察署勤務 道知事	

일제강점기 평안남도 용강경찰서에서 근무했던 이창우의 이력서를 보면, 1945년 8·15해방으로 경찰직을 사임했다가 이듬해 4월 다시 경찰로 복귀했음을 알 수 있다. 일제의 경찰이 어떻게 미군정의 경찰로 변신할 수 있었을까?

식민지 시기 적지 않은 조선인들이 일본의 조선 통치를 도왔다. 적극적인 친일파도 있었지만, 어떤 이들은 단순히 각종 관공서의 공무원, 경찰 등으로 일제의 통치 말단을 맡기도 했다. 그러다 해방이 되면서 세상이 바뀌었다. 일제 통치에 협조했던 자들은 돌연 위태로운 처지가 되었다. 친일파를 처단하자는 목소리가 크게 일자 그들은 혹시 모를 보복이 두려워 잠시 몸을 숨겼다.

그런데 미군이 들어오면서 상황이 바뀌었다. 미군은 '한국'이라는 곳에 대해서 아는 것이 거의 없었다. 또한 미군정이 직접 통치를 표방하면서 그들을 도와줄 이들이 필요했다. 당연히 일제강점기 경찰이나 공무원으로 일한 사람들이었다. 이런 미군정의 입장은 1945년 9월 7일 맥아더 장군이 일본에서 발표한 〈조선인민에게 고함〉이라는 포고문의 제2조에 이미 잘 나타나 있다.

정부 등 전 공공사업기관에 종사하는 유급 또는 무급 직

원과 고용인 그리고 기타 제반 중요한 사업에 종사하는 자는 별도의 명령이 있을 때까지 종래의 정상 기능과 업무를 수행할 것이며 모든 기록 및 재산을 보호·보존하여야 한다.

일제에 협력했던 많은 사람이 이 포고령에 따라 원래의 자리로 돌아와, 어느새 미군정과 손을 잡고 새 나라를 세우는 일꾼으로 둔갑했다. 미군정은 일제에 협력했던 공무원들을 활용할 때 '*Jobs rather than Japs*'라는 논리를 내세웠다. 미군정에게 중요한 것은 그들의 친일 여부가 아니라 직무 수행 능력이라는 것이다. 이런 논리라면, 경찰이면 도둑만 잘 잡으면 되지 친일 경력은 아무런 문제가 되지 않는다. 이런 과정을 통해 일제의 경찰들은 미군정의 경찰로 '컴백'할 수 있었던 것이다.

우표 독립을
이루기까지

나라는 해방되었지만, 제대로 갖추어진 게 거의 없었다. 우표도 마찬가지였다. 오가는 편지를 막을 수는 없으니, 한동안 해방 전 제작한 우표를 재활용할 수밖에 없었다. 1946년 2월 1일, 미군정은 새로운 우표를 발행하는 대신 기존에 사용하던 일본 우표에 '조선 우표'라는 문구와 금액을 인쇄해서 우표를 발행했다. 이를 가쇄우표(加刷郵票)라고 부른다. 해방은 되었으되, 진정한 해방은 아니었던 셈이다.

그로부터 3개월 뒤, 1946년에 5월 1일에 해방 이후 최초로 정식 우표가 발행되었다. 태극기를 들고 어린아이를 안은 부부, 둥근 원 안에 그려진 태극기 등 두 개 도안은 김중원이 디자인했다. 우표는 3전, 5전, 10전, 20전, 50전, 1원으로 액면가가 다른 총 6종이 발행되었다. 모든 우표에는 '해방 조선'이라는 문구를 넣었다. 그런데 이 '해방 조선' 기념 우표는 안타깝게도 우리 땅에서 인쇄하지 못했다. 해방 후 사회 혼란과 인쇄시설 미비로, 일본 정부 인쇄국에서 인쇄해 들여왔다. 그래서 이 우표를 인쇄한 전지 하단에는 '일본조폐인쇄국'이 인쇄되어 있었다.

**미군정에서 일본 우표를 재활용해 발행한
가쇄우표가 붙은 초일봉피, 1946년.**

해방조선 기념 우표, 일본에서 인쇄, 1946년 5월.

해방 1주년 기념 엽서(왼쪽)와
기념 우표(오른쪽).
서울에서 인쇄, 1946년 8월.

다시 석 달이 지난 *1946년 8월 15일*, 이제서야 진정한 의미의 '우표 독립'을 이룰 수 있었다. *1946년 8월 1일* 미군정청 체신부장은 해방 1주년을 기념하기 위해 8월 15일에 기념 우표와 그림엽서를 발행한다고 공포했다.

보름 뒤 발행된 해방 1주년 기념 우표에는 올리브 가지를 물고 있는 비둘기가 한반도 위를 나는 그림이 그려졌는데, 이는 해방된 나라의 평화로운 재건과 자주 독립의 염원을 표현한 것이다. 이날 우표와 동시에 발행된 해방 1주년 기념 엽서는 해방 후 최초의 기념 엽서로 평가되는데, 태극기를 들고 일장기를 밟고 서서 만세를 부르는 사람들이 그려졌다. 일장기 주변에는 끊어진 쇠사슬도 표현했다. 35년이나 국권을 강탈당했던 데 대한 울분과 해방의 감격을, 엽서 한 장에다 극적으로 표현한 것이다.

해방 1주년 기념 우표와 기념 엽서 발행을 '진정한 우표 독립'이라 표현한 이유는 일본이 아닌 서울에 있는 정교사라는 인쇄소에서 제작해 발행했기 때문이다. 이제야 이 땅에서 온전히 우리 힘으로 우표와 엽서를 만들 수 있게 된 것이다.

우체국의 탄생

우체국은 언제부터 '우체국'이라 불렸을까? 아마도 이런 궁금증을 가질 한국인은 많지 않을 것이다. 수집한 사진 중에 *1946년* 어느 직장의 송별 기념사진이 한 장 있다. 모여 있는 사람들 뒤로 보이는 건물의 간판에 영어로 "*BUREAU OF COMMUNICATION*", 아래쪽에 "*RYONG SAN POST OFFICE*", 그 옆에 세로로 "龍山郵便局/용산우편국"이라고 쓰여 있다. 영어를 크게, 한글을 작게 써 둔 것이 인상적인데, 미군정 시기에는 영어가 공용어였으니 그랬을 테다. "*BUREAU OF COMMUNICATION*"은 당시 통신과 우편을 담당한 '체신국'이었을 것이고, 사진을 찍은 사람들은 용산우편국 직원들일 것이다. 그런데 '체신국', '우편국'이라 되어 있는 것을 보니, 우체국의 이름이 처음부터 '우체국'은 아니었던 게 분명하다.

*1910년*으로 거슬러 올라가면, 조선총독부는 우편과 통신 업무를 담당할 부서로 통신국을 설치했다. 이 기구는 *1912년*에 체신국으로 이름이 바뀌었고, 체신국 관할 아래 전국 곳곳에 우편국과 우편소가 설치되었다. 우편 업무만 하면 우편국, 전신과 전화 업무까지 취급하면 우편소로 구분했다. 일제는 *1941년* 우편국과 우편소의 구분을 없애고

용산우편국 송별 기념 사진, 1946년.

미군정 시기 용산우편국 간판, 1946.
사진 속 간판의 체신국(Bureau of Communication)이란 표현을 통해 1946년 4월 8일 이전에 촬영된 사진임을 유추할 수 있다. 그날을 기해 체신국은 체신부(Department of Communication)로 승격되기 때문이다.

명칭을 '우편국'으로 통일한다. 다만 우편소를 기존의 우편국과 구별하기 위해 '특정우편국(特定郵便局)'이라 불렀다. 해방 당시 남한에는 692개의 우편국이 있었는데, 그중에서 일반 우편국은 41개소였고, 나머지 651개소는 특정우편국이었다. 이렇게 해방 당시까지는 '우체국'이라는 이름이 없었다.

해방 후 미군정청은 일제의 통치기구를 그대로 이용해 남한을 통치했다. 그래서 우편과 통신 사무는 여태껏 그 일을 해왔던 체신국이 관할했고, 우편국 이름도 그대로 사용했다. 1946년 4월 8일 체신국이 체신부로 승격되었고, 1948년 8월 대한민국 정부 수립 후 체신부 명칭은 그대로 이어졌다.

그리고 1년 뒤인 1949년 8월 13일 우편국을 우체국으로 개칭하면서 '우체국' 명칭이 처음 등장했다. '우편국'이 우편 업무만 취급하는 관청이라는 인상이 강했기 때문에 전신·전화 업무도 같이 취급한다는 인식을 심어 줄 수 있는 명칭으로 '우체국'을 낙점한 것이다. 우리에게 친숙한 우체국은 이런 과정 끝에 비로소 탄생했다.

6월의
졸업식

어느 국민학교의 해방 후 첫 졸업 기념사진. 특별할 것 없는 사진이지만, 아래 적혀 있는 '1946년 6월 15일'이라는 날짜가 눈에 띈다. 경기공립고등여학교 교장이 학부모들에게 해방 후 거행되는 첫 졸업식에 참석해 줄 것을 청하는 가정통신문에도 다음과 같이 적혀 있다.

> **삼가 말씀드립니다. 요사이 더위도 날로 무르익어 가는데 귀하신 몸 평안하오시길 비옵나이다. 오는 25일은 본교 졸업식이온 바 해방 후 처음 빛나는 졸업장을 받는 학생들을 축원하시는 뜻으로 다망하신 중이라도 하루를 할애하시와 존가(尊駕, 지위가 높고 귀한 사람의 행차를 비유적으로 이르는 말)를 받게 하시면 본교의 광영도 이에 더함이 없겠나이다. 단기 4279년(1946년) 6월**

겨울인 2월에 거행되는 지금의 졸업식과 달리 여름인 6월에 졸업식이 열린다는 것이 특이하다. 이 여름 졸업식은 미군정 시기 학기제도의 변화와 관련이 있다.

일제강점기에는 일본식 학기제를 따라 4월에 시작하는 3학기제로 운용했다. 한 학년을 1학기(4~8월), 2학기(9~12

전라남도 장흥국민학교 36회 졸업 기념사진, 1946년.

敬啓

이사이 더위도 날로 무르 익어 가옵는데 귀하신몸 평안 하오심 삼가 비옵나이다。오는 二十五日(火、上午十時)은 本校 卒業式이온바 解放後처음빛나는 卒業狀을 받는 學生들을 祝福하시는 뜻으로 多忙하신중이라도 하루를 割愛하시와 尊駕를 바쁘게하시면 本校의 光榮도 이에 더함이없겠나이다

檀紀四二七九年六月 二十三 日

京畿公立高等女學校長 朴 恩 惠 올림

貴 下

경기공립고등여학교 교장이 학부모들에게 보낸 가정통신문, 1946년.

월), 3학기(1~3월)로 나눈 것이다. 그런데 해방 후 미군정기에는 9월에 시작하는 2학기제인 미국식 학기제가 도입되었다. 9월에 새 학년이 시작되고, 1학기(9월~다음 해 2월)와 2학기(3월~8월)로 나누어 운영했다. 그리고 12월과 1월 사이에 한 달간 겨울방학, 8월 한 달은 여름방학을 지내도록 정했다. 이 9월 학기제에서는 종업식은 7월 하순에, 졸업식은 6월 하순에 하는 것이 일반적이었다.

그런데 1948년 대한민국 정부가 수립된 후 1949년부터 1953년까지 일정을 조금씩 조정해 4월에 시작하는 2학기제로 돌아갔다. 당시 정부는 회계연도를 맞추고, 장마철인 6월에 치러지는 입학시험을 하반기로 옮기기 위해서라는 이유를 들었다.

그럼, 언제 지금처럼 3월에 학기를 시작했을까? 1961년 5·16군사정변 직후 한 달 앞당겨 3월 신학기제로 바꾸었는데, 겨울에 등교하면 학교 난방비가 많이 드니 1, 2월에도 방학을 해서 난방비를 줄이기 위해서였다고 한다.

일제 잔재와
단절을 시도하다

해방 후 한국인들은 몸뻬를 벗어 버리고, 일장기를 불태우고, 일본식 이름을 본래 이름으로 되돌리고, 일본식 연호를 폐기하는 등 과거와 결별하고자 했다. 이런 움직임은 교육계에서도 나타났다. 식민지 조선의 최고 교육기관이었던 경성제국대학을 아예 폐지하고 새롭게 국립 서울대학교를 설립하려는 시도도 있었다. 1946년 7월 13일 문교부에서 발표한 서울대 설립 취지문에 대해 여러 평가가 있지만, 과거와의 결별 의지를 읽을 수 있는 것만은 분명하다.

> **문교부로서는 일정시대로부터의 유물인 기존 고등교육기관을 그대로 존속시켜야 할 아무런 의무감을 느끼지 않았다. 이는 기존 고등교육기관은 일정시대에 일본이 우리나라를 노예화하려는 식민정책의 잔재요 우리 민족을 위한 교육기관이 아닌 까닭이다. 우리는 반드시 우리가 이상으로 여기는 신국가에 적합한 고등한 교육기관을 건설하여야 할 것은 물론이다.**

이런 큰 움직임 말고도 소소한 움직임이 학교 현장에서 일어나고 있었다. 해방 후인 1947년 7월 25일 태안공립국민학교 3학년 김영권이 받은 '상짱'이 그런 노력의 일단

태안공립국민학교 3학년 김영권 학생이 받은 '상짱', 1947년.

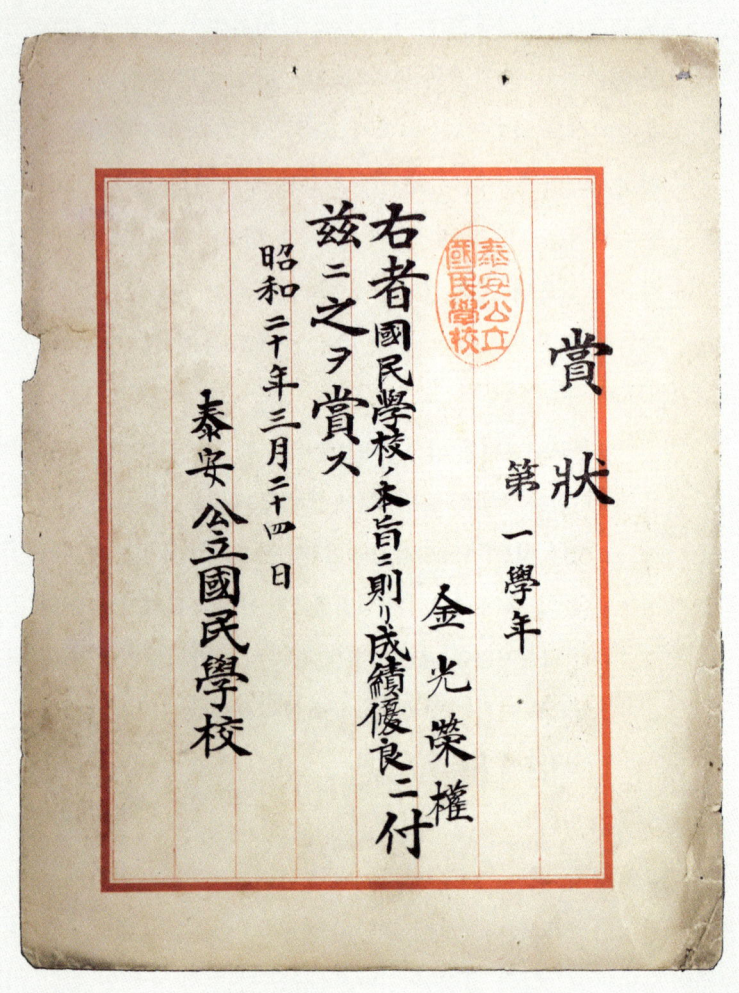

태안공립국민학교 1학년 김광영권(김영권의 창씨명) 학생이 받은 상장, 1945년.

을 보여 준다. 당시는 9월 학기제였으므로 이 '상짱'은 김영권이 3학년을 마치면서 받은 표창장이었다. 해방 직전인 1945년 3월 24일 태안공립국민학교 1학년 김광영권(김영권의 창씨명)이 받은, 온통 일본어로 적혀 있는 상장과는 반대로, 이 '상짱'은 의도적으로 한자를 피하고, 한글을 사용하고자 한 의도가 역력하다. 학년과 성명, 단기 표기만 한자로 표기했을 뿐, 나머지는 전부 한글로 썼다. '행위가 기특'하다는 것을 표창 사유로 든 것도 재미있다.

우리에게는 어색하게만 느껴지는 이 '상짱' 속에서 해방 직후 일제의 잔재에서 벗어나 새로운 나라 건설을 꿈꾸던 당시 사람들의 기대와 노력을 엿볼 수 있다.

그 많던 황국신민서사비는
다 어디로 갔을까?

일제 잔재 척결의 목소리가 날로 높아지자, 각 학교와 관공서 앞에 세워졌던 황국신민서사비도 그 운명을 피할 수 없었다. 어떤 비석은 산산조각이 났고, 어떤 것은 그대로 땅속에 묻혔다. 살아남은 것들은 비석의 내용을 지운 후 다른 용도로 재활용되었다. *1945~1946년경*에는 '해방기념비', *1948~1949년경* 대한민국 정부 수립을 전후해서는 '대한민국독립기념비'로 변신하는 경우가 많았다. 그것이 아니라면 학교 교훈비로 바뀌는 경우도 있었다.

*1948년 7월*에 촬영한 경북중학교 4학년 종업 기념사진에도 비문이 지워진 황국신민서사비가 보인다. 이 비석은 이후 학교 교훈비로 재활용된다. 현재 경북고등학교에 서 있는 "아는 사람 생각하는 사람 행하는 사람"이라고 적힌 교훈비가 그것이다.

몸에 새겨진 문신을 지우듯 해방 직후 한국인들은 이렇게 식민지 시대에 새겨진 일제의 흔적을 지우기에 여념이 없었다.

경북중학교 4학년 종업 기념사진, 1948년.

모두의 상징에서
한쪽만의 상징으로

참으로 묘한 느낌을 주는 자료다. 이 우표는 *1946년 8월 15일* 해방 *1주년* 기념으로 북한에서 발행한 것이다.

당시 북한에서는 김일성이 이끄는 조선공산당 북조선분국이 *1946년 2월 8일* 38도선 이북 소련 군정지역에 북조선임시인민위원회를 결성해 자치 행정을 하고 있었다. 소련군의 입김이 상당했지만, 북조선임시인민위원회는 사실상의 정부 역할을 하고 있었다. 북조선임시인민위원회가 들어서고 한 달 뒤인 *1946년 3월 12일* 무궁화와 삼선암(三仙岩)이 그려진 우표 *2종*을 처음 발행하더니, *5개월* 후인 *8월 15일*에는 북조선임시인민위원회를 이끌고 있던 김일성을 주인공으로 하는 우표를 발행했다. 그런데 우표를 보면 흥미롭게도 김일성 초상 뒤로 태극기가 휘날리고 있다. 그 위에는 '조선 우표'라는 글자 사이에 무궁화도 그려져 있다. 김일성과 태극기, 무궁화의 조합이라니?

해방 후 한국인들은 태극기와 무궁화를 민족의 상징으로 생각했다. 남쪽은 당연하고, 소련군이 관할하던 38도선 이북도 예외가 아니었다. 처음에는 김일성도 태극기를 거

김일성 초상과 함께 태극기, 무궁화가 그려진
해방 1주년 기념 조선 우표, 1946년.

이승만 초상과 함께 태극기, 무궁화가 그려진 엽서,
1948년 대한민국 정부 수립 직후.

리낌 없이 사용했으며, 해방 직후 찍은 사진들에서 김일성이 태극기와 함께 등장하는 모습을 발견하기란 어렵지 않다. 무궁화도 마찬가지다. 현재 북한의 국화는 목란, 즉 함박꽃나무의 꽃이지만, 해방 직후에는 무궁화를 민족 상징으로 사용했다. 1946년 3월 북한에서 최초로 발행한 우표는 아예 무궁화만으로 도안한 것이었다.

김일성 초상과 태극기, 무궁화가 함께 그려진 우표는, 북한 정권이 공식적으로 수립되는 1948년 9월 9일 이전에 이미 김일성이 실권을 장악했음을 보여 주는 자료이기도 하다. 북한에서 태극기는 조선민주주의인민공화국 수립 직전인 1948년 7월 최고인민회의 제5차 회의에서 인공기(공식 명칭은 남홍색공화국기)를 국기로 채택하면서 사라졌다. 남북한의 분단은 땅만이 아니라, 민족의 상징도 갈라놓고 말았다.

김일성이 태극기, 무궁화와 함께 등장하는 이 우표는 이후 어떻게 되었을까? 북한은 1957년에 우표 수집가들을 위해 그때까지 발행한 우표들을 다시 인쇄했는데, 이 우표는 포함되지 않았다. 아무래도 배경에 인공기가 아닌 태극기가 그려져 있어서 북한의 정통성을 훼손시킨다고 여겼을 가능성이 크다.

미국식 민주주의를 배우다

미군정기 군정청은 한국에 미국식 민주주의를 정착시키기 위해 새로운 교육 제도를 도입했다. 천황제 중심의 국체를 강조하고 황국신민을 양성하는 데 주력했던 일제의 식민 교육 제도는 민주적 독립 국가를 건설하는 데 걸림돌이 될 수밖에 없었기 때문이다. 먼저 학교 교육에 '사회생활과'라는 교과목이 등장했다. 지리·역사·공민 세 영역으로 구분된 사회생활과는 미군정이 냉전 체제에서 공산주의 확산을 막고 미국식 민주주의의 우월성을 알리기 위해 마련한 교과목이었다.

　미국식 민주주의 교육이 학교에서만 이뤄진 것은 아니었다. 일반인들을 대상으로 선전 영화를 상영하는가 하면, 여러 종의 팸플릿 수백만 부를 무료로 배부했다. 미군정은 공산주의와 대비되는 민주주의의 중요한 가치를 '자유'라고 강조했다. 특히 한국인들에게 자유로운 선거가 민주주의의 핵심이자 특권이라고 선전했는데, 1948년 5·10 총선거를 앞두고서는 선거 홍보 영화인 〈인민투표〉(미국공보원 제공, 최인규 감독)를 제작해 상영하기도 했다.

　《입헌정치개요》는 당시 미군정청 정치교육과에서 미국

《입헌정치개요》, 미군정청, 1946년.

투표는 국민으로써의 최고 특권이다
이것은 국가정치에 참가하는 것이다

민주주의법정은 재판을 빠르게하며 공평하게한다

민주주의 정부는 대표자가 국회에 모여서 모든문제를 토의하고 작정한다

식 민주주의를 교육하기 위해 만든 소책자다. *1946년 9월 제작한 이 책자는 '헌법이란 무엇인가', '어찌하여 헌법이 필요할까', '인민주권의 의의', '민주정부와 여론' 등 17개 장으로 구성되어 있다.* 한국인들이 쉽게 이해할 수 있도록 삽화도 그려 넣었다. 그리고 책자 곳곳에는 3장 '인민주권의 의의'에 나오는 다음 내용처럼, 전체주의를 비판하고 민주주의의 우월성을 강조하는 내용들이 보인다.

> **여론은 민주주의 정치의 재판자다. 정부가 어떤 극단적 무책임한 정책을 취할 때 대중 여론은 그것을 미연에 방지할 수 있다. 전체주의와 민주주의 사이의 차이는 이러하다. 즉 전체주의 독재자나 군주는 법을 만들고 세금을 내도록 하며 자신의 요구를 국민에게 강요한다. 국민의 의무는 그에 복종하는 것뿐이다. 민주주의에서는 정권의 위임을 받은 사람들은 자기네의 법과 정책에 대하여 인민의 동의를 받도록 여론에 호소하여 인민을 설득시켜야만 한다.**

이렇게 미군정을 통해 미국식 민주주의가 소개되면서 한국인들은 '미국=민주주의'라는 이미지를 가지게 되었다.

《입헌정치개요》에 실린 삽화들.

'꺼삐딴 리'의 시대

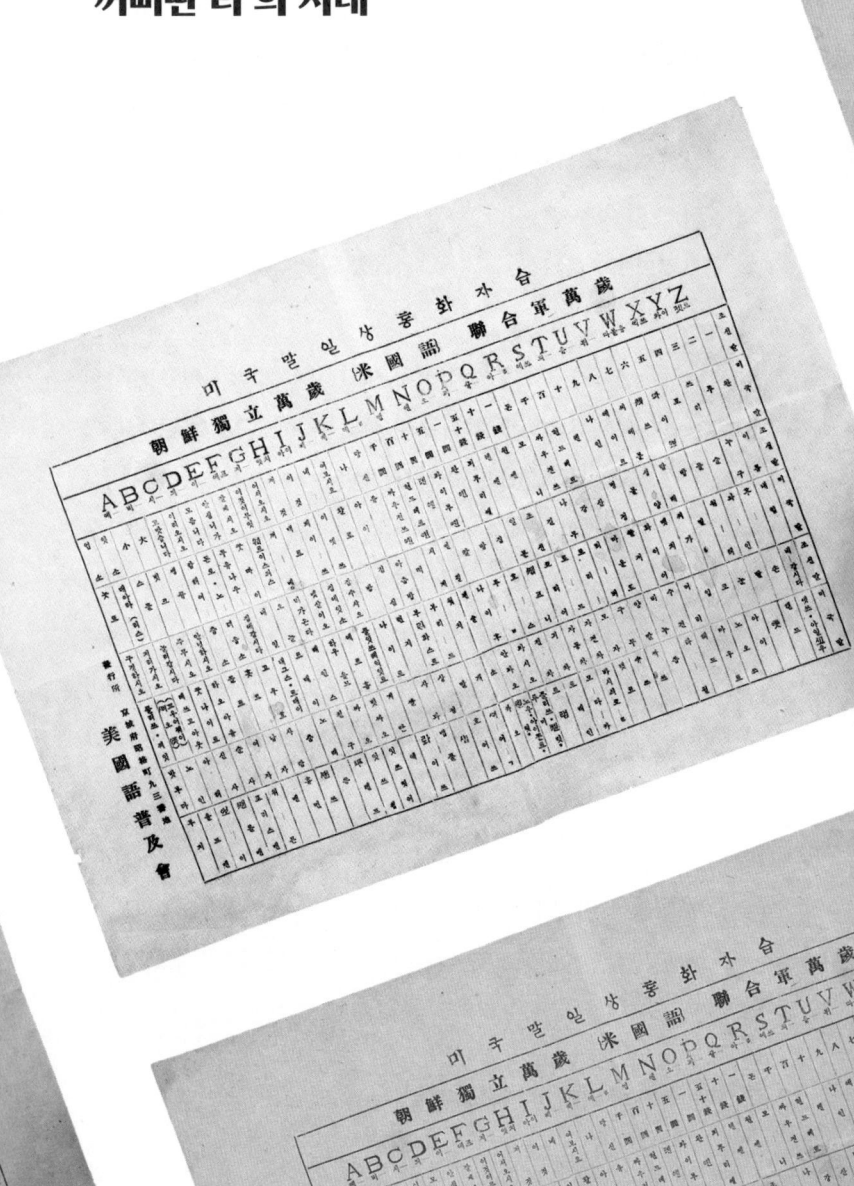

흔히 강대국의 언어는 권력 그 자체다. 고려 원 간섭기 조인규가 대표적인 사례다. 그는 출신은 미미했으나 몽골어 통역관이 되어 원 세조 쿠빌라이의 신임을 받으면서 출세 가도를 달려 최고 관직인 시중에까지 오르고 충선왕의 장인이 되었다.

개항 이후 찹쌀떡 장사를 하던 일자무식 이하영이 십수 년 만에 미국공사관 서기를 거쳐 외부대신까지 오른 것도 영어를 할 수 있었기 때문이다. 의료선교사로 조선에 온 호러스 알렌의 요리사로 취직한 그는 영어를 배워 통역관이 되었는데, 알렌이 왕실 의사로 임명되면서 덩달아 출세했다.

해방 직후 38선을 경계로 남북이 갈라지고 미국과 소련 양군이 각기 주둔했을 때도 그랬다. 영어와 러시아어(소련의 공용어)는 부와 출세로 통하는 지름길이었다. 미군이 남한에 들어오면서 발표한 〈맥아더 포고령〉으로 "미군정 기간 영어를 모든 목적에 사용하는 공용어로 한다"라고 발표함으로써 통역관 역할이 어느 때보다 중요해졌다. '통역정치'라는 말이 생길 정도였다. 소련이 들어온 북쪽도 남쪽 상황과 별반 다르지 않았다.

서울에서 발행된 영어 학습 전단, 해방 직후.

Breakfast	뿔랙홰스트	朝飯	Toast	도-스트	구은빵
Luncheon	런천	中食	Beef	베-으프	牛肉
Supper	썹퍼	夕飯	Pork	포-크	豚肉
Rice	으라이스	米	Fish	퐈쉬	生鮮
Glutinousrice	글루티너스라이스	찹쌀	Apple	앱플	査果
Beancurd	빼-커드	豆腐	Milk	미-르크	牛乳
Boiledrice	뽀일드라이스	밥	Soup	숨	국
Congee	콘지	국	Pear	페아	梨
Bread	뿌래드	빵	Eggs	엑스	鷄卵
Persimmon	퍼-르시몬	柿	Sugar	슈어	雪糖

七月(大) = JULY 쥴라이

미군정기에 제작된 간단한 영어 단어가 적힌 달력, 1946년.

'Rice'를 '으라이스'로 표기한 것이 인상적이다. 당시에는 'R'로 시작하는 단어는 원어 발음과 최대한 유사하게 지금과 달리 앞에 '으'를 붙이는 경우가 많았다.

이제 영어와 러시아어는 누군가에게는 기회, 또 누군가에게는 생존의 수단이 되었다. 일상생활에서 간단한 외국어 정도는 할 수 있어야 했다. 이런 대중의 요구를 읽은 누군가는 재빠르게 영어와 러시아어 학습을 위한 전단지나 책자를 제작해 판매했다.

이 시기에는 말이 곧 권력이었음을 잘 보여 주는 것이 전광용 소설 〈꺼삐딴 리〉다. 기회주의자인 주인공 이인국은 뛰어난 의술을 바탕으로 친일, 친소, 친미 노선을 번갈아 갈아타며 승승장구한다. 그는 세상이 바뀔 때마다 힘을 가진 자들의 언어를 습득한다. 일제강점기에는 일본어를 어찌나 열심히 사용했던지 꿈도 일본어로 꿀 정도였다. 해방 후 평양에 소련군이 들어왔을 때 잠시 감옥에 갇힌 그는 우연히 얻은 러시아어 책을 마치 "생명의 열쇠나 되는 듯이" 거의 암송하다시피 했다. 이후 그는 아들에게 러시아 말을 왜 배워야 하는지를 이렇게 훈계한다.

왜정 때는 그래도 일본말이 출세를 하게 했고 이제는 노어[러시아어]가 또 판을 치지 않니. 고기가 물을 떠나서 살 수 없는 바에야 그 물속에서 살 방도를 궁리해야지. 아무튼 그 노서아[러시아] 말 꾸준히 해라.

스카프에 그려진
한국 그리고 아리랑

미군정 시기 한국에 근무하던 미군들은 귀국할 때 어떤 기념품을 사 갔을까? 갓 해방된 빈국에서 사 갈 만한 물건이 변변치 않았을 것이다.

그런 기념품 중에서 목각인형이 가장 인기가 많았다. 지게 진 농부, 갓 쓰고 담뱃대 든 노인, 빨랫감 진 여인 등 한국인의 생활 풍속을 소재로 한 것들이었다.

그림을 그린 실크 스카프도 인기였다. 스카프의 그림은 다양했는데, 갓 쓴 한국인과 미군이 악수하는 그림 아래 'Seoul Korea'와 연도를 쓰고, 위에는 미군 부대 마크, 태극기와 성조기를 그린 디자인이 가장 대표적이다. 그 외에도 태극기와 태극부채를 들고 미군을 환영하는 남녀의 모습을 그린 것이 있는가 하면, 무궁화, 여의주를 든 용, 한복을 입은 여인 등 한국을 상징하는 여러 그림이 등장한다.

이런 스카프는 한국전쟁 때도 인기를 끌었다. 이때는 백두산, 한반도 지도, 무궁화, 태극기, 유엔(UN)기, 유엔 참전국들 국기와 부대 마크가 대표적인 도안이었다. 〈아리랑〉 가사가 인쇄된 스카프도 많았다. 남녀의 이별 장면을 그린

해방 직후 한국에서 선물용으로 제작된 실크 스카프, 1946년.

한국전쟁 당시 선물용으로 제작된 스카프, 한국전쟁기.
그림과 함께 〈아리랑〉 가사의 한국어 발음을 알파벳으로 적었다.

그림과 함께 노래 가사를 적어 넣은 것, 노래 악보를 그린 것, 영어로 번역한 가사를 실은 것, 한국어 발음을 알파벳으로 표기한 것 등 디자인도 다양했다.

한국전쟁은 생각보다 규모가 큰 전쟁이었다. 대한민국을 돕기 위해 전투 부대를 보낸 나라는 16개국이지만, 의료부대를 파견한 나라가 5개국, 그 외 물자 지원과 전후 복구까지 포함하면 60개국이 넘는다. 이렇게 아리랑은 선물용 스카프를 통해 세계 곳곳으로 퍼져 나갔다.

해방 이후
신분증 변천사

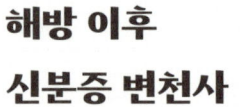

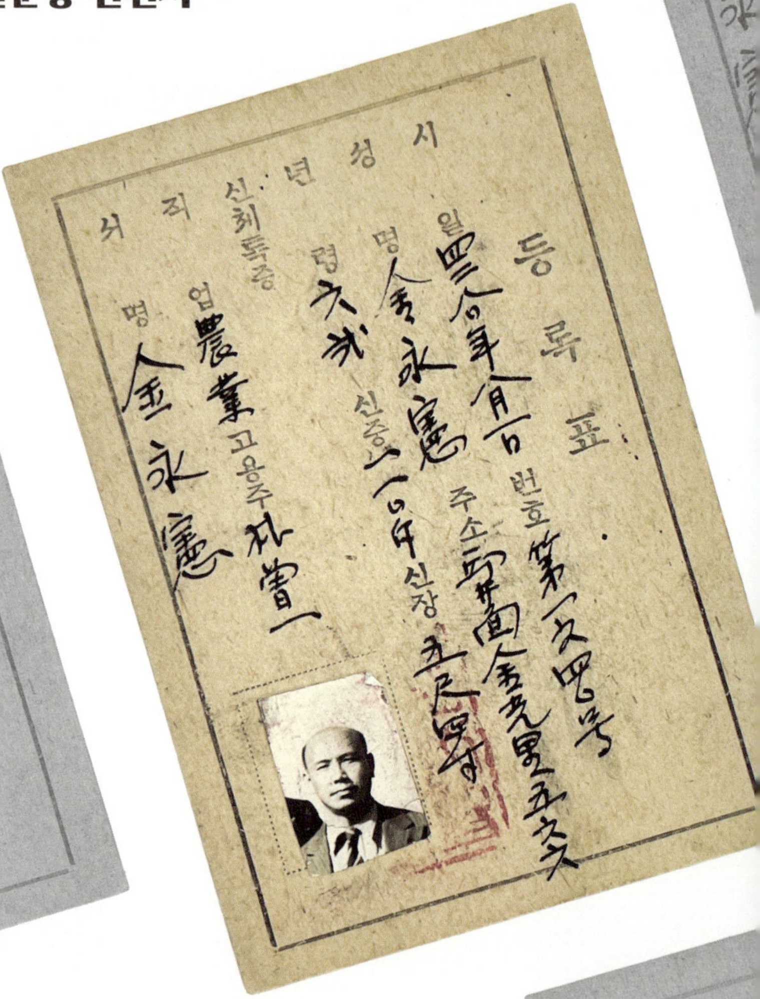

김영헌의 등록표 앞면, 1947년.
직업란과 서명란 아래 네모 칸은 원래 우무인을 찍는 난이지만,
이 등록표처럼 사진을 붙인 것도 많다.

1947년 강원도 강릉군 구정면에서 김영헌에게 발급한 등록표로, 지금의 주민등록증이다. 신기하게도 별의별 내용이 다 적혀 있다. 그의 나이는 62세, 몸무게는 110근, 키는 5척 4촌, 직업은 농업인데, 고용주 박증일을 따로 표기한 걸로 보아 소작농이었던 것으로 보인다. 왼쪽 아래에는 흑백 증명사진이 붙어 있다.

해방 이후 소련이 관할하고 있던 북한 지역에서 1946년 9월 '공민증'이라는 신분증을 발급하자, 미군정청에서도 1947년부터 서울과 경기도를 시작으로 '등록표'라는 이름의 신분증을 발급했다. 등록표 발급은 1947년 2월 15일부터 거주민 등록제에 의거해서 15세 이상 남녀를 대상으로 한 것이다. 앞면에는 발급일, 번호, 성명, 주소, 연령, 체중, 신장, 신체 특징, 직업, 고용주를 기재했고, 서명과 우무인(右拇印, 오른쪽 엄지손가락 도장)을 찍는 난을 두었다. 뒷면에는 '남조선'의 합법적 국민임을 증명한다는 내용과 함께 해당 지역 면장의 서명과 날인이 있다.

이렇게 남북 양 지역에서 각각 다른 신분증 제도가 시행되면서, 남북의 주민들은 공민증을 가진 사람과 등록표를 가진 사람으로 나뉘었다. 분단의 또 다른 얼굴인 것이다. 북한에서는 지금도 신분증을 '공민증'이라 부르는데, 남한

등록표

이등록표는 귀하를 보호하기 위하야 귀하가 남조선의 합법적 주민임을 증명함

본등록표는 귀하만 사용하며 언케타 가지고 다닐것

분실한때에는 즉시 면장에게 보고 할것

본관은 등록인이 합법적으로 등록하였음을 증명함

江原 도江陵 군 珠井 면
서명 崔夬坡 면장
㊞

김영헌의 등록표 뒷면, 1947년.
대한민국 정부 수립 이전 미군정하에서 38선 이남 지역을
'남조선'이라 지칭한 점이 특이하다.

에서는 몇 차례 이름이 바뀌었다.

 대한민국 정부 수립 직후인 1949년부터 등록표 대신 각 시·도별로 도민증과 시민증을 발급했다. 도민증과 시민증은 본적, 출생지, 현주소와 전 주소는 물론 병역 관계, 직업, 신장, 체중, 시력, 얼굴 모양 및 색깔, 특징, 사투리, 국문 해독 여부, 혈액형, 심지어는 직장명과 직위, 직장 주소, 소속 정당 및 사회 단체까지 적게 되어 있어서 사실상 신상명세서와 다름없었다. 이렇게 자세히 기재한 이유는 도민증과 시민증이 간첩 식별과 국민 통제의 목적으로 사용되었기 때문이다.

 이 도민증과 시민증을 개편해 박정희 정부 때인 1968년에 도입 발행한 것이 현재 사용하고 있는 주민등록증이다. 1968년 당시 발급한 주민등록증은 세로 형태였으며, 주민등록번호가 지금과 달리 총 12자리였다. 이 번호는 지역 고유번호와 등록순서 등을 조합한 것으로, 주민등록번호 아래에 생년월일을 따로 표기했다. 생년월일을 앞 6자리로 하는 오늘날의 13자리 주민등록번호는 1975년에 처음 사용하기 시작해 지금까지 이어지고 있다.

중학교 입학시험 보던 시절

한국인의 교육열은 옛날부터 유별났다. 그래서였는지 1948년에 제정한 제헌헌법 제16조에서는 "모든 국민은 균등하게 교육을 받을 권리가 있다. 적어도 초등교육은 의무적이며 무상으로 한다"라고 규정했고, 대한민국 정부도 수립되자마자 국민학교(지금의 초등학교) 의무교육을 서둘렀다. 그러나 한국전쟁 발발로 다소 늦어져 실제 국민학교 의무교육이 실시된 것은 1952년 4월 23일 '교육법시행령'이 공포되면서부터다.

국민학교 의무교육은 뜻하지 않게 중학교 입시 과열 현상을 불러왔다. 국민학교가 누구나 다니는 학교가 되다 보니 그 상급학교인 중학교 진학 수요가 폭발적으로 늘어났기 때문이다. 국민학생들이 명문 중학교에 들어가기 위해 과외수업을 받고 밤새워 입시공부를 했다. 현직 교사가 은밀히 과외를 하는 일도 적지 않았다. 비싼 사교육비는 학부모의 몫이었다. 국민학교를 졸업하고 1년 더 공부하는 '열세 살 재수생'이 서울에만 수천 명을 헤아렸고, 입시에 실패한 학생들이 절망에 빠져 입시철만 되면 가출하고 자살하는 사고도 잦았다. 당시 국민학교 6학년 학생들을 지칭하는 말로 지금의 '고3병'과 같은 '국6병'이라는 말이 생길

중학교 입학시험 준비서 〈지력고사(멘탈테스트)〉, 1947년.

중학교 합격 기념사진, 1964년.
당시 중학교 합격 기념사진은 중학교에 합격한 학생들은 필수로 남겼던 영광의 사진이었다.

정도였다. 이렇게 과열된 중학교 입시 경쟁은 *1968*년에서야 사그라든다. 정부는 *1968*년 7월 15일 '7·15 교육 개혁'을 단행, '어린이를 입시지옥에서 구하자'며 중학교 무시험 입학 제도를 발표했다. 당시 *600*만 명의 초등학교 학생 대부분이 '7·15 어린이 해방'이라 부르며 기뻐했지만, 명문 중학교 진학을 준비하던 6학년 재수생들에게는 큰 충격이었다.

*1947*년 발행된 〈지력고사(멘탈테스트)〉는 중학교 입학시험 준비를 위한 수험서이다. 목차를 보면 당시 중학교 입시 과목을 알 수 있는데, 지능고사문제·상식문제·국어·산수·이과·사회생활과·지리·국사·공민 순으로 되어 있다. 아직 국민학교 의무교육이 실시되기 전이라 중학교 입시가 아주 과열될 정도는 아니었지만, 그래도 중학교에 입학하는 학생보다 떨어지는 학생이 여전히 더 많던 시절이었다.

비록 해방 직후의 낡은 수험서 한 권에 불과하지만, 모든 것이 부족했던 그 시절에도 자식 교육에 많은 것을 걸었던 그 시대 사람들의 절절한 꿈과 희망을 보는 것 같아 긴 여운이 남는다. 또한 지금까지 이어지는 한국인의 교육에 대한 유별난 열정이 오늘날 한국을 만드는 중요한 기초가 되었음을 입증해주고 있다.

기호 작대기 아홉 개 후보입니다!

1948년 5월 10일 우리나라 최초의 보통선거가 실시되었다.* 제헌국회를 구성할 국회의원을 선출하기 위한 것으로, 38선 이남에서만 실시되어 '5·10 단독선거'라고도 불린다. 원래 정해진 선거일은 5월 9일이었으나, 그날 금환일식이 예보되어 하루 뒤인 5월 10일로 변경되었다. 선거권은 만 21세 이상 모든 남녀에게 부여되었다.

재미있는 점은 당시 선거에서 후보의 기호를 오늘날처럼 아라비아 숫자로 표기하지 않았다는 것이다. 문맹률이 높아 숫자를 읽지 못하는 사람이 많았기 때문이다. 그래서 기호 1번은 'l', 2번은 'll', 3번은 'lll'과 같이 작대기 개수로 기호를 나타냈다. 로마 숫자도 아니고, 정말 단순히 작대기를 개수만큼 그어 놓은 것이었다. 그래서 기호 4번과 5번도 'IV', 'V'가 아니라 'llll', 'lllll'로 표기했다.**

5·10 총선거 당시 경상남도 김해을 선거구에 출마한 조규갑 후보의 선거 홍보물을 보자. 이 선거구에서 출마한 후보는 모두 14명이었고, 조규갑은 아홉 번째 후보였다. 작대기 기호로 후보자를 표시했으니 투표용지에서 정확한 위치를 찾는 것도 쉬운 일이 아니었을 것이다. 그래서 후보자

국회의원 선거에 출마한 조규갑 후보의 선거 홍보물, 1948년.

작대기 기호를 표시한 선거 포스터 앞의 어느 모자, 1967년.

들은 조규갑처럼 이런 선거 홍보물을 만들어 유권자들에게 배부했다. 또 "작대기 아홉 개를 찾아 찍어 주시오", "투표용지 오른쪽 아홉 번째에 동그라미 표시를 해주시오" 하며 후보 기호를 유권자들에게 각인시키고자 했다.

이때만 해도 아직 금품 제공을 규제하는 법이 없었기 때문에 많은 지역에서 돈으로 선거를 치르기도 했다. 고무신을 얻고 찍었다고 해서 '고무신 표', 막걸리를 얻어 마시고 찍었다고 해서 '막걸리 표'라는 말이 유행하기도 했다. 대한민국 수립을 위한 첫 총선거는 이처럼 어설프고 미숙한 형태로 치러졌다.

---

* 5월 10일은 현재 '유권자의 날'로 지정되어 있다.
** 이런 작대기 기호는 1971년 7대 대통령 선거부터 아라비아 숫자로 바뀌면서 사라졌다.

대한민국 30년에 떠난
수학여행

어느 학교의
수학여행 기념사진,
1948년.

1948년 5·10 총선거로 구성된 제헌국회에서는 미군정기에 사용하던 '서기' 연호를 대신할 새 연호 제정을 논의했다. 국회의원 다수가 단군기원을 쓰자고 주장했다. 단군기원은 줄여서 '단기'라고 부르는데, 단군이 즉위했다고 전해지는 기원전 2333년을 원년으로 한다. 반면, 초대 국회의장이자 이후 초대 대통령으로 선출되는 이승만은 대한민국임시정부 법통론을 내세우며 대한민국 연호를 사용해야 한다고 주장했다. 대한민국 연호는 임시정부가 공식 사용한 연호로, 일제로부터 독립을 선언하고 임시정부 수립을 선포한 1919년을 원년으로 삼고 '대한민국 ○○'년 또는 줄여서 '민국 ○○년' 식으로 표기했다.

새 연호에 관한 논의가 길어지면서 한동안 단기와 대한민국 연호가 혼용되었다. 1948년 7월 17일 제정된 제헌헌법 전문에는 제정 연도를 '단기 4281년'으로 표기한 반면, 이를 공포한 정부의 관보에서는 '대한민국 30년'이라 했다. 같은 해 제헌국회에서 대통령으로 선출된 이승만은 취임사에서 역시 "대한민국 30년 7월 24일, 대한민국 대통령 이승만"이라고 밝혔다.* 이후 국회가 의결한 법률안에는 단군기원이, 대통령의 법률 공포문에는 대한민국 연호가 적히는 진기한 풍경이 한동안 이어졌다. 이 대립은 1948년 9월 25일 제헌국회가 '연호에 관한 법률'을 제정하고 단군기원을 공식 법정 연호로 채택하면서 일단락되었다.

　대한민국 정부 수립을 전후한 시기 연호의 혼용은 당시 국민들에게도 영향을 끼쳤다. 앞의 사진은 어느 학교의 검수과 2학년 학생들이 수학여행을 떠나며 부산항에서 찍은 기념사진이다. 사진에 적힌 날짜는 '대한민국 30년 8월 14일'이다. 서기로는 *1948년 8월 14일*, 대한민국 정부가 수립되기 하루 전이었다. 이 사진에 적힌 대한민국 연호는 한 달 뒤쯤이면 공식적으로 사라질 운명이었다.

---

* 이승만은 임시정부 초대 대통령이라는 이력과 독립운동가로서의 이미지를 정치적으로 활용하고자 대한민국 연호 사용을 주장했다. 하지만 정작 임정 출신 독립운동가들에 대한 예우는 부족했다.

건국기념예금증서로 본 '건국절' 논란

福金附
國記念預金證書
金壹阡圓整
(라班)　　No. 056546

期間　壹個年

滿期日　檀紀四二八三年八

利率　無利息

（但抽籤에依하여

上記金額은前記條
事項에依하여正히
期日以後에此證書
人에게支拂하겠음

檀紀四二八二年八月十五

조선금융조합연합회에서 발행한
건국기념예금증서, 1949년.

건국기념예금증서는 *1948년 8월*, 대한민국 정부 수립 이후 부족한 재정을 충당하기 위해 조선식산은행, 조선저축은행 등의 기관에서 발행한 금융 상품이다. 액면가가 *1,000원*인 이 증서는 일종의 복권으로, 당첨금을 받을 때 제시하는 문서였기에 '복금부(福金附) 예금증서'라고도 불렸다. 추첨으로 당첨자를 선정해 상금을 지급했는데, *1등* 상금이 무려 *50만* 원이었다. 당시 고소득 직업이었던 목수의 평균 월급이 *12.1원*이었던 점을 감안하면, 이는 약 *3,443년*치 연봉에 해당하는 거액이었다.

여기서 주목할 점은 이 증서 이름에 '건국기념'이라는 표현을 사용했다는 것이다. *1948년 8월 15일* 대한민국 정부 수립을 '건국'으로 부르는 것은 당시 일반적인 인식이었다. 이승만은 물론이고, 김구 역시 해방 이후 자주적인 정부를 세우는 일을 '건국'이라 표현했다. 이미 *1941년* 대한민국 임시정부가 발표한 건국강령에도 영토와 주권을 회복하는 단계를 '복국', 이후 나라를 세우는 것을 '건국'이라 규정한 바 있다. 따라서 *1948년 8월 15일*을 '건국'이라고 부르는 것은 역사적으로 문제가 없어 보인다.

하지만 '건국'이라는 표현을 넘어, *1948년 8월 15일*을 법정기념일인 '건국절'로 제정하자는 주장은 전혀 다른 차

원의 논의다. '건국절' 제정 주장은 대한민국 정부 수립 이전의 독립운동에 대해서는 눈감은 채, 오직 정부 수립에 대한 기여 여부만으로 인물의 역사적 평가를 한다는 데 문제가 있다. 예컨대, 대한민국 정부 수립에 기여한 사람이라면 일제강점기 당시 친일 경력이 있어도 애국자가 되는 것이고, 대한민국 정부 수립에 비판적이었던 사람은 독립운동 경력이 있더라도 비애국자나 '빨갱이'가 되는 것이다. 이런 관점으로 보면 이승만은 '건국의 아버지'가 되는 반면, 김구는 대한민국 건국에 반대하고 북한 김일성과 협상을 시도했으므로 부정적인 평가를 받을 수밖에 없다.

그러므로 '건국절' 제정으로 가장 이득을 보는 자들은 일제강점기 때 열심히 친일을 하다가 해방 후 좌익들을 때려잡으며 대한민국 수립에 기여한 이들이다. 건국절 주장은 이들의 흑역사를 세탁해 주는 정치적 이데올로기에 불과하다.

우리의 소원은 독립
꿈에도 소원은 독립

사진은 해방 직후 대전사범학교를 다녔던 송황순이 만든 추억록이다. 송황순이 친구들로부터 받은 덕담류의 글을 시간순으로 묶은 것으로, 1946년 7월부터 1955년 7월까지 9년 동안 친구 43명이 글을 썼다. 1948년 대한민국 정부 수립을 앞두고 쓴 친구들의 글을 보면, '독립'이라는 표현이 자주 등장한다. 경순이라는 친구가 1948년 5월 21일에 쓴 글에는 태극기 그림과 함께 세로로 '자주독립'이라 적혀 있고, 정건섭이 1948년 7월 13일 쓴 글에는 태극기와 무궁화를 배경으로 'Korea Independence(한국 독립)'이라는 문구가 있다. 일제로부터 '독립'한 지 3년이 지났지만, 미군정 3년은 진정한 독립이 아니었기에, 1948년 8월 15일 대한민국 정부 수립을 '독립'으로 받아들였던 것이다. 한국인들은 1945년 8월 15일 이전에도 '독립'을 외쳤지만, 그 이후 미군정 3년 동안에도 여전히 '독립'을 외치고 있었다.

이렇게 현재 우리가 사용하는 용어와 해방 직후 한국인들이 사용한 용어에는 차이가 있다. 독립이라는 표현과 관련해 다른 사례들도 있다. 미군정기였던 1947년 트루먼 미국 대통령의 특사가 남한을 방문했을 때 한국인들로부터

**송황순의 추억록에 친구 정건섭이 남긴
태극기와 무궁화 그림, 1948년.**

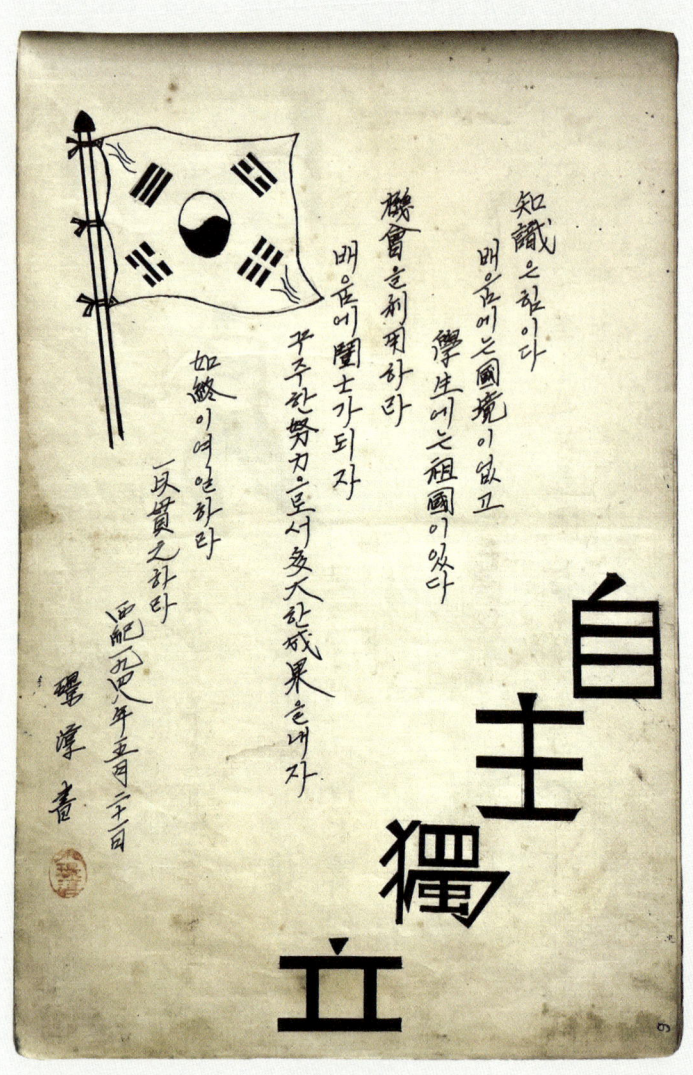

송황순의 추억록에 친구 경순이 작성한 글, 1948년.
오른쪽 아래 '자주독립'이라고 크게 적어 놓았다.

받은 청원서 가운데 피로 쓴 혈서도 있었다. "우리의 원하는 자주독립 주소서. 우리 국민에 맞는 독립 주소서"라는 내용이었다.

'우리의 소원은 통일, 꿈에도 소원은 통일'로 시작하는 〈우리의 소원〉이라는 노래도 흥미롭다. 안병원 작사, 안석주 작곡의 이 노래는, 1947년 서울 중앙방송국에서 3·1절 특집 어린이 프로그램의 〈우리의 소원〉이라는 노래극 속에 나오는 합창곡으로 만들어진 것이다. 그런데 이 노래의 원래 가사는 '우리의 소원은 독립, 꿈에도 소원은 독립, 이 정성 다해서 독립, 자주독립을 이루자'로 지금과 달랐다. 이후 대한민국 정부가 수립되고 한국전쟁으로 남북 분단이 굳어지자, 1954년 문교부의 제안을 작사가가 받아들여 노래 가사 속 '독립'이 '통일'로 바뀌었다.

잘 가시라!
선생이여!

남북 총선거를 통한 정부 수립안이 소련의 거부로 무산되자, 유엔 소총회는 1948년 2월 말 38선 이남만의 선거를 실시하기로 결정했다. 선거일은 5월 10일이었다. 그런데 5·10 선거로 남쪽에 정부가 수립되면, 북쪽에서도 정부가 수립될 것이 분명했다. 1945년 해방 직후 그어진 38선이 국토(땅)의 분단을 의미했다면, 3년 만에 남과 북에 각각 정부가 수립되는 것은 정치 체제의 분단을 의미했다.

선거에 가장 강하게 반발한 이는 김구였다. 그는 분단을 막기 위해 북한 지도자들에게 남북 협상을 제안했고, 여기에 김규식도 합류했다. 북한이 이 제안을 받아들임으로써, 5·10 선거를 한 달도 채 남기지 않은 1948년 4월 19일부터 30일까지 평양에서 남북 연석회의가 열렸다. 남쪽에서 김구와 김규식이, 북쪽에서 김일성과 김두봉이 참여하는 남북 간 지도자 회담(이른바 '4김 회담')도 따로 열렸다. 이 회담에서 남북한 각각에 분단 정부가 수립되는 것에 반대한다는 결의서를 채택했지만, 결국 5·10 선거나 남북 분단을 막지는 못했다.

남으로 돌아온 김구는 단독정부 수립을 비판하면서 5·10

김구의 《백범일지》, 1947년.

책 소장자가 마지막 쪽에 적어 놓은 메모, 1949년.
"임 가신 날, 잘 가시라! 선생이여! 기원 4282년(1949년) 6월 26일 이 책을 구하다"라는 소장자의 메모가 있다. 이날은 김구가 암살된 날이다.

선거에 불참했다. 그는 통일 없이는 완전한 독립도 없다고 생각했다. 그에게 통일 정부를 수립하는 것은 제2의 독립운동이었다. 그래서 그는 당시 분단 극복을 위한 운동을 '통일독립운동'이라 표현했다. 대한민국 정부가 수립되던 날인 1948년 8월 15일자 〈경향신문〉과의 인터뷰에서 김구가 실망과 한탄을 넘어 "강력한 통일독립운동"을 전개해야 한다고 주장한 것도 이런 맥락이었다.

그러나 1949년 6월 26일, 경교장 2층 서재에서 육군 장교 안두희의 총탄에 암살당하면서 김구는 통일독립의 꿈을 이루지 못했다. 김구는 단독선거를 비판하면서 발표한 〈삼천만 동포에게 읍고함〉이라는 글에서 통일독립의 염원을 이렇게 밝혔다.

> **현시에 있어서 나의 유일한 염원은 삼천만 동포와 손목 잡고 통일된 조국, 독립된 조국의 건설을 위하여 공동 분투하는 것뿐이다. 이 육신을 조국이 수요한다면 당장에라도 제단에 바치겠다. 나는 통일된 조국을 건설하려다가 삼팔선을 베고 쓰러질지언정 일신에 구차한 안일을 취하여 단독정부를 세우는 데는 협력하지 아니하겠다.**

옹진반도에서의 작은 전쟁

1948년 8월과 9월, 38선을 사이에 두고 적대적인 두 개의 'Korea'가 수립되었다. 이승만과 김일성 둘 다 무력 통일노선을 표방했다. 전쟁은 시간 문제 같았다. 1948년 12월 소련군이, 1949년 6월 미군이 철수하고, 국군과 인민군이 38선 경비를 맡으면서 그동안 억제되었던 남북 간 충돌이 본격적으로 시작됐다.

한국전쟁이 발발하기 1년 전부터 한반도는 이미 준전시 상태였다. 38선을 사이에 두고 양측 간 '작은 전쟁'이 수없이 이어졌다. 대부분 소규모 교전이었지만, 연대급 병력이 동원된 큰 전투가 벌어지기도 했다. 가장 큰 규모의 전투는 옹진반도에서 일어났다. 옹진지구 전투는 국군과 인민군이 정규군 형태로 충돌한 사실상 첫 사례로 평가된다.

황해도 최남단에 붙어 있는 옹진반도는 38선 이남에 위치해 남한의 영토였으나, 남한 본토에서 섬처럼 떨어져 있는 월경지였다. 그만큼 북한의 허를 찌를 수 있는 군사적 요충지이기도 했기 때문에, 옹진반도는 남북 모두에게 사활이 걸린 곳이었다.

옹진반도 전투가 벌어지던 때
옹진전투지구에서 찍은 사진, 1949년 9월 18일.

옹진반도 전투 당시 찍은 사진, 1949년 11월 1일.
'38선 옹진에서'라는 문구가 적혀 있다.

김일성은 *1949년 5월 4일*에 있었던 개성 송악산 전투의 패배를 설욕하기 위해 *1949년 5월 21일* 옹진지구에 인민군을 대거 투입했다. 이 지역 전투는 그해 *11월 15일*까지 *6개월* 동안 까치산, 국사봉, 두락산, 은파산 일대에서 이어졌다. 한국군은 기존의 제12연대 단독으로는 방어하기가 어렵다고 보고, 몇 개 연대를 추가 투입해 *6월 5일* '옹진지구 전투사령부'를 설치하고 인민군에 맞섰다. 한 치도 양보할 수 없는 대전투가 옹진반도에서 이어졌다. 연대급 전투의 마지막은 *10월 중순*에 있었던 은파산 전투였다. *248미터*에 불과한 작은 고지였지만 이를 차지하기 위해 치열한 고지전이 벌어졌고, 결국 인민군이 은파산을 점령하는 것으로 끝났다.

몇 개월에 걸친 이 옹진지구 전투는 전면전 가능성이 먼 미래의 일이 아니라 임박한 현실일 수 있다는 인식을 남북 양측에 확산시켰다. 역설적이게도 이런 인식이 옹진지구 전투 이후 38선 전역에서 한동안 교전이 중단되는 계기가 되었다. 이로써 다시 평화가 찾아왔으나, 그것은 폭풍 전야의 고요함 같은 것이었다. 그러나 그 고요함을 한 번에 깨뜨릴 거대한 폭풍우가 시시각각 몰려오고 있었다.

에필로그

이 사진은 *1950년 2월 3일* 촬영한 가족사진이다. 사진 아래에는 사진을 찍은 날짜와 함께 '단락 이룬 식구들'이라고 써 놓았다. 아마 '단란 이룬 식구들'을 잘못 쓴 것으로 보인다.

그해 설날은 *2월 17일*이었는데, 설을 2주나 앞두고 왜 이렇게 대가족이 모여 사진을 찍었는지 알 수는 없다. 아마 중요한 가족 행사가 있었을 테다. 게다가 24명이나 되는 이 대가족이 어느 지역에서 살았는지 역시 알 수 없다.

이들의 할아버지, 할머니는 대한제국의 신민으로 살다 망국을 두 눈으로 목격했을 것이다. 사진 속 아버지와 어머니를 포함한 많은 이가 일제강점기, 그 춥고 눈물겨운 시대를 헤쳐 이겨냈을 것이다. 그리고 해방 후, 새 시대에 태어난 아이들이 그들의 품에 안겨 있다.

혹독한 일제강점기를 벗어난 후 이제야 단란을 이룬 가족, 무슨 이유에서 사진을 찍었건 이 단란함과 정겨움이 계속되길 바랐을 것이다. 하지만 의식하지 못하는 사이 전쟁은 한 걸음 한 걸음 쉼 없이 다가오고 있었다. 3년간의 전쟁이 끝났을 때, 이 가족의 삶은 어찌 되었을까.

내 방안의 역사 컬렉션

어느 기록학자가 사고 읽고 모아둔
수집품으로 본 일제시대사

1판 1쇄 발행일 2025년 8월 11일

지은이 박건호

발행인 김학원
발행처 (주)휴머니스트출판그룹
출판등록 제313-2007-000007호(2007년 1월 5일)
주소 (03991) 서울시 마포구 동교로23길 76(연남동)
전화 02-335-4422 **팩스** 02-334-3427
저자·독자 서비스 humanist@humanistbooks.com
홈페이지 www.humanistbooks.com
유튜브 youtube.com/user/humanistma
인스타그램 @humanist_insta

편집주간 황서현 **편집** 최인영 강창훈 **디자인** 유주현
조판 홍영사 **용지** 화인페이퍼 **인쇄** 청아문화사 **제본** 민성사

ⓒ 박건호, 2025

ISBN 979-11-7087-360-0 03910

- 이 책은 저작권법에 따라 보호받는 저작물이므로 무단 전재와 무단 복제를 금합니다.
- 이 책의 전부 또는 일부를 이용하려면 반드시 저자와 (주)휴머니스트출판그룹의 동의를 받아야 합니다.